Karlheinz Mrazek · Sven Simon

40 Jahre
FUSSBALL-BUNDESLIGA
Tore, Dramen und Skandale

COPRESS
SPORT

Zu diesem Buch

40 Jahre Bundesliga – ein reizvoller Anlass, die spannende Geschichte der nationalen Eliteklasse noch einmal aufleben zu lassen. Eine Geschichte, die alle Extreme kennt: großartige Spiele, dramatische Entscheidungen und Fehlentscheidungen, gescheiterte Vorhaben und Skandale.

Die Bundesliga als Abbild der Gesellschaft, faszinierend und schockierend zugleich, auf alle Fälle nie langweilig und nach wie vor der Deutschen liebstes Kind: 75 Prozent der Bevölkerung, so wurde ermittelt, interessieren sich für das »Premiumprodukt Bundesliga«. Und im Jubiläumsjahr 2002/03 wurden zum ersten Mal in 40 Jahren mehr als 10 Millionen Zuschauer in einer Saison registriert.

In diesem Buch können Sie lesen, »wie die Bundesliga laufen lernte«, den unaufhaltsamen Vormarsch des FC Bayern verfolgen

und feststellen, dass Klubs wie der VfL Borussia Mönchengladbach, der Hamburger SV und der SV Werder Bremen den Münchnern den Aufstieg zum Branchenprimus mehr als schwer machten.

Als dritte Kraft des deutschen Fußballs versuchte sich Bayer Leverkusen zu etablieren – ein misslungener Versuch. Wie es zum großen Absturz kam, haben wir in dem Kapitel »Die Implosion des Konzernklubs« thematisiert.

Die Geschichte der Bundesliga wäre freilich unvollständig ohne den Bundesligaskandal, die Drogenaffäre des Trainers Daum, den Exodus der DDR-Spieler nach dem Mauerfall oder die »Völkerwanderung« nach dem Bosman-Urteil, das die Einkommen explodieren ließ.

All das und noch viel mehr lesen Sie in diesem Buch, das bereichert wird durch viele textbezogene Fotos, eine Fülle von Zitaten, Randgeschichten in großer Zahl und eine umfangreiche Statistik.

Karlheinz Mrazek

Als die **Bundesliga** laufen lernte
1963–1968

Jahrelang lag der Plan in seiner Schublade. Lebhaft unterstützt von Bundestrainer Sepp Herberger kämpfte Franz Kremer, der weitsichtige Präsident des 1. FC Köln, mit Verve und Geduld um eine eingleisige nationale Fußball-Liga. Die Installation war längst überfällig, wurde aber von Vereinsfunktionären und regionalen Verbandsoberen beharrlich blockiert.

Erst deftige Pleiten deutscher Klubs im Europapokal (1. FC Nürnberg 0:6 bei Benfica Lissabon, 1. FC Köln 1:8 beim FC Dundee), der Niedergang der Nationalmannschaft (bei der WM 1962 frustrierender Defensivfußball und das Aus im Viertelfinale) und nicht zuletzt der Wechsel etlicher Nationalspieler ins Ausland (Albert Brülls, Helmut Haller, Karl-Heinz Schnellinger, Horst Szymaniak, Erwin Waldner, Rolf Geiger, Jürgen Schütz, Klaus Stürmer) ließ die Zahl der »Betonköpfe« schrumpfen.

Ein Mann der ersten Stunde: Uwe Seeler (Mitte) war 26, als die Bundesliga begann. In neun Jahren, zwischen 1963 und 1972, brachte er es beim Hamburger SV in 239 Spielen auf 137 Tore. Ein Achillessehnenriss im Februar 1965 in Frankfurt konnte die Karriere von »Uns Uwe« nur unterbrechen. Im September 1965 schoss er beim 2:1-Sieg in Schweden die Nationalmannschaft zur WM nach England.

Die Ängste des Franz Kremer

Dennoch quälten Kremer Ängste, als »sein Kind« am 28. Juni 1962 im Goldsaal
der Dortmunder Westfalenhalle aus der Taufe gehoben werden sollte. Zum
Glück waren sie unberechtigt: Mit 103 zu 26 Stimmen wird die notwendige
Zweidrittelmehrheit für das »Staatstheater Bundesliga« (so ein Kommentator)
klar übertroffen. Den Vollprofi einzuführen, dazu kann sich der DFB-Bundestag
nicht durchringen. Der alte Amateurgedanke geistert durch das erste Bundesligastatut, das viele Mängel hat, und das zum Manipulieren und zu Schwarzgeldzahlungen geradezu einlädt (siehe auch: »... und andere Skandale«).

Kein Platz für den FC Bayern

Ärger gab es bei der Auswahl der 16 Gründungsklubs. Für Wilhelm Neudecker,
den dynamischen Präsidenten des FC Bayern, war es ein Affront des DFB, den
Traditionsklub von der Isar nicht zu berücksichtigen. Der TSV 1860 München,
der 1. FC Nürnberg, Eintracht Frankfurt, der VfB Stuttgart und der Karlsruher
SC erhielten die fünf Plätze für den Süden. In hölzernem Deutsch wurde dem
FC Bayern vom DFB-Beirat mitgeteilt, dass es wenigstens im Jahr der Einfüh-
rung der Bundesliga im allgemeinen Interesse des gesamten Fußballs nicht rat-
sam erscheint, zwei Vereinen am gleichen Ort eine Lizenz für die Bundesliga zu
erteilen.

»In diesen Tagen wurde die Grundlage für einen gewissen Verfolgungs- und
Verschwörungswahn des FC Bayern gelegt, der sich trotz des Aufstiegs des
Klubs zum deutschen Rekordmeister bis heute gehalten hat,« schreibt Dietrich
Schulze-Marmeling in seinem Buch »Die Bayern«.

Köln der Zeit voraus

Die Empörung in der Republik hielt sich freilich in Grenzen. Die Fußballfans
waren auf den 24. August 1963 fixiert, den Tag des Startschusses in ein neues
Fußballzeitalter. Timo Konietzka vom Deutschen Meister Borussia Dortmund
erzielte in Bremen das erste Bundesligator in der 1. Minute und Uwe Seeler
vom Hamburger SV im Jahr der Pre-
miere die meisten Treffer (30). Doch
den Titel holte, wie erwartet, der
1. FC Köln, der Anfang der sechziger
Jahre der Zeit weit voraus war. Im
Gegensatz zu den meisten anderen
Klubs beschäftigten die Rheinländer
ihre Spieler wie die Vollprofis in England und Spanien. Franz Kremer hatte

Kein Foto vom ersten Bundesligator

Vom ersten Bundesligator gibt es keine Aufnahme. Der
Grund: Alle Fotografen hatten sich hinter dem Tor von
Borussia-Torhüter Hans Tilkowski niedergelassen und so
den Treffer des Dortmunders Timo Konietzka in der
1. Minute verpasst. Das Spiel im Weserstadion gewann
Werder Bremen mit 3:2.

Dieter Seeler, hier bedrängt von Kölns Weltmeister Hans Schäfer, spielte von 1963 bis 1965 beim HSV neben seinem fünf Jahre jüngeren Bruder Uwe. Wenige Tage vor seinem 48. Geburtstag starb Dieter Seeler an Herzversagen.

für sie durchweg zusätzliche Einnahmequellen erschlossen, die ihnen finanzielle Sorgen nahmen. Der Inhaber eines Geschenkartikel-Großhandels vermittelte seinen Fußballangestellten Tankstellen und Toto-Lotto-Läden, in denen sie hauptsächlich repräsentierten. Bei der Konkurrenz wurde wie bisher vorwiegend am Abend trainiert. So saß zum Beispiel Nationalspieler Alfred »Aki« Schmidt von Borussia Dortmund täglich ein paar Stunden im Büro des Stahlkonzerns Hoesch, um sich ein Zubrot zu verdienen.

Die Kölner spielten den perfektesten Fußball aller Mannschaften und besaßen 1963 mit Wolfgang Overath und Wolfgang Weber zwei 19-jährige Talente, die schon bald in Herbergers Notizbuch auftauchten.

Von Hans Schäfer, dem Weltmeister von 1954 gelenkt, inszenierten sie einen Offensivfußball, den ähnlich attraktiv nur noch die Dortmunder Borussia zelebrierte. Thielen, Schäfer, Christian Müller, Overath und Hornig stürmten für die Kölner, Wosab, Schmidt, Brungs, Konietzka und Emmerich für die Westfalen, die am Ende mit Platz vier vorliebnehmen mussten. Die Schlagzeilen gehörten dem Meidericher SV, der 1966 in MSV Duisburg umbenannt wurde, und seinem Trainer Rudi Gutendorf. Mit einer ausgeklügelten Defensivtaktik verteidigten die Duisburger bis zum Schluss Platz zwei, und Gutendorf erhielt den wenig schmeichelhaften Namen »Riegel-Rudi«.

Platzverweis für einen »Helden von Bern«

Helmut Rahn, der 1954 mit seinem Tor zum 3:2 über Ungarn die deutsche Nationalmannschaft in Bern zum Weltmeister machte, erlebte den Start der Bundesliga beim Meidericher SV. In 19 Spielen erzielte er acht Treffer. Mehr mediale Aufmerksamkeit fand der einzige Platzverweis in der Karriere des Esseners: Im Bundesligaspiel gegen Hertha BSC flog Rahn auf die alten Tage wegen Tätlichkeit gegen den Berliner Harald Beyer vom Platz. Bundesligaluft schnupperten noch zwei weitere »Helden von Bern«. Max Morlock brachte es in 21 Spielen für den 1. FC Nürnberg auf acht Tore, Hans Schäfer in 39 Spielen für den 1. FC Köln auf 20 Treffer.

Robert Schwan als »Volontär« in Köln

Der Auftritt der Kölner war so überzeugend gewesen, dass die Rheinländer auch in die zweite Bundesligasaison als heißer Favorit gingen und Besuch aus München bekamen.

Bayern-Präsident Neudecker und Manager Robert Schwan hielten es für geboten, in Köln Anschauungsunterricht in modernem Management zu nehmen. Doch die Vision von einer Dauerherrschaft in der noch jungen Bundesliga und die Illusion, ein deutsches Real Madrid zu werden, sollte sich beim 1. FC Köln schnell in Luft auflösen.

Schon im zweiten Jahr musste die Mannschaft, die bis auf die Westfalen Heinz Hornig und Helmut Benthaus durchweg aus Rheinländern bestand, Werder Bremen den Vortritt lassen. Trainer Willi »Fischken« Multhaup, später erfolg-

los in Köln tätig, hatte den Gladbacher »Eisenfuß« Horst-Dieter Höttges und den Schalker Stürmer Klaus Matischak an die Weser gelockt. Höttges bildete mit Sepp Piontek eine Verteidigung, deren Härte (und Klasse) die Gegenspieler schmerzvoll zu spüren bekamen.

Unbegreiflich blieb, dass der FC Schalke 04 mit Nationalspielern wie Willi Schulz, Hans Nowak und dem jungen Reinhard »Stan« Libuda die Saison als Tabellenletzter (!) beendete. »Interne Ränkeschmiede und Intriganten sorgten für einen unerklärlichen Leistungsabfall,« notierte ein Kritiker. Der Abstieg blieb dem Traditionsklub aus dem

Die Kölner waren die Attraktion im Jahr der Bundesligapremiere. Hier die Mannschaft, die 1964 Meister wurde (von links): Hans Schäfer, Fritz Ewert, Hansi Sturm, Leo Wilden, Helmut Benthaus, Wolfgang Weber, Karl-Heinz Thielen, Fritz Pott, Wolfgang Overath, Heinz Hornig und Toni Regh.

19 Jahre jung, dribbelte Reinhard Libuda gleich im ersten Bundesligajahr in die Schlagzeilen. Nach zwei Jahren Spiel beim FC Schalke 04 trug der »Stan«, wie er in Erinnerung an Stan Matthews getauft wurde, drei Jahre das Trikot des BV Borussia Dortmund. 1968 kehrte er zu den »Königsblauen« zurück.

15

»Pütt« dennoch erspart. Nachdem Hertha BSC Berlin wegen statutenwidriger Finanzgebaren ausgeschlossen worden war (siehe auch: »... und andere Skandale«), erweiterte der DFB die Liga auf 18 Klubs.

60 Prozent Eigengewächs

Frischen Wind brachten 1965 zwei Aufsteiger in die Liga, die die siebziger Jahre dominieren sollten. Der FC Bayern mit Trainer Tschik Cajkovski und der VfL Borussia Mönchengladbach mit Trainer Hennes Weisweiler waren gleich ein Hit; sie mischten die Etablierten gehörig auf. Schon am zweiten Spieltag bezwang die Münchner Mannschaft, in der 60 Prozent der Akteure aus dem eigenen Nachwuchs kamen (Beckenbauer, Maier, Nafziger, Kosar, Kunstwadl, Kupferschmidt, Brenninger, Rigotti), die Frankfurter Eintracht mit ihrem Paradesturm Grabowski (damals noch Rechtsaußen), Lindner, Sztani, Huberts, Lotz mit 2:0. Auch den Münchner »Löwen« zog der Aufsteiger das Fell über die Ohren. 0:3 unterlag das Team um Torhüter Radenkovic, um die exzellenten Außenläufer Luttrop

> **»In den ersten Jahren unter Weisweiler fuhren die Borussen am Vorabend eines Spiels noch geschlossen mit dem Bus ins Kino. Später dann blieb der Hennes im Hotel, drosch mit Freunden bei Pils und Fernet Branca einen zünftigen Skat, während die Spieler in Privatautos zum Kino fuhren. Den Abschluss bildete meist eine wilde Rallye zurück zum Hotel.«**
>
> *Jupp Heynckes in seinem Lehrbuch: »Fußball aktiv – Training und Spiel«*

Trainer Max Merkel holte Timo Konietzka 1965 von der Dortmunder Borussia zum TSV 1860 München, wo der ehemalige Bergarbeiter in 47 Spielen 30 Treffer erzielte und wesentlichen Anteil am Gewinn der Meisterschaft 1966 hatte. In die Historie ging Konietzka als Schütze des ersten Bundesligatores ein.

und Perusic und das renommierte An-
griffsquartett Heiß, Konietzka, Brunnenmeier, Grosser und Rebele.
Am Ende feierte München den TSV
1860 mit seinem Trainer Max Merkel als
Meister und den FC Bayern als Bundes-
ligadritten und Pokalsieger. In einer
Umfrage nach dem sympathischsten
Bundesligateam der Saison ging die
Beckenbauer-Truppe vor Meister 1860
und Dortmund als Sieger hervor – ein
bemerkenswerter Erfolg, denn immerhin
waren die Westfalen als Europapokalsieger der Pokalsieger (2:1 in der Verlängerung gegen den FC Liverpool) aus
Glasgow heimgekehrt.

Maximal 1200 Mark Monatslohn

Das erste Bundesligastatut erlaubte den Spielern keine
großen Sprünge. Die monatlichen Grundbezüge
(Gehalt plus Leistungsprämien) durften 1200 Mark im
Regelfall nicht überschreiten. Eine Höherdotierung
»besonders qualifizierter Spieler« bedurfte einer
gutachterlichen Stellungnahme bzw. einer Genehmi-
gung des DFB-Spielausschusses. Die Sonderprämien für
Meistertitel und Pokalsieg durften maximal 2000 bzw.
1500 Mark betragen. Die Höchstgrenze für Ablösesummen war 50 000 Mark. Im Falle der Freigabever-
weigerung des alten Vereins drohte eine Sperre von
zwölf Monaten. Vereinswechsel waren nur nach
Ablauf der Saison möglich.

Max Merkel packte die Koffer

Mit dem gleichen Titel wie Dortmund schmückte sich dann ein Jahr später die
junge Bayern-Mannschaft. Im Finale von Nürnberg besiegte sie die Glasgow
Rangers durch ein Tor von Franz »Bulle« Roth, der zwei Jahre zuvor noch für
den C-Klassen-Verein TSV Bertelshofen gespielt hatte, mit 2:1. In der Meisterschaft aber reichte es 1967 nur für Platz sechs, der Tanz auf drei Hochzeiten
(Bundesliga, DFB-Pokal, Europapokal) war eine zu große Belastung gewesen.
Auch für den TSV 1860 lief nicht alles nach Wunsch. Max Merkel hatte mit
Torhüter Wolfgang Fahrian von Hertha BSC seinem Intimfeind Petar Radenkovic einen Rivalen vor die Nase gesetzt und Libero Friedel Lutz von der
Frankfurter Eintracht geholt, die Talfahrt seiner Mannschaft indes nicht verhindern können. Nach elf Spieltagen waren die »Löwen« Vorletzter und Merkel
ratlos. Ehe es zum Eklat kam, packte der Wiener seine Koffer und heuerte
beim 1. FC Nürnberg an. Mit Nachfolger Gunter Baumann robbte sich der
TSV 1860 schließlich noch an Dortmund und Frankfurt vorbei auf Platz zwei
hinter Eintracht Braunschweig.

17 Spiele ohne Gegentor

Die Niedersachsen als Meister hatte keiner auf der Rechnung. Die Mannschaft
von Disziplinfanatiker Helmut Johanssen erinnerte in ihrer betont defensiven
Spielweise an den berüchtigten Catenaccio von Inter Mailand. Freunde des
schönen Fußballs nannten die Braunschweiger verächtlich »Spielverderber«.

Vertrag auf dem Bierdeckel

In den ersten Bundesligajahren wurden Verträge schon mal per Handschlag abgeschlossen. Üblich war dies in Mönchengladbach zwischen Trainer Hennes Weisweiler und Manager Helmut Grashoff. Es konnte aber auch vorkommen, dass als Dokument für eine Gehaltsvereinbarung ein Bierdeckel herhalten musste. So geschehen auf der Rückfahrt von einem Spiel der Münchner »Löwen« Mitte der 60er Jahre nach einem Vier-Augen-Gespräch zwischen Trainer Max Merkel und Klubpräsident Adalbert Wetzel.

Das Team stützte sich auf eine solide Abwehr mit Torhüter Horst Wolter, der in 17 Spielen ohne Gegentor blieb und insgesamt nur 27 Treffer hinnehmen musste, Libero Joachim Bäse, Vorstopper Peter Kaack, dem später bei einem Autounfall tödlich verunglückten Jürgen Moll und Stürmer Lothar Ulsaß.

In der Saison 1967/68 machte Max Merkel in Nürnberg schon vor dem Anpfiff auf sich aufmerksam: Der Österreicher hatte gleich elf Spieler ausgemustert (unter anderem Publikumsliebling Stefan Reisch und Tasso Wild). Und tatsächlich gelang es seiner Mannschaft, eine Mixtur aus Kondition, Zweikampfstärke und Spielfreude, die gesamte Konkurrenz zu distanzieren und Meister zu werden. »Die Athleten beißen und die Techniker spielen lassen«, so übersetzte Stürmerstar Georg Volkert, 1977 mit Felix Magath beim HSV Europapokalsieger der Pokalsieger, Merkels Erfolgsphilosophie.

Für den Titel noch nicht reif

Der FC Bayern und die Gladbacher Borussia mussten einsehen, dass sie für den Titel noch nicht reif waren. Weisweilers »Fohlen«-Elf wirbelte zwar über den Rasen, dass den Fußballfreunden das Herz aufging, doch die Abwehr der Westdeutschen war zeitweise so löcherig wie Schweizer Käse. Auch die Bayern-Abwehr hielt den Anforderungen nicht immer stand. So waren Beckenbauer & Co. beim 3:7 in Nürnberg den Flügelstürmern Zvedzan Cebinac und Volkert sowie Mittelstürmer Franz Brungs, der fünf Mal traf, hoffnungslos ausgeliefert. Nachher mussten sich die Münchner von Hans Fiederer, dem damaligen Chefredakteur des »Sportmagazin« sagen lassen: »Die Bayern kamen tempomäßig einfach nicht mit. Selbst ein Weltklassespieler wie Beckenbauer ging mit unter.«

Tod am Radio

Die Spieler des 1. FC Köln, die sich als Vierter 1968 noch vor dem FC Bayern platzieren konnten, schockte mitten in der Saison der Tod ihres Präsidenten. Die Mannschaft um Overath erhielt die Nachricht im November 1967 auf der Heimfahrt vom Bundesligaspiel in Frankfurt. Der »Boss«, wie Franz Kremer respektvoll genannt wurde, starb in Köln nach einem Herzanfall während der Radioübertragung des Spiels seiner Mannschaft.

FC Bayern gegen alle
1968 – 2002

Schon beim ersten Titelgewinn des FC Bayern im Jahre 1969 waren sich die meisten Kritiker einig: Diese junge Mannschaft mit dem Dreigestirn Franz Beckenbauer, Gerd Müller (damals beide 23) und Sepp Maier (25) wird in der Bundesliga eine Hauptrolle spielen.

Die erste Bundesligameisterschaft des FC Bayern trug die Handschrift des jugoslawischen Trainers Branko Zebec, der 1968 seinen Landsmann Tschik Cajkovski abgelöst hatte. »Der Individualist Tschik Cajkovski hatte den Grundstein für unsere Erfolge gelegt. Aber nach fünf Jahren war seine Zeit abgelaufen. Es kam der kühle Mathematiker Branko Zebec, unter dem alles professioneller ablief, und der einen neuen Bayernstil prägte. Einen mit mehr Systematik und mehr Disziplin. Doch die gute Kameradschaft, die in den Jahren mit Tschik gewachsen war, bildete die wichtigste Voraussetzung für den Erfolg, an den vor Beginn der Saison keiner von uns gedacht hatte«, hielt Franz Beckenbauer in einer Biographie fest.

Drei, die den FC Bayern groß machten: Gerd Müller, Sepp Maier und Franz Beckenbauer, der schon als junger Spieler bei der Verpflichtung von Trainern und Spielern ein Wörtchen mitreden durfte. Seinen 30. Geburtstag feierte der »Kaiser« mit 120 handverlesenen Gästen aus Politik, Wirtschaft und Kultur.

Mit dieser Mann-
schaft begann 1969
die unendliche Titel-
geschichte des FC
Bayern. Von links:
Franz Beckenbauer,
Gerd Müller, Franz
»Bulle« Roth, August
»Gustl« Starek, Hel-
mut Schmidt, Georg
»Katsche« Schwar-
zenbeck, Rainer Ohl-
hauser, kniend: Peter
Pumm, Sepp Maier,
Trainer Branko Zebec,
Werner Olk und
Dieter Brenninger.

Für Bundestrainer
Helmut Schön war er
der erste Popstar der
Fußballszene, für die
Fans der kreative
Spielgestalter: Günter
Netzer dirigierte den
VfL Borussia Mön-
chengladbach 1970
und 1971 zu zwei
Meisterschaften.

Der Abstieg des Meisters

Um sein Potenzial wurde Zebec 1969 in der ganzen Bundesliga beneidet. Neben Beckenbauer, Gerd Müller und Sepp Maier verhießen Spieler wie Georg »Katsche« Schwarzenbeck, der Jahre später als »Putzer des Kaisers« weltweiten Ruf erwarb, Franz »Bulle« Roth, Rainer Ohlhauser und Dieter Brenninger erstklassigen Fußball über den Tag hinaus.

Die Sensation der Saison war freilich weniger der Triumph der Bayern als vielmehr der Abstieg des Vorjahresmeisters und Top-Favoriten 1. FC Nürnberg, dem ein Jahr später mit dem TSV 1860 München ein weiterer Vorzeigeklub des deutschen Fußballs folgen sollte.

Das Unglück der Nürnberger wurde das Glück des VfL Borussia Mönchengladbach. Trainer Hennes Weisweiler, von dem Gedanken beseelt, seine »Fohlen«-Elf zum großen

Gegenspieler des FC Bayern heranzüchten, bekam endlich die dringend benötigten Abwehrspieler der Güteklasse A. Einer, der Nürnberger Ludwig »Luggi« Müller, unterschrieb gleich nach dem 0:3 der Franken am Schlusstag der Saison beim 1. FC Köln auf einer Kühlerhaube den Vertrag beim neuen

Von 1964 bis 1973 beim VfL Mönchengladbach nicht immer ein Herz und eine Seele, aber höchst effektiv: Trainer Hennes Weisweiler und sein Spielmacher Günter Netzer, der 1973 zu Real Madrid wechselte. Weisweiler ging zwei Jahre später zum FC Barcelona, ehe er ein Angebot des 1. FC Köln annahm.

Tasmania Berlin hält den Minusrekord

Schwarzgeldzahlungen kosteten Hertha BSC 1965 die Bundesliga-Zugehörigkeit (siehe auch: »... und andere Skandale«). Doch weil Westberlin aus politischen Gründen in der höchsten Spielklasse präsent sein sollte, durfte ein anderer Berliner Klub an Herthas Stelle rücken. Weder Staffelmeister Tennis Borussia, der in der Aufstiegsrunde gescheitert war, noch der Staffelzweite Spandauer SV waren interessiert. So bekam Tasmania 1900 die Lizenz, die mit einem völlig unzureichenden Spielerkader das Abenteuer Bundesliga wagte. Ganze acht Punkte gewann die Mannschaft um den Italienheimkehrer Horst Szymaniak. Und auch das Torverhältnis von 15:108 bedeutete Minusrekord in der nationalen Eliteklasse. Schnell verloren die Berliner Fußballfans das Interesse an der Tasmania. Wurden im ersten Heimspiel gegen den Karlsruher SC 81 524 Zuschauer im Olympiastadion gezählt, wo es mit dem 2:0 einen von zwei Siegen zu bejubeln gab, so kamen zum Spiel gegen Borussia Mönchengladbach am 15. Januar 1966 gerade mal 827 Besucher.

Uli Hoeneß begann beim FC Bayern als Vertragsamateur. Als solcher wurde er, 20 Jahre jung, 1972 mit den Münchnern deutscher Meister und mit der Nationalmannschaft Europameister. Außerdem spielte er in der Olympiaauswahl, die mit einem 2:3 gegen die DDR das Halbfinale verpasste.

Klub (siehe auch: »Entscheidungen auf der Ziellinie«). Den zweiten – Klaus-Dieter Sieloff – angelte sich Weisweiler wie vorher schon Mittelfeldspieler Horst Köppel beim VfB Stuttgart. Am Ende hatten sich die Investitionen gelohnt: Der VfL Borussia war Meister und empfahl sich als Herausforderer des FC Bayern.

Gewagte Vergleiche

Edelfedern regte das Duell zwischen den beiden Vereinen zu gewagten Vergleichen an. Der eher ergebnisorientierte Zweckfußball der Bayern, so fabulierten sie, entspreche in etwa dem Geist der politisch Konservativen, der rasante Angriffsfußball der Gladbacher reflektiere dagegen die gesellschaftliche Aufbruchstimmung im Lande. »Netzers Pässe gingen weit in den freien Raum;

sie waren das fußballerische Pendant zur Apo und deren Ausläufern, bis hin zu Willy Brandts ›Mehr Demokratie wagen‹«, interpretierte zum Beispiel der Schriftsteller Helmut Böttiger das Spiel des Borussia-Dirigenten.

»Jetzt haben's beim FC Bayern, wo der Mozart und der Beethoven in einer Band stehen, endlich auch einen passenden Bediener, der nur die Noten umzublättern braucht.«

Max Merkel über Udo Lattek, der als junger Trainer beim FC Bayern 1970 mit Beckenbauer und Gerd Müller Weltklassespieler vorfand

Vordergründig bot sich die Szene so dar: In den politisch bewegten Jahren zwischen 1965 und 1974 sympathisierten die meisten Bayern-Spieler im Freistaat mehr mit den regierenden Christsozialen als mit den »Sozis«. Franz-Joseph Strauß spielte sogar Trauzeuge bei der Hochzeit des Ulmer Metzgersohnes Uli Hoeneß. Paul Breitner, wie Hoeneß 1970 zum FC Bayern gekommen, passte weniger in das Raster. Mit Afro-Look und der Peking-Rundschau in der Hand mimte er den Revoluzzer. Und auch Rainer Zobel und »Charly« Mrosko konterkarierten als »bekennende 68er« das Bild einer CSU-nahen Fußballgemeinschaft. In Gladbach war auch Ferrarifahrer Netzer weit davon entfernt, sich mit der Politik und den Politikern der sozial-liberalen Koalition zu identifizieren.

Breitner ließ sich nichts gefallen

Im Auftreten der beiden Kapitäne Beckenbauer und Netzer auf dem Rasen gab es kaum Unterschiede. Beide bestimmten Tempo und Spielgestaltung, beide dirigierten das Geschehen lautstark. Beckenbauer, von Natur aus eher Phlegmatiker, mutierte auf dem Platz schon mal zum Choleriker. »Er konnte wie eine Marktfrau auf dem Viktualienmarkt fluchen und gleichzeitig das Spiel seiner Mannschaft führen, das an die distinguierte Art des Papstes erinnerte«, schrieb »Spiegel«-Autor Hermann Schreiber. Lustvoll stritt sich Beckenbauer mit Paul Breitner. Anders als Uli Hoeneß, der dem Sprichwort huldigte »Reden ist Silber, Schweigen ist Gold«, ließ sich der Querdenker Breitner nichts gefallen. Auch Sepp Maier widersprach dem »Kaiser« gelegentlich, trug Wortgefechte im Gegensatz zu Breitner meist humorvoll aus.

Paul Breitner, hier unter einem Mao-Bild mit der Peking-Rundschau in der Hand, legte als junger Spieler Wert darauf als »links« zu gelten. Dank seiner sportlichen Qualitäten konnte sich der Münchner in einem konservativen Umfeld die Rolle eines Revoluzzers leisten.

Gladbacher Angriffs-
fußball lebte von
den gestalterischen
Fähigkeiten eines
Günter Netzer und
den Sturmläufen
des Torjägers Jupp
Heynckes, der es
in 369 Bundesliga·
spielen (86 für
Hannover 96) auf ins-
gesamt 220 Treffer
brachte. Nur Gerd
Müller (365 Tore in
427 Spielen) und
Klaus Fischer (268 in
535 Spielen) waren
erfolgreicher.

Gegen Netzer wagte in Gladbach keiner zu opponieren. Der Sohn eines Samen-
händlers genoss in der Mannschaft größten Respekt. Verteidiger Berti Vogts
verhielt sich dem »Jünter« gegenüber beinahe subaltern. Konfliktbeladen war
Netzers Verhältnis nur mit Weisweiler. Den Trainer störte, dass der Kapitän das
Training als lästige Pflicht betrachtete. Zudem nervte Netzer mit der ständigen

Mahnung, »wir müssen dazu kommen, dass wir unser Tempo verändern und ein Spiel auch mal langsam machen«. Weisweiler sah darin nur ein Alibi für Trainingsrückstände und fehlende Kondition und ignorierte solche Vorhaltungen so gut es ging.

Beckenbauer mit 20 ein Weltstar

An Franz Beckenbauer traute sich kein Trainer heran. Sein Status – mit 20 wurde er bei der WM in England schon ein Weltstar – machte ihn unangreifbar. Zudem stärkte ihm Manager Robert Schwan, der auch sein persönlicher Berater war, bei jeder Gelegenheit den Rücken.

Exklusiv wie ihr Spiel auf dem Rasen, bei dem sich beide auf treue Helfer verlassen konnten – Beckenbauer auf Schwarzenbeck, Netzer auf Wimmer –, gestalteten die beiden Fußballgenies auch ihr Privatleben. Netzer umgab sich gern mit Künstlern, mit Film- und Fernsehschaffenden und nannte den prominenten TV-Regisseur Michael Pfleghar seinen Freund. Beckenbauer fühlte sich mehr zum Establishment hingezogen. Der »Kaiser«

1971 veranstaltete das Wickert-Institut im Auftrage der »Sport-Illustrierten« in München eine Umfrage nach dem beliebtesten deutschen Sportler. Es gewann Franz Beckenbauer vor dem Springreiter H. G. Winkler und Uwe Seeler.

besuchte die Bayreuther Festspiele und feierte zum Beispiel seinen 30. Geburtstag mit 120 handverlesenen Gästen aus Politik, Wirtschaft und Kultur; die Mannschaftskollegen waren nicht eingeladen.

Einfluss auf die Personalpolitik

Beim FC Bayern durfte Beckenbauer recht früh die Personalpolitik mitbestimmen. In seinem Buch »Einer wie ich« erwähnt er, dass er bei der Verpflichtung von Udo Lattek seine Finger im Spiel hatte: »1970 brauchte der FC Bayern einen neuen Trainer, weil der alte, Branko Zebec, sich mit unserem Vorstand zerstritten hatte. Beim FC Bayern war ich inzwischen ein enger Berater des Vorstandes in den Fragen geworden, die für uns Spieler von unmittelbarer Bedeutung sind.

Es überraschte mich daher nicht, dass Robert Schwan ein Gespräch über das Trainerproblem mit mir führte. Max Merkel kam nicht in Betracht, weil er gerade in Spanien den FC Sevilla trainierte. Tschik Cajkovski wollte unser Vorstand nicht wieder einstellen. Es blieben Cramer und Lattek. Cramer war bei der FIFA und irgendwo in der Welt unterwegs. Blieb nur noch Lattek. Als Präsident Neudecker mich fragte, wen ich für einen geeigneten Trainer halte, schlug ich Lattek vor.«

Zum Erfolg war Lattek verdammt, denn laut Beckenbauer kam er zum FC Bayern als es aufwärts ging: »Branko Zebec hinterließ ihm eine körperlich hervorragend getrimmte Mannschaft. Gerd Müller und ich waren im besten Alter, und Sepp Maier hatte in der Nationalmannschaft Hans Tilkowski abgelöst.«
1971 sah es so aus, als könne der FC Bayern die Gladbacher wieder vom Thron stoßen. Erst am letzten Spieltage vergaben die Münchner diese Chance (siehe auch: »Entscheidungen auf der Ziellinie«).

»Ich bin der Hans Albers der Bundesliga.
Der konnte saufen und arbeiten wie ich.«
Udo Lattek über sich

Udo Lattek war 37, als er zum ersten Mal den Meisterteller küssen konnte. Der gebürtige Ostpreuße gewann in seiner Trainerkarriere acht Titel, sechs mit dem FC Bayern, zwei mit dem VfL Borussia Mönchengladbach.

Rekorde für die Ewigkeit

Am Ziel war Lattek ein Jahr später. Die Saison 1971/72 wurde zum Triumphmarsch für die Bayern, bei denen Paul Breitner und Uli Hoeneß in zwei Jahren zu Stützen des Teams herangereift waren, der eine als stürmischer Außenverteidiger, der andere als pfeilschneller Flügelstürmer. 1972 stellten die Münchner auch zwei Bundesligarekorde für die Ewigkeit auf: Die Mannschaft erzielte 101, Gerd Müller 40 Tore. Dennoch war die Saison kein Spaziergang, Schalke erwies sich als fast ebenbürtiger Gegner und hielt die Spannung bis zum Saisonfinale aufrecht (siehe auch: »Entscheidungen auf der Ziellinie«). Souverän verteidigte der FC Bayern den Titel 1973, hatte elf Punkte Vorsprung vor dem 1. FC Köln, konnte mit seinem »Kühlschrank-Fußball« die Republik allerdings nicht begeistern. Den »Malochern« im Ruhrgebiet missfiel besonders die elegante und lässige Spielweise von »Kaiser Franz«. Sie empfanden sie als arrogant. Mit den Anfeindungen in fremden Stadien konnten die Münchner indes gut leben. Pfiffe im eigenen Stadion und die Missachtung der Fans gingen ihnen aber ganz schön unter die Haut.

Kein Jubel auf Münchens Straßen

»Als die Mannschaft des FC Bayern nach dem letzten Punktspiel gegen den 1. FC Köln mit dem Omnibus vom Olympiastadion ins Stadtzentrum fuhr, stand niemand an den Straßen, um dem Meister von 1973 zuzujubeln. Und als die Spieler ausstiegen, klemmte sich Sepp Maier auf dem kurzen Weg zum Rathaus die Meistertrophäe unter den Arm. Es sah so aus, als ob der Nationaltorwart eben einen Haushaltsgegenstand für seine Frau gekauft hatte«, heißt es im »Jahrbuch des Fußballs« aus dem Copress Verlag.

Mehr als am Minimalistenfußball der Münchner begeisterten sich die Fußballfreunde in Deutschland an den Darbietungen der Gladbacher, der Kölner und der Frankfurter. Von der Spielkultur her waren die Rheinländer und die Hessen wesensverwandt. Beide spielten intelligenten Angriffsfußball und beide verfügten über brillante Mittelfeldspieler – Overath, Flohe und Herbert Neumann hier, Grabowski und Bernd Nickel da. Eigentlich hätten Köln und Eintracht Frankfurt jedes Jahr um den Titel mitspielen müssen, doch fehlten den Teams die Robustheit und das Stehvermögen der Münchner und der Gladbacher. Nicht zufällig erhielten sie die Namen »Die Diva vom Rhein« und »Die Diva vom Main«.

»Kein anderer in der Bundesliga kann ihm das Wasser reichen«, schwärmte Udo Lattek in den 70er-Jahren von Jürgen Grabowski, der als Rechtsaußen begann und nach dem Gewinn der Weltmeisterschaft 1974 als Spielmacher der Frankfurter Eintracht ins Rampenlicht trat.

88075 Zuschauer sind Bundesligarekord

In der Saison 1969/70, in der Hertha BSC hinter Gladbach und dem FC Bayern den dritten Platz belegte, erzielten die Berliner einen Zuschauerrekord, der bis heute Bestand hat: 88075 Besucher wurden beim Spiel im Olympiastadion gegen den 1. FC Köln am 26. September 1969 gezählt, das Hertha durch ein Tor von Wolfgang Gayer (er kam vom Wiener SK) mit 1:0 gewann. Nach Umbauten für die WM 1974 fasste die Arena dann nur noch 76000 Zuschauer.

Eigendorf auf Befehl von Mielke ermordet?

Noch heute ist sein Tod ein Thema in der Bundesliga: Lutz Eigendorf, in den 70er-Jahren als größtes Talent des DDR-Fußballs gepriesen, nutzte ein Spiel seines Geldgebers Dynamo Berlin beim 1. FC Kaiserslautern zur Flucht. Nach einem Jahr Sperre gab Eigendorf in der Pfalz sein Debüt in der Bundesliga. Zwei Jahre später wechselte er zu Eintracht Braunschweig. In Niedersachsen heiratete der Spieler, der seine erste Frau in der DDR zurückgelassen hatte, ein zweites Mal. Vier Wochen nach der Hochzeit war er tot.

Lutz Eigendorf starb 34 Stunden nach einem Verkehrsunfall: Auf der Heimfahrt von seinem Stammlokal »Zum Cocktail« fuhr er am 5. März 1983 gegen einen Baum. Die Ärzte stellten drei Schädelbasisbrüche, Brustquetschungen und schwere innere Verletzungen fest. Eine Blutuntersuchung ergab 2,3 Promille, obwohl der Spieler laut Aussage des Wirtes nur zwei kleine Bier getrunken hatte.

Schon damals kam der Verdacht auf, Eigendorf, wie alle Spieler im Offiziersrang und damit auch Geheimnisträger, könne Opfer eines politischen Attentats geworden sein. Nach der Wende gab es dann konkretere Hinweise, dass es möglicherweise ein Auftragsmord von Stasi-Chef Erich Mielke gewesen sei.

Informationen des Bundesnachrichtendienstes zufolge sei der Autogriff am Wagen von Eigendorf wahrscheinlich mit Kontaktgift präpariert gewesen, dessen Wirkung so beschrieben wurde: Nach der Berührung führt es zu schleichender Vergiftung. Das Gift gelangt über die Haut ins Blut und führt zu Atemlähmung. Das Problem: Das Gift sei nicht nachweisbar.

Netzer sagte dem FC Bayern ab

Die Spiele des 1. FC Köln gegen den VfL Borussia Mönchengladbach um die Macht am Rhein waren in den 60er- und 70er-Jahren fußballerische Delikatessen, geprägt von der Rivalität der Mittelfeldstrategen Overath und Netzer. In dem Wettstreit, den anderen zu übertreffen, ging nicht selten Heinz Flohe als lachender Dritter hervor, den Beckenbauer-Manager Schwan einmal als technisch besten deutschen Spieler nach Beckenbauer bezeichnete.

Netzer trat im Pokalfinale 1973 gegen den 1. FC Köln in Düsseldorf zum letzten Mal im Borussia-Trikot auf. Zu diesem Zeitpunkt hatte er schon bei Real unterschrieben, was Schwan nicht hinderte, um den Star zu werben. Schweren Herzens gab Bayern-Fan Netzer (»Ich sage schon seit Jahren, dass es Spaß machen muss, beim FC Bayern zu spielen«) dem Bayern-Manager einen Korb; er wollte nicht vertragsbrüchig werden.

Keine Freigabe für Gerd Müller

Netzer nicht bekommen zu haben und Gerd Müller zu verlieren, dieses Damoklesschwert schwebte im Sommer 1973 über den Häuptern von Bayern-Boss Neudecker und Manager Schwan. »Müller für drei Millionen nach Barcelona«, meldeten die Gazetten, doch der deutsche Fußballbund schob den Absichten des Bayern-Torjägers einen Riegel vor. In einer offiziellen Erklärung hieß es: »Der Spieler Gerd Müller hat sich am 21. Juli 1973 an seinen Verein mit der Bitte um Freigabe aus dem noch zwei Jahre laufenden Vertrag gewandt. Der FC Bayern hat der vorzeitigen Auflösung dieses Vertrages nicht entsprechen

»Es gibt eine Menge Müllers, aber einen wie Gerd Müller gibt es nur alle 50 Jahre.«
Helmut Schön, 1964 bis 1978 Bundestrainer

In der Nationalmannschaft Kollegen, in der Bundesliga gelegentlich Gegenspieler: Gerd Müller und Berti Vogts. Nur selten ließ sich der Bayern-Torjäger dabei von der Härte des Gladbacher Verteidigers beeindrucken, mit dem er 1974 Weltmeister wurde.

In den 70er-Jahren in der Bundesliga von den Torhütern gefürchtet: Klaus Toppmöller erzielte von 1972 bis 1980 für den 1. FC Kaiserslautern in 204 Spielen 108 Tore – eine beachtliche Quote. In der Saison 1975/76 wurde »Toppi« zum Bayern-Schreck: Fünfmal bezwang er Sepp Maier, zweimal beim 2:1 auf dem Betzenberg, dreimal beim 4:3 der Pfälzer in München.

können, nachdem das Präsidium des DFB auf Anfrage hin erklärte, dass der Nationalspieler Gerd Müller für die bereits am 1. Juli begonnene Weltmeisterschaftssaison keine Freigabe erhalten würde.«

Bald waren Abwanderungspläne des Mittelstürmers und die Abstrafung des Publikums für den Meister 1973 in München kein Thema mehr. Der Mannschaft gelang es, Sympathien zurückzugewinnen und am Ende der Saison 1973/74 zum dritten Mal hintereinander Meister zu werden. Da die Münchner die Ernte schon am vorletzten Spieltage eingefahren hatten, war das 0:5 gegen den alten Widersacher VfL Borussia Mönchengladbach auf dem Bökelberg nur eine Marginalie. Einige Bayern-Profis spielten mit Alkohol im Blut. Am Abend zuvor hatte das Beckenbauer-Team mit einem 4:0 gegen Atletico Madrid im Wiederholungsspiel der Europapokal der Landesmeister gewonnen und die ganze Nacht durchgefeiert.

Schalke mit den meisten Zuschauern

Auch die Schatzmeister der Bundesligaklubs hatten Grund zu feiern. Nach zwei Jahren spektakulärer Gerichtsprozesse im Bundesligaskandal waren die Stadien wieder voll, konnten die Vereine ihre Schuldenberge abtragen. Am schnellsten kam der FC Schalke 04 auf die Beine. »Die Königsblauen«, 1973 ohne die gesperrten Skandalsünder Fischer, Fichtel, Rüßmann, Libuda und Sobieray beinahe abgestiegen, lagen in der Zuschauerbilanz gleich hinter dem FC Bayern. Genau 673 389 Fußballfans zahlten Eintritt für die Spiele im Parkstadion, wo Fichtel wieder die Abwehr zusammenhielt und Klaus Fischer, von Erwin Kremers mit Flanken bedient, zum Liebling des Publikums avancierte. Wie Klaus Toppmöller vom 1. FC Kaiserslautern war der Junge aus dem Bayrischen Wald 21-mal erfolgreich; besser trafen nur Gerd Müller und Jupp Heynckes, die es auf je 30 Tore brachten. Nach dem dritten Titelgewinn hintereinander sollte es mit Trainer Lattek rasend schnell bergab gehen. Sein Intimus Paul Breitner wechselte 1974 zu Real Madrid und schwächte damit die Position des ehemaligen Gymnasiallehrers erheblich. Schon längere Zeit hatte Beckenbauer den Trainer zusammen mit den Abiturienten Hoeneß und Breitner der Konspiration gegen ihn und Schwan verdächtigt und der Manager mit dem Hinweis »Franz, der will uns weghaben« die Stimmung angeheizt.

Lattek nicht mehr tragbar

Als die Bayern der Abstiegszone ziemlich nahe rückten, eskalierte die Situation: Am 2. Januar 1975 musste Lattek gehen. »Es kam zu einer Aussprache zwischen Wilhelm Neudecker, Schwan und Lattek. Es ging nicht nur um den deprimierenden Zustand der Mannschaft, sondern auch um den Ruf des Vereins, dem einige Auftritte von Lattek nicht gerade förderlich waren. Er neigte dazu, beim Trinken das Maß zu verlieren, was seine Privatsache war, solange er nicht bei Reisen mit der Mannschaft für peinliche Zwischenfälle sorgte. Aber vor einem Freundschaftsspiel in Liechtenstein warf er die Hotelbesitzerin in den Swimmingpool, im Hotel Krummweg bei Düsseldorf, wo wir immer während der Reisen in den Westen wohnten, diente ihm ein Relief in der Halle als Zielscheibe. Er bewarf es mit Äpfeln, Birnen, Orangen, Bananen. Es sah am nächsten Morgen aus wie ein an die Wand geklebter Obstsalat. Dies und mehr warf ihm Neudecker vor. Das Gespräch endete mit der Entlassung Latteks, der bei Bayern München so erfolgreich war und das so schlecht verkraftet hatte«, notierte Beckenbauer penibel in seinem Buch »Ich – wie es wirklich war«.

Bayern-Manager und Beckenbauer-Intimus Robert Schwan (links) immer auf Tuchfühlung zu den jeweiligen Trainern der Münchner: Dettmar Cramer schaut, was die Uhr geschlagen hat. Zweimal wurde der »Fußballprofessor« mit dem FC Bayern Europapokalsieger der Landesmeister.

Mit Cramer auf Platz zehn

Der Nachfolger war bald gefunden. Beckenbauers Trauzeuge Dettmar Cramer, der den Ruf eines Fußballweisen hatte, sollte den Klub auf Erfolgskurs halten, was dem kleinen Mann, den Sepp Maier einmal scherzhaft »laufender Meter« nannte, nur international glückte. Mit Cramer wurden die Münchner auch 1975 und 1976 Europapokalsieger der Landesmeister. In der Bundesliga fielen sie in der Saison

1974/75 aber in ein tiefes Loch. Cramer übernahm ein Team, das sich zeitweise unter Lattek als Schießbude präsentiert hatte (0:6 in Offenbach, 2:5 zu Hause gegen Kaiserslautern, 1:4 bei Hertha BSC). Am Ende landeten die Münchner auf Platz zehn mit einem negativen Torverhältnis von 57:63.

Gladbach, nach wie vor der große Gegenspieler des FC Bayern, musste sich anderer Konkurrenten erwehren. Eintracht Frankfurt mit Trainer Dietrich Weise, Hertha BSC mit Georg Keßler und der Hamburger SV mit Kuno Klötzer meldeten Ansprüche an. »Die Diva vom Main« schien endlich vor ihrem ersten Titelgewinn zu stehen. Unter der Regie von Jürgen Grabowski brannte die Eintracht ein Feuerwerk ab, erzielte die meisten Tore (Grabowski steuerte selbst 13 zu den 89 Treffern bei) und musste sich am Ende doch mit Platz drei begnügen. 17 Spiele ohne Niederlage waren eine Serie, die dem VfL Borussia die dritte Meisterschaft bringen sollte. Mit einem überragenden Jupp Heynckes gewannen die Westdeutschen zudem den UEFA-Pokal.

Weisweiler zum FC Barcelona

Die Schlagzeilen gehörten 1975 aber vorwiegend Hennes Weisweiler, nicht weil er dem FC Bayern den Titel abgenommen hatte, sondern weil er den Klub Knall auf Fall verließ. Beim FC Barcelona suchte er eine neue Herausforderung. Zum Leidwesen der Münchner konnten sie aus dem Weggang des Borussia-Trainers keinen Nutzen ziehen; Weisweiler hatte ein gut bestelltes Feld hinterlassen. So war es nicht überraschend, dass die Gladbacher auch 1976 auf die Meisterschaft anstoßen konnten. Besonders schmerzte den FC Bayern, dass es Udo Lattek war, der die Erfolgsgeschichte des VfL Borussia fortschrieb.

Nach stürmischen Jahren unter Hennes Weisweiler verordnete Udo Lattek den Gladbachern Sicherheitsfußball. Die Torausbeute blieb gering, der Titel dennoch 1976 auf dem Bökelberg – Grund für den Trainer und Torjäger Heynckes, sich in die Arme zu nehmen.

»Was würden Sie denn machen, wenn Sie die Wahl zwischen einem Fahrrad und einem Mercedes hätten?«

Udo Lattek, der bei Rot-Weiß Essen 1975 schon unterschrieben hatte, dann aber die Chance wahrnahm, beim VfL Borussia Mönchengladbach Nachfolger von Hennes Weisweiler zu werden

Unter dem Pragmatiker ging freilich die Torquote von 86 auf 66 zurück. Noch weniger waren es in der Saison 1976/77 (58). Frankfurt (86 Tore), 1. FC Köln (83), Schalke 04 (77) und Borussia Dortmund (73) eroberten mit ihrem Offensivfußball die Herzen ihrer Fans. Den Meistersekt aber tranken 1977 wiederum die Gladbacher mit Lattek, obwohl Heynckes wochenlang ausgefallen war und nach einer Meniskusoperation nicht mehr auf den Rasen zurückkehrte.

Zu Spielerverkäufen gezwungen

Weiterer Niveauverlust bei den Gladbachern, in der Saison 1976/77 noch einigermaßen kaschiert, ließ sich nicht vermeiden. Manager Helmut Grashoff sah sich gezwungen, auch nach Netzer Leistungsträger zu verkaufen, um mit der Ablöse, den Klubetat zu finanzieren. 1976 verabschiedete sich der Däne Henning Jensen, 1977 Uli Stielike. Beide wechselten wie vorher Netzer zu Real Madrid. 1978 füllten dann Rainer Bonhof (zum FC Valencia) und ein Jahr später der Däne Alan Simonsen (zum FC Barcelona) die Kasse des prominenten Provinzvereins auf.

Turbulente Jahre verlebte der Ungar Gyula Lorant in der Bundesliga. In Frankfurt setzte er mit großem Erfolg die Raumdeckung durch – ein Experiment, das beim 1. FC Köln schief ging. Im Mai 1981 erschütterte die Nachricht die Fußballwelt, dass Lorant mit 58 während eines Spiels des von ihm betreuten PAOK Saloniki den Herztod fand.

In München erhitzten sich die Gemüter an der Frage, wie wird die Mannschaft wohl den Abgang von Beckenbauer verkraften (siehe auch: »Flucht nach Amerika«). Die Antwort: Extrem schlecht. Der Kölner Wolfgang Rausch war als Abwehrchef überfordert, der Jugoslawe Branko Oblak, in Schalke eingekauft, nicht der gewünschte Spielmacher. Und so trudelte der Klub ungebremst in die größte sportliche Krise seiner Geschichte. Nach zwei 0:4-Niederlagen gegen die Frankfurter Eintracht innerhalb von vier Tagen, in der Bundesliga und im UEFA-Pokal, zog Wilhelm Neudecker im Dezember 1977 die Reißleine. Der Bayern-Boss sicherte sich per Handschlag die Dienste des Ungarn Gyula Lorant, der die Frankfurter Eintracht trainierte, und ermunterte seinen Frankfurter Kollegen Achatz von Thümen, einen ehemaligen Universitätskanzler, der ein Faible für Cramer hatte, den Bayern-Coach zu kaufen. Cramer selbst, so wurde kolportiert, habe das Geschäft vorgeschlagen. »In großer Eile beging Neudecker den Fehler, Cramer fristlos zu kündigen, was den kleinen Mann bewog, eine Kündigungsschutzklage beim Arbeitsgericht anzustrengen. Erfolg: Neudecker musste noch 125000 Mark zahlen«, stand dazu im »Kicker«-Jahrbuch 1977/78.

Sepp Maier kassierte 64 Tore

Der Trainertausch brachte nichts. Sepp Maier, kurz nach Erhalt des Bundes-
verdienstkreuzes von einem Düsseldorfer Amtsrichter zu 15 000 Mark Geld-
strafe und Entzug der Fahrerlaubnis auf Zeit verurteilt – er hatte mit etlichen
Promille im Blut eine Ampel überfahren –, kassierte in der ersten Saison ohne
Beckenbauer 64 Tore, so viel wie nie in seiner Karriere. Die Münchner beende-
ten die Saison mit einem 0:5 in Kaiserslautern (3 Tore Toppmöller), 32:36
Punkten, 62:64 Toren und Platz 12. Das war die schlechteste Bayern-Bilanz aller
Zeiten.

Frankfurt wurde immerhin Siebter, Cramer aber am Main nicht glücklich.
»Der kommt in Frankfurt nicht an«, betrieb Vizepräsident Dr. Peter Kunter,
einst ein formidabler Torhüter, Mobbing. Der Fußballprofessor verstand das als
Signal und kündigte im Sommer 1978 von sich aus. Nachfolger wurde der
damals arbeitslose Otto Knefler.

Als Titelaspiranten galten vor der Saison 1977/78 neben Gladbach der HSV,
Schalke 04 und auch der 1. FC Köln. Kölns Präsident Peter Weiand hatte 1976
Hennes Weisweiler verpflichtet und mit dem Belgier Roger van Gool den ersten
Millionenkauf der Bundesliga getätigt. Den bis dato teuersten Spielerimport
leistete sich 1977 der HSV. Generalmanager Dr. Peter Krohn löste beim
FC Liverpool Englands Stürmerstar Kevin Keegan für 2,2 Millionen Mark aus
und holte sich als Trainer für den nach seiner Ansicht zu hausbackenen Kuno
Klötzer »Paradiesvogel« Rudi Gutendorf an die Alster. Gleich zum Start
besiegte der MSV Duisburg den HSV mit 5:2 und Bernard Dietz machte die
»mighty mouse« (mächtige Maus) Keegan zum Mäuschen. Und nach dem 0:2
im Lokalderby gegen den FC St. Pauli im Oktober zogen Krohn und Gutendorf
die Konsequenzen: Der
Manager bat in einer Krisen-
sitzung um Vertragsauflösung
zum 31. Oktober, der Trainer
um Beurlaubung zum Jahres-
ende.

HSV-Spieler wählten Gutendorf ab

Krohn hatten Schuldgefühle
(»Die Verpflichtung von
Gutendorf war ein Irrtum«),
Gutendorf ein Misstrauens-
antrag der Spieler, die mit
15:3 Stimmen gegen eine

15 Jahre bemühte
sich der HSV in der
Bundesliga, Meister
zu werden. 1979 war
es soweit. Mit dem
Disziplinfanatiker
Branko Zebec als Trai-
ner und einer Vielzahl
erstklassiger Spieler
sicherten sich die
Hanseaten vorzeitig
den Titel. Auf dem
Bild tragen Kaltz und
Hartwig den Trainer
über den Platz. Die
Meisterfeier im
Stadion wurde über-
schattet durch Aus-
schreitungen
gewalttätiger Fans
nach dem 1:2 im letz-
ten Spiel gegen den
FC Bayern: Es gab
71 zum Teil Schwer-
verletzte.

Weiterbeschäftigung des kurzsichtigen Trainers votiert hatten, zum Aufhören veranlasst. Neuer Mann am Schalthebel der Macht wurde Günter Netzer, der zusammen mit Interimstrainer Arkoc Özcan nicht mehr viel bewegte und erst Punkte für sich sammelte, als er den Jugoslawen Branko Zebec für die Saison 1978/79 als neuen Trainer ankündigte.

Das Ziel, endlich Meister zu werden, verspielte wieder einmal Schalke 04. Friedel Rausch kostete die zeitweise Unterschlagung von Vereinsgeldern 15 000 Mark Strafe durch das DFB-Bundesgericht und anschließend, im Dezember 1977, den Job. Wie der HSV belegte Schalke nur einen Platz im Mittelfeld. Meister aber wurde der 1. FC Köln, 14 Jahre nach seinem Auftakttriumph. Trainer Weisweiler hatte 1977 Wolfgang Overath vergrault und Heinz Flohe zum Kapitän und »Kopf« des Teams bestimmt – eine Maßnahme, die sich auszahlte.

Dieter Müller: Sechs Tore in einem Spiel

Den 17. August 1977 wird Horst-Dieter Höttges so wenig vergessen wie den Endspieltag der WM 1966, an dem sein Gegenspieler Geoff Hurst drei Treffer zum 4:2-Sieg der Briten in Wembley beisteuerte. Werder-Trainer Hans Tilkowski hatte den kompromisslosen Verteidiger im Bundesligaspiel beim 1. FC Köln auf Dieter Müller angesetzt, den Torschützenkönig der Saison 1976/77 (34 Treffer).

Müller, der eigentlich Kaster hieß, nach der Scheidung seiner Mutter aber den Namen seines Stiefvaters annahm, gab den 34-Jährigen in diesem Spiel 90 Minuten der Lächerlichkeit preis. Als der gebürtige Offenbacher, dessen drei Halbfinaltore gegen Gastgeber Jugoslawien bei der EM 1976 Deutschland ins Endspiel gebracht hatten, sein drittes Tor erzielt hatte, schimpfte Tilkowski: »Wo saust denn nur der Höttges rum.« Am Ende hatte Dieter Müller sechs Tore und damit sicherlich einen Rekord für die Ewigkeit erzielt.

Das Spiel gewannen die Kölner übrigens mit 7:2. Es war eine Station auf dem Wege zur Meisterschaft 1978. Müller teilte in diesem Jahr den Titel des Torschützenkönigs mit Gerd Müller; beide trafen 24-mal.

Köln gewann den Meistertitel in einem aufregenden Finale, das heftige Reaktionen auslöste (siehe auch: »Entscheidungen auf der Ziellinie«).

Keegan als »mighty mouse«

In der Saison 1978/79 ging dann der Stern des HSV auf, der viele Jahre lang leuchten sollte. Branko Zebec, bei der WM 1954 ein Linksaußen der Extraklasse, war der richtige Trainer zur richtigen Zeit und Kevin Keegan endlich die »mighty mouse«. Der kleine Brite nutzte die Freiheit, die ihm der Technokrat Zebec gewährte, optimal. Aber auch andere

Von HSV-Manager Peter Krohn an die Alster geholt, war Kevin Keegan in seinem zweiten Jahr in Hamburg sein Geld wert (2,2 Millionen Mark Ablöse an den FC Liverpool). Im Meisterjahr erzielte die »mighty mouse« 17 Tore, vier mehr als »Kopfball-Ungeheuer« Horst Hrubesch.

HSV-Profis spielten sich in den Vordergrund. Technisch versierte Männer wie Felix Magath, der Balkan-Libero Ivan Buljan oder der vitale William »Jimmy« Hartwig funktionierten reibungslos im rationalen System des Jugoslawen. Beifall und Respekt bekamen außerdem zwei Spieler, die wesentlich dazu beitragen sollten, dass die Hanseaten dem FC Bayern jahrelang die Rolle des Hegemons in der Bundesliga streitig machten. Offensiv-Verteidiger Manfred Kaltz schlug die berühmten »Bananenflanken«, die den wuchtigen Horst Hrubesch zum »Kopfball-Ungeheuer« werden ließen.

Karriere-Aus nach Autounfall

Eigentlich wollte Sepp Maier wie sein großes Vorbild Lew Jaschin noch mit 40 im Tor stehen, doch ein schwerer Autounfall durchkreuzte dieses Ziel: Im Juli 1979 verlor Maier bei Aquaplaning die Gewalt über seinen Wagen und stieß beim Abbiegen mit einen entgegenkommenden Auto zusammen, in dem zwei Frauen saßen. Alle Unfallbeteiligten wurden schwer verletzt aus den Wracks geborgen. »Maier lag nach dem Unfall bewusstlos auf dem Fahrersitz«, stand im Polizeibericht. Die Ärzte stellten einen Zwerchfellriss, Rippenfrakturen, einen Armbruch und eine Gehirnerschütterung fest. Anschließend musste Maier seine Karriere beenden. Nachfolger im Tor der Nationalmannschaft wurde der Kölner Toni Schumacher, beim FC Bayern Walter Junghans.

Mit Supertechniker Hansi Müller als »Kopf« der Mannschaft wollte der VfB Stuttgart in den 80er-Jahren die Vorherrschaft des FC Bayern brechen. Doch der Plan scheiterte: 1982 wechselte der »deutsche Ferenc Puskas« für großes Geld zu Inter Mailand.

VfB–Zauber mit Hansi Müller

Zum großen Rivalen des HSV schwang sich der VfB Stuttgart auf. Der autoritäre Trainer Jürgen Sundermann befehligte eine Mannschaft, in der Jungstar Hansi Müller das Publikum mit brasilianischer Fußballkunst und Schusstechnik verzauberte, Hermann Ohlicher und der Tiroler Roland Hattenberger wie die Berserker schufteten, Dieter Hoeneß und Georg Volkert für Torgefahr sorgten und die Förster-Brüder Bernd und Karlheinz den Strafraum abriegelten. Die »Sundermänner« hielten das Rennen bis zum vorletzten Spieltag offen. Erst ein 1:4 zu Hause gegen Titelverteidiger 1. FC Köln beendete die Blütenträume der Schwaben.

Eigentlich wurde auch auf »Die Diva vom Rhein« gewettet. Ergänzt durch die 18-jährigen Talente Bernd Schuster und Pierre Littbarski trauten viele Weisweilers Truppe zu, noch einmal ein großes Rad zu drehen. Doch den Ausfall der Langzeitverletzten Heinz Flohe, Roland Gerber und Gerd Strack konnten die Kölner nicht kompensieren. Zudem geriet Torjäger Dieter Müller in ein Formtief, so

> »Renner und Roboter haben die Künstler verdrängt. Opfer einer solchen Entwicklung wurde ein Ausnahmetalent wie Hansi Müller, der, vom Trainer gezwungen, Deckungsaufgaben zu übernehmen, die Fähigkeit einbüßte, sein kreatives Spiel durchzusetzen.«
>
> *Wolfgang Overath in dem Buch von Hans Reski »Der 1. FC Köln – Die Diva vom Rhein«, erschienen 1986*

dass es nur zu Platz sechs reichte. Negativer Höhepunkt der Saison waren für die Rheinländer die Platzverweise von Flohe und Herbert Neumann beim 0:6 in Hamburg. Danach schickte Weisweiler die beiden Stars in Zwangsurlaub.

Toppmöllers folgenschwere Ohrfeige

Kaiserslautern lebte bis zum April 1979 mit der Hoffnung, 26 Jahre nach dem letzten Triumph der Brüder Fritz und Ottmar Walter die Meistertrophäe in die Pfalz zu holen. Erst am 30. Spieltag starb die Hoffnung: Stürmer Klaus Toppmöller, der auf dem Wege zum Torschützenkönig war, ohrfeigte im Spiel gegen Bielefeld Frank Pagelsdorf nach einer Rangelei und erhielt zusammen mit dem Arminia-Profi die rote Karte. Anschließend zog der DFB den Lauterer acht Wochen aus dem Verkehr.

Natürlich wurde auch ein Comeback des FC Bayern nicht ausgeschlossen. Die Münchner begrüßten Paul Breitner 1978 als Rückkehrer, der nach drei Jahren in Madrid in Braunschweig nicht warm geworden war. Kaum wieder in München suchte er die Konfrontation mit Trainer Lorant, der im Februar 1979 nach dem 1:7-Debakel in Düsseldorf das Feld räumen musste. Präsident Neudecker tolerierte Lorants Landsmann und Assistenten Pal Csernai lediglich als Interimstrainer. Auf dem Rückflug vom Spiel in Braunschweig vernahm die Mannschaft im Radio, dass Max Merkel für die neue Saison verpflichtet worden sei. Noch im Flieger organisierte Sepp Maier unter den Kollegen eine Abstimmung. Sie ging mit 17:0 gegen Merkel und für Csernai aus.

Neudecker trat verärgert zurück

Einen Tag nach dem Votum trat Neudecker, immerhin 17 Jahre im Amt, verärgert als Präsident zurück und machte Platz für den jovialen Willi. O. Hoffmann, dessen Vorliebe für edlen Schaumwein ihm bei den Medien recht bald zu dem Namen »Champagner-Willi« verhelfen sollte. Neben Neudecker und Lorant forderte die Saison 1978/79 noch ein drittes Opfer: Geschafft vom Ränkespiel des Gespanns Breitner/Csernai packte Gerd Müller nach 14 triumphalen Bayern-Jahren die Koffer (siehe auch: »Flucht nach Amerika«). Unfreiwillig trat dann auch noch kurz vor Beginn der 17. Bundesligasaison Sepp Maier ab.

Uli Hoeneß Manager mit 27

Hinter den Schreibtisch rückte beim FC Bayern 1979 als jüngster Manager der Bundesligageschichte Uli Hoeneß mit 27 Jahren, der bis dato als Spieler alle großen Triumphe mitgefeiert hatte und wegen diverser Knieverletzungen seine Laufbahn vorzeitig beenden musste. Innerhalb weniger Jahre stieg der Weltmeister von 1974 zum Branchenprimus auf. Hoeneß richtete sein Hauptaugenmerk darauf, den FC Bayern von Zuschauereinnahmen unabhängiger zu machen und sportliche Erfolge maximal zu vermarkten.

Natürlich war auch immer wichtig, was auf dem Platz passierte. Und hier hatte Paul Breitner die Macht übernommen zum Vorteil der ganzen Mannschaft und zum besonderen Wohle von Dribbelkönig Karl-Heinz Rummenigge, der an der langen Leine Breitners zum Weltklassestürmer aufstieg. Beim Toreschießen half dem gebürtigen Lippstädter Dieter Hoeneß, und in der Abwehr räumte ein neuer Mann namens Klaus Augenthaler auf, der sich im Laufe der Jahre zu einem Libero von Rang entwickeln sollte. Personell bestens ausgestattet wurden die Münchner 1980 und 1981 Meister, und beide Male blieb für den starken HSV nur Platz zwei übrig.

Drama um HSV-Trainer Zebec

Während in München alles glatt ging, Trainer Csernai und Breitner (»Ich sehe mich als Assistent des Trainers«) harmonierten, ging beim HSV einiges schief. Zwar erzielte kein Klub mehr Tore als der HSV (86), doch das Betriebsklima war erheblich gestört. Mit gnadenloser Strenge und extrem hartem Training, nach Ansicht der Spieler oft jenseits der Schmerzgrenze, verscherzte sich Trainer Zebec sein Ansehen. Sichtbar wurde sein Autoritätsverlust nach dem verlorenen Europapokalfinale gegen Nottingham Forest in Madrid. Zutiefst enttäuscht schickte der Kroate die Profis ins Bett, doch die Spieler blieben an der Hotelbar und spülten ihren Frust hinunter – bis früh um sechs. Felix Magath kommentierte die Solidarität am Tresen mit leichtem Sarkasmus: »Endlich sind wir eine richtige Mannschaft.«

Uli Hoeneß überlebte einen Flugzeugabsturz

Am 17. Februar 1982 muss Uli Hoeneß, damals 30 Jahre alt, einen Schutzengel gehabt haben. Auf dem Flug zu einem Länderspiel gegen Portugal in Hannover entging der junge Bayern-Manager beim Absturz mit einer Privatmaschine wie durch ein Wunder dem Tod. Der Flieger, in dem neben Hoeneß und dem Piloten Wolfgang Junginger auch noch der Student Thomas Kufer und der damalige Manager des Copress Verlages Helmut Simler saßen, kollidierte beim Landeanflug mit Bäumen und zerschellte am Boden. Hoeneß überlebte als einziger.

Im Nordstadt-Krankenhaus in Hannover diagnostizierten die Ärzte Frakturen am Arm, Querfortsatzbrüche an der Lendenwirbelsäule, eine einseitige Lungenquetschung und eine Gehirnerschütterung. Paul Breitner wachte die erste Nacht auf der Intensivstation am Bett des Freundes, der künstlich beatmet werden musste.

Drei Tage nach dem Unglück wurde Uli Hoeneß nach München zurückgeflogen und zu dem Absturz befragt. Er sei, so berichtete er, eine halbe Stunde vor der geplanten Landung eingeschlafen und erst im Krankenhaus wieder aufgewacht. »Dass ich nicht angeschnallt gewesen bin, hat mir womöglich das Leben gerettet«, sagte er.

Horst Hrubesch nannte Branko Zebec einmal einen Sadisten. Der HSV-Stürmer im »Copress-Fußballjahrbuch 1979/80«: »Er redet eine ganze Nacht mit jemandem, ist freundlich, offen und witzig. Am nächsten Tag grüßte er den gleichen Mann kaum noch.« Im Dezember 1980 erhielt der Kroate von HSV-Manager Günter Netzer die Papiere.

Auf dem Weg zum Titel: Paul Breitner war der große Antreiber der Bayern-Mannschaft, die 1980 und 1981 mit dem Ungarn Pal Csernai als Trainer deutscher Meister wurde. Von Breitners Vorarbeit profitierte Karl-Heinz Rummenigge, der in diesen Jahren Bundesliga-Torschützenkönig wurde und das Kunststück 1984 (ohne Breitner) noch einmal wiederholte, bevor er zu Inter Mailand wechselte. Auf dem Bild unten von links: Klubchef Willi O. Hoffmann, Breitner, Rummenigge und ganz rechts Dremmler.

Nach dem Frühstück eskalierte das Zerwürfnis. Von »Kicker-Sportmagazin« gefragt, ob er nach Rückkehr von Hamburg mit der Mannschaft ein Training abhalte, sagte Zebec: »Nein, mit Betrunkenen trainiere ich nicht.« Daraufhin stellte Kaltz den Vorgesetzten bloß: »Wenn wir jedes Mal nicht trainiert hätten, wenn Herr Zebec gerade mal wieder voll war, dann wären wir im letzten Jahr so gut wie nie zur Arbeit gekommen.«

In der Vorbereitung zur neuen Saison erhielt der Kroate, den Millionen am Bildschirm in Dortmund reichlich angetrunken auf der Trainerbank gesehen hatten, eine letzte Verwarnung. Im Dezember 1980 verlor er dann seinen Job. Zu diesem Zeitpunkt war Keegan längst zurück auf der Insel, sehr zum Bedauern der HSV-Fans, bei denen der Engländer ähnlich populär war wie Hamburgs Fußballikone Uwe Seeler in den 60er-Jahren.

Spaß am Fußball durch Happel

Im Sommer 1981 übernahm Ernst Happel beim HSV das Kommando. Der große Schweiger aus Wien, als Trainer eine internationale Größe, vermittelte den Spielern wieder Spaß am Fußball. Mit Happel überholte der HSV sogar den FC Bayern in der Gunst der Massen. Die Münchner hatten große Mühe, mit der Spielkultur der Hanseaten Schritt zu halten. »Kicker«-Chefreporter Wolfgang Tobien sang in einem Rückblick Lobeshymnen auf den Österreicher: »In jenen 80er-Jahren, als immer mehr Spieler mit ihren explosionsartig gestiegenen Gehältern immer unverblümter ihre Macht zu demonstrieren begannen und der Bundesligafußball in eine schwere Krise geriet, gelang Happel so etwas wie die Quadratur des Kreises: Mit eiserner Disziplin und bisweilen schonungsloser Härte vor allem gegenüber den eigenen Stars dennoch für gute Stimmung und damit für attraktiven Erfolgsfußball zu sorgen. Weil er Kompetenz demons-

trierte, Autorität transportierte und mit der Perfektion seines Pressings die Bundesliga taktisch revolutionierte. Dabei entstand unterhaltsamer, bisweilen begeisternder Offensivfußball, der sich schon in seinem ersten HSV-Jahr in 95 erzielten Toren niederschlug.«

Nicht nur Franz Beckenbauer hielt ihn für einen der größten Fußballtrainer. Beim Hamburger SV durfte sich Manager Günter Netzer zur Verpflichtung von Ernst Happel gratulieren. Der Grantler aus Wien, als Nationalspieler schon mal ein »Bruder Leichtfuß«, legte wie Zebec Wert auf Disziplin, vermittelte den HSV-Profis aber auch Spaß am Fußball. Das Ergebnis seiner Arbeit: Zwei Meistertitel (1982 und 1983) und der Gewinn des Europapokals der Landesmeister (1983).

Zweimal hintereinander (1982 und 1983) wurde der HSV Meister und krönte die sechs Jahre während Regentschaft Happels mit dem Gewinn des Europapokals der Landesmeister 1983 durch ein 1:0 über Juventus Turin.

»Mister Frankfurt« sagte goodbye

Für 1980 gilt es noch festzuhalten: Jürgen Grabowski sagte nach 15 Profijahren goodbye. Ein schlimmes Foul des damals noch für Gladbach spielenden Lothar Matthäus zwang »Mister Frankfurt« in den sportlichen Vorruhestand. Vergeblich bemühten sich Masseure und Ärzte den großen Dirigenten der Eintracht fürs UEFA-Pokalfinale noch einmal fit zu bekommen. Unvergesslich bleibt wie die Spieler ihren Kapitän nach dem Cup-Sieg über den Platz trugen.

Selbst nach großen Siegen pflegte Ernst Happel sein Pokerface aufzusetzen: Hier verläßt er den Platz mit HSV-Regisseur Felix Magath, dessen Spielintelligenz der Kettenraucher besonders schätzte.

Ein großer Augenblick für Jürgen Grabowski: Nach dem 1:0-Sieg der Frankfurter Eintracht im Finalrückspiel über den VfL Borussia Mönchengladbach präsentiert »Mister Frankfurt« den Fotografen neben Bernd Hölzenbein den UEFA-Pokal. »Sie sind das Symbol dieser Eintracht«, sagte Frankfurts OB Walter Wallmann unter dem Beifall der 59 000 im Waldstadion.

Vater und Sohn in der Bundesliga

Zehn Jahre, nachdem Franz Beckenbauer 1982 beim HSV als Spieler abgetreten war, versuchte sein Sohn Stephan in der höchsten deutschen Spielklasse Fuß zu fassen: Der Filius bestritt beim 1. FC Saarbrücken aber nur zwölf Spiele. Beim Karlsruher SC gehörte Rolf Kahn zu den Männern der ersten Stunde. Zwischen 1963 und 1965 kam der Vater des späteren Welttorhüters Oliver Kahn elfmal zum Einsatz.

Beim HSV stand vier Jahre lang (1963–1967) Horst Schnoor im Tor. Sohn Stefan spielte sieben Jahre (1991–1998) für die Hamburger und wechselte im Jahr 2000 von Derby County zum VfL Wolfsburg.

Hansi Sturm spielte in der Meisterelf des 1. FC Köln von 1964 und verabschiedete sich aus der Bundesliga 1967. Sohn Ralf war für die »Geißböcke« von 1988 bis 1994 im Einsatz.

Günter Kuntz stürmte von 1964 bis 1968 für Borussia Neunkirchen, Sohn Stefan von 1983 bis 1986 für den VfL Bochum, 1986 bis 1989 für Bayer Uerdingen und 1989 bis 1995 für den 1. FC Kaiserslautern als Bundesligaprofi, ehe er 1998 noch einmal für ein Jahr nach Bochum wechselte.

Fahrudin Jusufi war von 1966 bis 1970 ein exzellenter Verteidiger bei Eintracht Frankfurt, Sohn Sascha Mittelfeldspieler in Uerdingen (1983–1984), in Saarbrücken (1985–1986) und beim HSV (1986–1991).

Helmut Nerlinger verbrachte ein Bundesligajahr bei Bayern München (1969–1970), bei den Offenbacher Kickers (1970–1971) und zwei Spielzeiten bei Borussia Dortmund (1976–1978). Sohn Christian stand von 1993 bis 1998 im Kader des FC Bayern und 1998 bis 2001 bei Borussia Dortmund auf der Gehaltsliste.

Dieter Zorc spielte in der Saison 1971/72 insgesamt 21-mal für den VfL Bochum. Sohn Michael spielte von 1981 bis 1998 beim BV Borussia Dortmund und bestritt 463 Bundesligaspiele.

Beim TSV 1860 München stand Willi Bierofka in der Saison 1977/78 in 27 Spielen auf dem Rasen. Sohn Daniel bekam bei den »Löwen« 2000 einen Vertrag und wechselte 2002 zu Bayer Leverkusen.

In Köln folgte Carsten Cullmann im Jahr 2000 seinem Vater Bernd, der es zwischen 1970 und 1983 auf 341 Bundesligaspiele brachte. Carsten stieg mit den Rheinländern 2002 ab und 2003 wieder auf.

Sechs Jahre lang (1969–1975) war Fritz Fuchs Stammspieler des 1. FC Kaiserslautern. Sohn Uwe begann seine Wanderschaft durch die Bundesliga beim FC Homburg, die ihn über Fortuna Düsseldorf, dem 1. FC Köln, dem 1. FC Kaiserslautern schließlich zu Arminia Bielefeld führte.

Bei Hertha BSC stand in der Saison 1964/65 Jürgen Sundermann auf der Gehaltsliste (siehe auch: »... und andere Skandale«). Sein Sohn Axel schnürte die Stiefel als Bundesligaspieler bei Hannover 96 (1988/89), beim SC Freiburg (1994–1997) und dem VfL Bochum (1997/98).

Vom Platz gejagt hätten die Hamburger Zuschauer im Mai 1984 am liebsten einen anderen Frankfurter. Am 33. Spieltag zerschoss Ralf Falkenmayer mit seinen beiden Treffern zum 2:0 im Volksparkstadion die HSV-Träume vom dritten Titelgewinn in Folge. Der bis dato punktgleiche VfB Stuttgart nahm beim 2:1 in Bremen beide Punkte aus dem Weserstadion mit und sicherte sich kurz vor Saisonschluss den Titel.

VfB-Präsident Gerhard Mayer-Vorfelder hatte 1982 schweren Herzens Hansi Müller nach Italien ziehen lassen und damit den Plan begraben, um den »deutschen Ferenc Puskas« eine Mannschaft zu bauen, die in den 80er-Jahren die Vorherrschaft des FC Bayern brechen sollte. Temporär zahlte sich ein Trainerwechsel aus. Der feinsinnige Helmut Benthaus hatte 1982 den rustikalen Sundermann abgelöst und sich seinerzeit bei seiner Ankunft aus Basel gleich den Spott von Max Merkel zugezogen. »Was willst du denn mit dem, der kennt die Bundesliga doch nur aus der Peepshow«, lästerte der Wiener.

Benthaus als Meistermacher

Die Antwort gab Benthaus 1984. Der Westfale trieb der Mannschaft den Hurrastil aus und machte sie mit intelligentem Fußball zum Meister. Im Mittelfeld spielten Karl Allgöwer, der Isländer Asgeir Sigurvinsson und der junge Guido Buchwald höchst effektiv, und in der Abwehr waren die Förster-Brüder nach wie vor ein Bollwerk. Die Kollegen der Bundesliga wählten Sigurvinsson, der beim FC Bayern im Schatten von Breitner zu verwelken drohte und deshalb 1982 gleich wieder aus München verschwand, zum Spieler des Jahres.

In Hamburg aber rumorte es im dritten Jahr unter Happel. Der Trainer selbst war an Spannungen nicht unschuldig. Als »Bild«-Kolumnist las er einigen Spielern permanent die Leviten. Die HSV-Fans hatten den Verkauf von Torjäger Hrubesch nach Lüttich nicht verstanden, und der Spielerkreis um Felix Magath war von den Neuzugängen Dieter Schatzschneider und Wolfram Wuttke wenig begeistert. Schatzschneider, der von Hannover 96 kam, zog sich schon den Ärger der Altvorderen zu, als er zum ersten Training mit seinem Mercedes 500 vorfuhr. »Da kommt einer aus

Was Vorgängern wie Rudi Gutendorf, Albert Sing, Branko Zebec, Hermann Eppenhoff oder Jürgen Sundermann nicht gelungen war, schaffte Theaterfreund Helmut Benthaus 1984: Den VfB Stuttgart zum Meister zu machen. Ein Jahr später musste er auch auf Betreiben von Nationalspieler Karlheinz Förster (»Im Training ließ Herr Benthaus Bemerkungen fallen, die sensible Spieler total aus dem Gleichgewicht brachten.«) die Koffer packen.

der zweiten Liga und dann so eine Karosse«, gifteten sie. Am Ende musste Schatzschneider den HSV trotz seiner 15 Tore wieder verlassen.

Viel Geld für Rummenigge

Mehr Aufsehen als Schatzschneider erregte 1984 aber Karl-Heinz Rummenigge, den der FC Bayern für 10,5 Millionen Mark an Inter Mailand verkaufte. Ein Jahr vorher hatte Paul Breitner, von diversen Verletzungen gepeinigt, mit 31 die Schuhe für immer ausgezogen und Breitner-Spezi Csernai zwei Spieltage vor Saisonschluss die Papiere bekommen. Hauptsponsor »Iveco« sah in dem arroganten Ungarn einen »schlechten Werbeträger«. Zur Überraschung der Fachwelt fiel der Verlust von Breitner und Rummenigge kaum ins Gewicht. Udo Lattek, als Trainer zurückgeholt, hatte zwar einen Kader ohne hierarchische Strukturen, Manager Uli Hoeneß beim Einkauf aber ein glückliches Händchen. Der Däne Sören Lerby entwickelte sich im Laufe der Saison zum Spiellenker und der junge Lothar Matthäus zum furchtlosen Angreifer. Mit 16 Treffern wurde er bester Torschütze der Münchner und Bayern 1985 Meister.

In München hielt er es unter der Knute des egozentrischen Paul Breitner nicht lange aus, beim VfB Stuttgart war er in den 80er-Jahren neben Karl Allgöwer und Guido Buchwald »Dominator« im Mittelfeld: Der Isländer Asgeir Sigurvinsson. Acht Jahre lang erfreuten sich die Schwaben an seiner Fußballkunst.

Sie sorgten beim FC Schalke für spielerische Brillanz und für ein gutes Betriebsklima: Die Zwillingsbrüder Helmut und Erwin Kremers. Über die beiden sagte Lästerzunge Max Merkel als Schalker Trainer einmal: »Wenn der Helmut einen Schnupfen hat, kriegt der Erwin eine Lungenentzündung.«

Brüderpaare in der Bundesliga

Beachtlich ist die Zahl der fußballspielenden Brüder in 40 Jahren Bundesliga. Begonnen hatte es mit Dieter und Uwe Seeler. Sie spielten zwei Jahre lang (1963–1965) beim Hamburger SV. Der fünf Jahre ältere Dieter wurde nicht alt: Er starb wenige Tage vor seinem 48. Geburtstag nach einem leichten Schlaganfall an Herzversagen. Uwe war bis 1972 aktiv. Fünf Jahre lang (1963–1968) stürmten Gert und Bernd Dörfel gemeinsam beim HSV. Bernd, fünf Jahre jünger als Gert, wechselte 1968 zur Braunschweiger Eintracht.

Bei Rot-Weiß Oberhausen waren zwischen 1965 und 1973 Friedhelm und der sieben Jahre jüngere Lothar Kobluhn Leistungsträger.

Das Schalker Trikot trugen in den 70er-Jahren die Zwillinge Erwin und Helmut Kremers. Für die »Königsblauen« waren auch die Brüder Rüdiger und Volker Abramczik tätig. Im Gegensatz zum acht Jahre älteren Rüdiger gab Volker nur ein kurzes Gastspiel: Ein Autounfall beendete seine Karriere nach nur drei Spielen

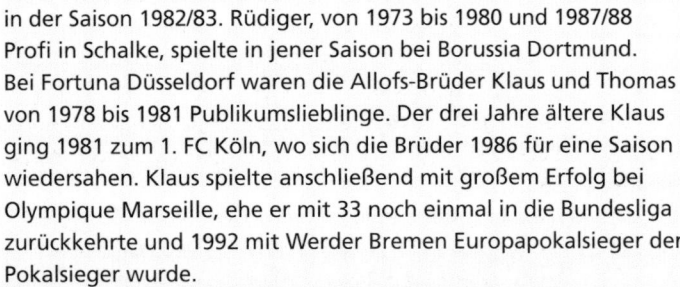

in der Saison 1982/83. Rüdiger, von 1973 bis 1980 und 1987/88 Profi in Schalke, spielte in jener Saison bei Borussia Dortmund. Bei Fortuna Düsseldorf waren die Allofs-Brüder Klaus und Thomas von 1978 bis 1981 Publikumslieblinge. Der drei Jahre ältere Klaus ging 1981 zum 1. FC Köln, wo sich die Brüder 1986 für eine Saison wiedersahen. Klaus spielte anschließend mit großem Erfolg bei Olympique Marseille, ehe er mit 33 noch einmal in die Bundesliga zurückkehrte und 1992 mit Werder Bremen Europapokalsieger der Pokalsieger wurde.

Zu den Stützen des HSV zählte von 1979 bis 1990 Ditmar Jakobs. Vorher spielte er in der Bundesliga für Oberhausen (1970–1973), TeBe Berlin (1974–1977) und für den MSV Duisburg (1977–1979). Der sechs Jahre jüngere Bruder Michael stand von 1980 bis 1983 in den Diensten des VfL Bochum.

Sechs Jahre lang (1984–1990) trugen Friedhelm und der fünf Jahre jüngere Wolfgang Funkel gleichzeitig das Trikot von Bayer Uerdingen. Beim 1. FC Kaiserslautern spielten sie zu unterschiedlichen Zeiten, Friedhelm von 1980 bis 1983, Wolfgang von 1991 bis 1995.

Klaus Toppmöller war von 1972 bis 1980 ein Torjäger der Sonderklasse beim 1. FC Kaiserslautern. Sein anderthalb Jahre ältere Bruder Heinz spielte in der Saison 1974/75 viermal an seiner Seite.

Klaus-Dieter Wollitz spielte je ein Jahr für Schalke (1987–1988), in Leverkusen (1988–1989) und für Kaiserslautern (1995–1996) in der Bundesliga. Bruder Michael war ebenfalls je ein Jahr für den 1. FC Köln (1986–1987) und Schalke 04 (1987–1988) tätig.

Uli und Dieter Hoeneß begegneten sich nicht auf dem Spielfeld: Als Uli 1979 seine Fußballkarriere beendete und als Manager beim FC Bayern begann, stieg der ein Jahr jüngere Bruder Dieter, als »Schwabenpfeil« in Stuttgart bekannt

geworden, bei den Münchnern ein. Er wurde bis 1987 mit dem
FC Bayern fünfmal Meister, Uli zwischen 1970 und 1979 dreimal.
Zwei Jahre lang (1982–1984) stürmten die aus Lippstadt stammen-
den Karl-Heinz und Michael Rummenigge nebeneinander beim
FC Bayern. Der acht Jahre ältere Karl-Heinz unterschrieb 1984 bei
Inter Mailand, Michael 1988 bei BV Borussia Dortmund. Getrennte
Wege gingen Zeit ihres Fußballebens die Brüder Matthias und
Dietmar Hamann. Der fünfeinhalb Jahre jüngere »Didi« spielte
fünf Jahre lang (1993–1998) beim FC Bayern und wechselte dann
zum FC Liverpool. Matthias war von 1994 bis 1996 beim 1. FC Kai-
serslautern und von 1995 bis 1998 beim TSV 1860 München unter
Vertrag.

Gleich acht Jahre (1978–1986) verbrachten Bernd und Karlheinz Förster gemeinsam beim VfB Stuttgart. Der drei Jahre jüngere Karlheinz setzte seine Profikarriere 1986 bei Olympique Marseille fort. Vier Jahre (1965–1969) spielten beim VfB
Rudi und der drei Jahre jüngere Willi Entenmann zusammen. Lediglich zwei
Spiele bestritt bei den Schwaben in der Saison 1986/87 Volker Allgöwer. Er vertrat
seinen berühmten, sieben Jahre älteren Bruder Karl, der als offensiver Mittelfeldspieler und späterer Libero 338 Bundesligaspiele für den VfB machte und dabei
129 Tore erzielte. Für den VfB spielten auch die Zwillinge Nils und Olaf Schmäler
drei Jahre (1988–1991) in einer Mannschaft. Nils ging anschließend drei Jahre zu
Dynamo Dresden.

Wie die »Hamänner« waren die Zwillinge Andreas und Michael Zeyer in der
Bundesliga nie Klubkollegen. Andreas verdiente sein Geld von 1993 bis 1996
beim SC Freiburg, spielte anschließend in der Bundesliga je eine Saison beim HSV
und beim VfL Bochum, ehe er zum SC Freiburg zurückkehrte, mit dem er 2002
ab- und 2003 wieder aufstieg. Bruder Michael verbrachte je zwei Bundesligajahre
beim 1. FC Kaiserslautern (1992–1994) und beim MSV Duisburg (1996–1998), ging
dann zum VfB Stuttgart (1998/99), ehe er dann erneut beim MSV Duisburg unterschrieb, mit dem er im Jahr 2000 abstieg.

Drei Jahre spielten die Zwillinge Ernst und Heinz Traser zusammen, in
der Saison 1972/73 bei den Offenbacher Kickers und 1976 bis 1978 beim
1. FC Saarbrücken.

Die Zwillingsbrüder Srdjan und Zvezdan Cebinac sorgten in der Bundesliga für
Verwirrung. In seinem Buch »Ja, mein Temperament« vermutet Wolfgang Overath 1970, dass sich 1965 der bessere der beiden – Zvezdan – beim Training vorge-
stellt, der andere dann aber den Vertrag unterschrieben habe. Nach einem ent-
täuschenden Jahr musste Srdjan in Köln wieder gehen. Bruder Zvezdan wurde
1968 mit dem 1. FC Nürnberg Deutscher Meister und spielte von 1969 bis 1971 bei
Hannover 96.

Die kroatischen Brüder Nico und Robert Kovac waren von 1996 bis 1999 bei Bayer
Leverkusen beschäftigt. 1999 ging der zweieinhalb Jahre ältere Nico zum HSV.
2001 trafen sich die beiden beim FC Bayern München wieder.

Als Bundesliga-
profi war Dieter
Hoeneß (rechts)
erfolgreicher
als der ein Jahr
ältere Bruder Uli.
Dieter holte mit
dem FC Bayern
fünf, Uli drei
Titel. Internatio-
nal hatte Uli die
Nase vorn: 1972
wurde er Europa-
meister, 1974
Weltmeister.
Dieter Hoeneß
stand in der
Mannschaft, die
mit Beckenbauer
als Teamchef
1986 in Mexiko
das WM-Finale
erreichte und
hier Argentinien
2:3 unterlag.

Im Copress-Buch »Internationale Fußballstars«, trägt seine Geschichte die Überschrift »Der elegante Riese«. Bruno Pezzey gewann mit der Frankfurter Eintracht 1980 den UEFA-Pokal und ging 1983 nach Bremen. Hier löste der Vorarlberger ein Fußballfieber aus: Schon vor seinem ersten Auftritt verkaufte Werder in wenigen Tagen 6 500 Dauerkarten. Meister aber wurden die Bremer auch mit Pezzey nicht.

Champion mit nur 22 Gegentoren

In der Saison 1985/86 machte Werder Bremen von sich reden. Otto Rehhagel hatte sich 1982 die Dienste von Rudi Völler gesichert, der bis dahin beim Zweitligaklub TSV 1860 München tätig war, und in Bremen eine schlagkräftige Mannschaft gebastelt. Zunächst aber musste er den Münchnern und seinem Intimfeind Udo Lattek 1987 zum zweiten Hattrick gratulieren, nach dem es 1986 ganz und gar nicht aussah: Werder hatte es auf dem Fuß, den Bayern den Titel zu entreißen, doch ein vergebener Elfmeter im Gigantenduell am vorletzten Spieltag sollte Folgen haben (siehe auch: »Entscheidungen auf der Ziellinie«).

In der Saison 1987/88 vermasselte Rehhagel dann den Münchnern zum ersten Mal die Tour: Die Bremer wurden mit den wenigsten Gegentoren in 40 Bundesligajahren (nur 22) nationaler Champion – ein Verdienst vor allem von Torhüter Oliver Reck, der souveränen Innenverteidiger Gunnar Sauer und Rune Braseth sowie des neuen Stürmerstars Karlheinz Riedle von Blau-Weiß Berlin. Was Rehhagel mit Publikumsliebling Rudi Völler, der für 7,5 Millionen 1987 zu AS Rom wechselte, und dem eleganten Libero Bruno Pezzey nicht gelungen war, schaffte er mit Riedle. Zwei Jahre nach diesem Titelgewinn sollte ihm freilich auch der neue Torjäger abhanden kommen: 11 Millionen Mark zahlte Lazio Rom für den gebürtigen Bayern, eine Summe, der Werder-Manager Willi Lemke nicht widerstehen konnte.

Das Trio Täuber

Gleich drei Brüder Täuber spielten in der Bundesliga, und alle drei beim FC Schalke 04: Jürgen in der Saison 1980/81, der elfeinhalb Jahre jüngere Stephan in der Saison 1986/87 und Klaus von 1984 bis 1987. Von 1978 bis 1980 hatten Jürgen und sein drei Jahre jüngerer Bruder Klaus zwei gemeinsame Bundesligajahre beim 1. FC Nürnberg verbracht. Nach seiner Schalker Zeit spielte Klaus Täuber noch zwei Jahre bei Bayer Leverkusen und wurde mit dem Konzernklub 1988 UEFA-Pokalsieger.

Neun Jahre lang, von 1986 bis 1995, organisierte der Norweger Rune Braseth bei den Bremern das Spiel in der Defensive mit großem Erfolg.

Gleich zweimal durfte Otto Rehhagel in Bremen den Meisterteller stemmen, 1988 und 1993. Hier die Mannschaft, die 1993 erfolgreich war. Zu erkennen sind von links: Co-Trainer Kamp, Herzog, Klaus Allofs, Harttgen, Trainer Rehhagel, Bockenfeld, Rufer, Legat, Hobsch, Schaaf (inzwischen Trainer) und Kohn.

Heynckes versprach den Europapokal

Der FC Bayern und sein neuer Trainer Jupp Heynckes kamen 1988 auf Platz zwei. Punktgleich mit den Kölnern, bei denen Udo Lattek inzwischen als Sportdirektor hinter den Kulissen herumwirbelte und sich mit dem Trainer-Frischling Christoph Daum anschickte, dem Bayern-Gespann Hoeneß/Heynckes zu zeigen, »wo der Bartel den Most holt« – ein Unterfangen, dem kein Erfolg beschieden sein sollte (siehe auch: »Psychotricks der Trainer«).

Werder Bremen unterbrach nur die Erfolgskette der Münchner, die auch ohne die nach Mailand abgewanderten Nationalspieler Matthäus und Brehme und dem nach Dortmund gewechselten Michael Rummenigge mit dem Ex-Schalker Olaf Thon den Ton angaben. Wie gehabt jubelten Zehntausende 1989 und 1990 ihrer Mannschaft und Trainer Heynckes auf dem Marienplatz in München zu. Dabei machte der Gladbacher nur den Fehler, dem Publikum in der nächsten Saison den Europapokal zu versprechen. Das Vorhaben misslang Heynckes genauso wie in Köln dem Duo Lattek/Daum, die Meisterschale an den Rhein zu holen.

Mit Nationalspielern wie Torhüter Bodo Illgner, Pierre Littbarski, Thomas Häßler, Uwe Rahn, Thomas Allofs, Morten Olsen oder Flemming Povlsen waren die Kölner noch prominenter besetzt als die Münchner, die den Kölnern 1989 Jürgen Kohler abspenstig gemacht hatten. 1990 wurde Thomas Häßler für 15 Millionen Mark an Juventus Turin verkauft und Trainer Daum während der WM in Italien in Schimpf und Schande entlassen. Anschließend geriet »Die Diva vom Rhein« durch Fehlinvestitionen in große sportliche und finanzielle

Ein zufriedener Klaus Augenthaler mit dem Meisterteller im Ermüdungsbecken: Das Bild entstand nach Ende des Saison 1988/89, in der Kölns Trainer Daum vergeblich versucht hatte, durch Pöbeleien gegen Bayern-Trainer Heynckes die Münchner aus dem seelischen Gleichgewicht zu bringen.

Turbulenzen, für die hauptsächlich Klubpräsident Dietmar Artzinger-Bolten und Sportdirektor Lattek verantwortlich waren. Der 1. FC Köln verschwand aus dem Rampenlicht; weder die Trainer Erich Rutemöller noch Jörg Berger, Morten Olsen oder Peter Neururer konnten den Abwärtstrend stoppen.

Belgien als Wohnsitz der Steuer wegen

Mitte der 90er-Jahre lockte der 1. FC Köln, bei dem es nach dem Verkauf von Thomas Häßler 1990 sportlich und finanziell bergab gegangen war, mit einem Tipp an den Rhein, der die Klubkasse spürbar schonte. Der Vorstand verwies in Vertragsverhandlungen auf die Möglichkeit, im nahen Belgien zu wohnen. Im Nachbarland mussten sie nur einen Bruchteil der Steuern entrichten, die ihnen der Fiskus diesseits der Grenze abnahm. Spieler wie Frank Greiner, Rico Steinmann, Hendrik Andersen und Bruno Labbadia folgten der Empfehlung. Toni Polster, in Köln zur Kultfigur geworden, verzichtete aus zeitökonomischen Gründen auf das Angebot. Pech für Greiner: Die Steuerfahnder kamen dem Franken auf die Schliche. Da er sich vorwiegend in Köln aufhielt, musste er Steuern nachzahlen.

Effenbergs dummer Spruch

In München steuerten Manager Uli Hoeneß und Trainer Heynckes den dritten Bundesliga-Hattrick des FC Bayern an. Optimistisch verkündete Fritz Scherer, damals Klubpräsident: »Wir haben den jüngsten und erfolgversprechendsten Lizenzspielerkader der Vereinsgeschichte.« Doch mit dem exzentrischen Stefan Effenberg, dem dänischen Dribbelkünstler Brian Laudrup, dem beim Karlsruher SC abgeworbenen Michael Sternkopf und dem jungen Christian Ziege aus dem Talentschuppen Hertha Zehlendorf Berlin handelten sich die Münchner nicht nur Freude ein. Effenberg entpuppte sich als Unruhestifter und Provokateur (siehe auch »Emotionen«). Spätestens am 23. Spieltag ging mit dem 1:2 auf dem Betzenberg Platz eins der Tabelle an den 1. FC Kaiserslautern und die Zuversicht verloren, den Titel zum zweiten Mal erfolgreich zu verteidigen. Die »Roten Teufel« mit Altmeister Karlheinz Feldkamp als Trainer gaben die Führung nicht mehr ab und beschenkten 40 000 mitgereiste Pfälzer am letzten Spieltag der Saison 1990/91 in Köln mit einem grandiosen 6:2-Sieg und der Meisterschaft. Gereizt hatte die Mannschaft um Stefan Kuntz auch Stefan Effenberg mit seinem Spruch, dass »die anderen einfach zu dumm für den Titel sind und wir deshalb Meister werden.«
Die Pfälzer steckten schwerwiegende Verletzungen (Bänderrisse bei Kuntz, Friedmann, Roos und Lelle, zweimal Achillessehnenriss bei Lutz und Jochbeinfraktur bei Stumpf) ebenso weg wie sechs Platzverweise und die 2:3-Niederlage im letzten Heimspiel gegen Gladbach, die einen Sieg in Köln notwendig machte. Auch im Europapokal gaben die Lauterer eine gute Figur ab. Im Achtelfinale scheiterten sie auf höchst dramatische Weise am FC Barcelona. 3:0 führten sie auf dem Betzenberg und sahen sich nach dem 0:2 im Hinspiel schon im Viertelfinale, als Bakero Sekunden vor dem Abpfiff das 1:3 gelang.

17 Millionen Mark für Kohler

Der FC Bayern empfand den Titelverlust durch den krassen Außenseiter als Demütigung. Mit dem Weggang von Kohler und Reuter zu Juventus Turin und dem Abschied von Abwehrchef Augenthaler verlor die Mannschaft vor der Saison 1991/92 Substanz und Leitfiguren. Manager Hoeneß freute sich zwar über die 17 Millionen Mark, die Juventus für Kohler überwies – eine geradezu abenteuerlich hohe Summe für einen Abwehrspieler –, bedauerte aber schnell, dass Thomas Berthold, zurück aus Rom, und Oliver Kreuzer nicht die erhofften Verstärkungen wurden. Um mit Spielern wie Ziege, dem Holländer Wouters, Strunz, Laudrup, Effenberg, Thon, Wohlfarth, Berthold, Sternkopf und Pflügler in die Nähe eines Abstiegsplatzes zu geraten, bedurfte es schon extremer Unstimmigkeiten. Fehden zwischen Effenberg und Thon, zwischen Effenberg und Pflügler sorgten für Anarchie. Zudem fielen wichtige Spieler wie Torhüter Aumann und Laudrup mit Kreuzbandriss und Strunz mit gerissenem Bändern im Sprunggelenk viele Monate aus.

Im Oktober 1991 musste Heynckes gehen. Zum Krisenmanager wurde der Däne Sören Lerby bestellt, den Franz Beckenbauer, im selben Jahr zum 2. Vorsitzenden gewählt, bald wieder nach Hause schickte. Dem Bayern-Hauptsponsor Opel spannte er Repräsentant Erich Ribbeck aus, der Schlagzeilen vor allem durch seinen Dauerkrach mit Weltmeister Berthold produzierte. »Sir Erich« setzte den Frankfurter Bankierssohn auf die Tribüne, was Schatzmeister Kurt Hegerich provozierte, Hobbygolfer Berthold als »bestbezahlten deutschen Golfprofi nach Bernhard Langer« zu bezeichnen. Als der von Beckenbauer dann der für die Saison 1993/94 geforderte Titel zu entgleiten drohte, gab er Ribbeck den Laufpass und fuhr selbst die zwölfte Bundesligameisterschaft ein. 1992 hatte der VfB Stuttgart mit Daum als Trainer und Dieter Hoeneß als Manager in einem Herzschlagfinale (siehe auch: »Entscheidungen auf der Ziellinie«) den Favoriten Frankfurt und Dortmund den Titel weggeschnappt. 1993 war »König Otto« in Bremen der zweite Triumph gelungen.

Ein Abschied, bei dem Tränen flossen: Nach 14 Jahren verläßt Otto Rehhagel 1995 Werder Bremen in Richtung Bayern München. Klubpräsident Franz Böhmert, Chefarzt am Bremer Krankenhaus »Links der Weser«, will es gar nicht wahr haben, dass sein Duzfreund Otto geht.

Fichtel mit 43, Stein mit 42 noch aktiv

Klaus Fichtel war 43, als er zum letzten Mal um Bundesligapunkte
kämpfte. Am 34. Spieltag der Saison 1987/88 verlor er mit Schalke im
Parkstadion gegen Werder Bremen
1:4 und stieg zusammen mit
dem von Klubchef Günter Siebert
in Köln verpflichteten Toni Schumacher ab.
Uli Stein verabschiedete sich mit 42
von der großen Bühne. Im 1:1-Spiel
beim Hamburger SV im April 1997
stand er ein letztes Mal im Tor, half
mit, Arminia Bielefeld vor dem
Abstieg zu retten. Vorher hatte er
acht Jahre lang sein Können beim
HSV gezeigt (siehe auch: »Emotionen«), mit dem er 1983 Europapokalsieger der Landesmeister war.
42 Jahre alt war auch Harald »Toni«
Schumacher, als er beim BV Borussia Dortmund noch einmal ins Bundesligator durfte. Der Kölner, der
damals in Dortmund als Torhüter-
Trainer beschäftigt war, verbrachte
am 34. Spieltag der Saison 1995/96
im Spiel gegen den SC Freiburg

23 Jahre, von 1965
bis 1988, spielte er
,in der Bundesliga –
ein Rekord für die
Ewigkeit. Woher, frag-
ten sich Fachleute,
holte dieser Klaus
Fichtel nur seine
Energien her? Stets
wog der Spieler, der
die meisten Jahre bei
Schalke verbrachte,
65 Kilo, war schlank
wie eine Tanne und
wurde deshalb auch
»Tanne« gerufen.

(3:2) die letzten zwei Minuten für Teddy de Beer zwischen den Pfosten.
Als 40-Jährige machten Manfred Burgsmüller und Mirko Votava ihren
letzten Kick, beide bei Werder Bremen, Burgsmüller in der Saison
1989/90, Votava in der Saison 1996/97.

Rehhagel schockierte Bremen

Zufrieden zog Rehhagel nach seinem zweiten Titelgewinn 1993 mit Werder
Bilanz. Meistens hatte der gebürtige Essener die richtigen Spieler an die Weser
geholt: 1989 den pflegeleichten und schussgewaltigen Neuseeländer Wynton
Rufer von den Grasshoppers Zürich, 1990 Altstar Klaus Allofs von Girondins
Bordeaux als Mann für alle Fälle, 1992 Andreas Herzog von Rapid Wien, einen
hervorragenden Spielgestalter, und Abwehrspieler Dietmar Beiersdorfer (seit
2002 Sportdirektor beim HSV) aus Hamburg. 1993 konnte ihn keiner davon
abhalten, den schwierigen, aber hochbegabten Mario Basler dem damaligen
Zweitligaklub Hertha BSC auszuspannen.

Als Rehhagel dann während der Saison 1994/95, die er gern mit einem weiteren Titelgewinn abgeschlossen hätte (erst das 1:3 am Schlusstag beim FC Bayern verhinderte das), bekannt gab, dass er zum FC Bayern gehen werde, wo Italiens Startrainer Giovanni Trapattoni den »FC Hollywood« nur ein Jahr aushielt, brach für die Bremer eine Welt zusammen, vor allem für Werder-Präsident Franz Böhmert. Weniger schockiert war Manager Lemke, der unter den Launen des Fußballimperators viel zu leiden gehabt hatte. Auch der »Spiegel« ließ das Ereignis nicht unkommentiert: »In den 14 Jahren der Herrschaft Ottos über Bremen war der Sportverein Werder zur Seele der Stadt geworden, die sich an den Siegen der erfolgreichsten Mannschaft jener Jahre so gern berauschte, weil es ansonsten wenig Berauschendes gab.«

Eine Ansammlung von Hochkarätern

In München versuchte Rehhagel es allen Recht zu machen, Franz Beckenbauer genauso wie der Klatschpresse oder den Landespolitikern der CSU. Trotz seiner Freundschaft zum eher SPD-nahen Theaterintendanten Jürgen Flimm hatte er keinerlei Berührungsängste zu Edmund Stoiber und dessen CSU. Seine Frau Beate bot sich sogar als Kulturministerin an. Mit seinem Anliegen, Jürgen Klinsmann nach dessen Rundreise (VfB Stuttgart, Inter Mailand, AS Monaco, Tottenham Hotspur) unbedingt zu reimportieren, rannte er bei Beckenbauer offene Türen ein. Klinsmann war nicht nur gut für den Fußball, sondern auch für das Merchandising-Geschäft – ein Steckenpferd von Manager Hoeneß. Schon in London hatte Klinsmann seinem Klub neben vielen Toren auch beachtliche Umsätze im Vertrieb von Fan-Artikeln beschert. Kein Trikot ging besser als das des gelernten Bäckers.

Aufstand gegen Trainer Heynckes

Im Dezember 1994 hatte Jupp Heynckes, seit Saisonbeginn Trainer der Frankfurter Eintracht, den begründeten Verdacht, dass die Stars Anthony Yeboah, Jay-Jay Okocha und Maurizio Gaudino ihr Trainingspensum provokativ lustlos abspulten. Deshalb bat Heynckes das Trio am Tag vor dem Spiel gegen den HSV am Nachmittag zu einer zweiten Übungseinheit.
Nachdem alle drei recht missmutig ihren Straflauf durch den Riederwald beendet hatten, meldeten sie sich beim Trainer krank. Yeboah hatte schon vorher gedroht: »Wenn ich heute zweimal trainieren muss, kann ich morgen nicht spielen.« Anschließend wurden die Rebellen suspendiert: Yeboah an Leeds United, Gaudino an Manchester City abgegeben. Nur Okocha durfte bleiben, weil sich in der Winterpause kein Verein für ihn fand.
PS: Jupp Heynckes trat am 31. März 1995 nach einer 0:3 Heimniederlage gegen den FC Schalke als Trainer zurück. Sein Assistent Horst Köppel ging mit ihm, mochte im Gegensatz zu seinem Chef indes nicht auf eine Abfindung verzichten.

Zwei Große, die am Leben scheiterten

Die Fans lagen ihnen zu Füßen: Reinhard »Stan« Libuda und Rudi Brunnenmeier waren die geliebten Helden ihrer Zeit. Das Leben nach dem Fußball aber bekamen sie nicht in den Griff. Vom Schalker Dribbelgenie Libuda hieß es leicht ironisch, er sei an jedem vorbeigekommen, nur an der Flasche nicht. Ähnliches lässt sich von Brunnenmeier sagen, dem legendären Torjäger der Münchner »Löwen«. Der eine, Libuda, starb mit 52 an Herzversagen, der andere, Brunnenmeier, mit 62 an Krebs.

In einem Nachruf auf Brunnenmeier schrieb Hans Eiberle in der »Süddeutschen Zeitung « vom 22. April 2003: »Stets beteuerte Brunnenmeier, er sei nicht unzufrieden mit seinem Leben. ›Ich war Spielführer der Nationalmannschaft, Deutscher Meister, Torschützenkönig der Bundesliga, Pokalsieger und im Europapokalfinale im Wembleystadion. Das kann mir keiner mehr nehmen.‹ Glatt gelogen. In den nüchternen Phasen seines verpfuschten Lebens kehrten die Erinnerungen zurück. Daran, wie sein Friseursalon pleite ging, wie seine Frau das gemeinsame Haus verkaufte und verschwand. Wie er sein Geld in der Spielbank verzockte. An die Gefängnisstrafen wegen Trunkenheit und Urkundenfälschung. Dann litt Rudi Brunnenmeier, fürchtete Hohn und Spott, zu Unrecht auch von hilfsbereiten ehemaligen Mitspielern. Beim 30. Jahrestag der Meisterschaft fehlte er – als einziger.«

»Stan« Libuda übernahm nach seiner wechselvollen Karriere (siehe auch: »Der Bundesligaskandal«) den Tabak- und Zeitschriftenladen der Schalker Legende Ernst Kuzorra und ging schnell in Konkurs. Erst 2003 entdeckte »Bild« auf dem Grabstein einen Namensfehler: »Rainhard« statt »Reinhard« heißt es auf der Inschrift. Schalke-Manager Rudi Assauer, 1966 Libudas Mannschaftskamerad bei der Dortmunder Borussia, die in Glasgow mit einem 2:1 über den FC Liverpool den Europapokal der Pokalsieger gewann, entschloss sich daraufhin, einen neuen Grabstein zu kaufen.

Reinhard »Stan« Libuda wurde Europapokalsieger mit Borussia Dortmund (1966), DFB-Pokalsieger mit dem FC Schalke 04 (1972) und anschließend im Bundesligaskandal wegen Annahme von Bestechungsgeld lebenslänglich gesperrt. Am 5. Januar 1974 war der Dribbelkünstler dann wieder frei.

Außer »Klinsi« landeten neben Rehhagel mit Andreas Herzog, Ciriaco Sforza und dem vormaligen Bayern-Profi Thomas Strunz (zwischenzeitlich beim VfB Stuttgart) 1995 weitere Hochkaräter in München. Und mit dem Franzosen Jean-Pierre Papin war schon 1994 internationales Flair bei den Bayern eingezogen.

»Wir haben jetzt eine Ansammlung von großen Stars wie es der AC Mailand schon seit Jahren kennt«; sah Uli Hoeneß die Münchner in der High-Society des europäischen Fußballs angekommen. Entsprechend hoch war die Erwartungshaltung. Beckenbauer verlangte vom neuen Trainer, dessen Werbekappe er gerne aufsetzte (»Otto … find' ich gut«) nicht nur viele Punkte, sondern auch schöne Spiele, die er seit Jahren vermisste.

In zwei Jahren beim FC Bayern (1994 bis 1996) brachte es Frankreichs Stürmerstar Jean-Pierre Papin, der vom AC Mailand kam, gerade mal auf drei Tore. Meister wurde Papin in Deutschland nicht. Aufsehen erregte er mit der Bayern-Schelte: »In diesem Klub verpfeift einer den andern; Solidarität ist hier ein Fremdwort.«

Fünf Tore in einem Spiel schafften:

Karl-Heinz Thielen am 7.12.1963 im Spiel Köln – Kaiserslautern 5:1

Rudi Brunnenmeier am 27.2.1965 im Spiel 1860 München – Karlsruhe 9:0

Franz Brungs am 2.12.1967 im Spiel Nürnberg – FC Bayern 7:3

Klaus Scheer am 1.9.1971 im Spiel Schalke – Köln 6:2

Gerd Müller am 19.2.1972 im Spiel FC Bayern – Oberhausen 7:0,
am 5.5.1973 im Spiel FC Bayern – Kaiserslautern 6:0,
am 11.6.1976 im Spiel FC Bayern – Hertha BSC 7:4,
am 11.9.1976 im Spiel FC Bayern – Tennis-Borussia Berlin 9:0

Jupp Heynckes am 29.4.1978 im Spiel Gladbach – Dortmund 12:0

Manfred Burgsmüller am 6.11.1982 im Spiel Dortmund – Bielefeld 11:1

Atli Edvaldsson am 6.6.1983 im Spiel Düsseldorf – Frankfurt 5:1

Frank Hartmann am 1.11.1986 im Spiel Kaiserslautern – Schalke 5:1

Michael Tönnies am 27.8.1991 im Spiel Duisburg – Karlsruhe 6:2

Als er auf Wunsch von Otto Rehhagel 1995 zum FC Bayern geholt wurde, hatte Jürgen Klinsmann drei Auslands-Engagements hinter sich (Inter Mailand, AS Monaco und Tottenham Hotspur). Schon vorher war der gelernte Bäcker in München ein Thema gewesen. 1992 wollte er nicht und 1994 winkte Manager Hoeneß ab, weil ihm durch den Kauf von Papin und Sutter das Geld ausgegangen war.

Klubs, die im Nichts verschwanden

22 Jahre gehörte Fortuna Düsseldorf der Bundesliga an und erreichte 1979 mit den Allofs-Brüdern sogar das Europapokalfinale der Pokalsieger, das gegen den FC Barcelona in der Verlängerung mit 3:4 verloren ging. 1997 verschwand der Renommierklub der Landeshauptstadt aus der höchsten deutschen Spielklasse. Der Abstieg wurde zum Sturz ins Nichts. Inzwischen spielen die Düsseldorfer in der Oberliga Nordrhein eine höchst bescheidene Rolle.

Nachbar in der vierten Fußballklasse ist Fortuna Köln, in der Saison 1973/74 Mitglied der Bundesliga und bis zum Jahre 2000 bemüht, wieder erstklassig zu werden. Um dieses Ziel zu erreichen, scheute der ehrgeizige Klubpräsident und Multi-Unternehmer Jean Löring keine finanziellen Anstrengungen. Löring verpflichtete als Trainer in der zweiten Liga erst Bernd Schuster, dann Toni Schumacher und schließlich Österreichs Stürmeridol Hans Krankl, der die rasende Talfahrt des Vereins auch nicht mehr stoppen konnte.

2003 tauchte der SV Waldhof Mannheim, bei dem einst Sepp Herberger spielte, in die Niederungen des deutschen Fußballs ab. Der Klub, der sieben Jahre der Bundesliga angehörte (1983–1990) war nach dem Abstieg aus der 2. Bundesliga nicht in der Lage, die Regionalliga-Auflagen zu erfüllen und 700 000 Euro aufzubringen. Der SV Waldhof, der Insolvenz beantragte, wurde in die 4. Liga versetzt.

In der Regionalliga Nord fristet Dynamo Dresden ein tristes Dasein. Vier Jahre lang hielt sich der Fußballstolz Sachsens nach der Wende in der Bundesliga bis ihm der DFB 1995 die Lizenz entzog (siehe auch: »... und andere Skandale«)

Beim »FC Hollywood« überfordert

Als sich die Qualität nicht einstellen wollte, zog »Kaiser Franz« als Co-Kommentator von »Premiere« gegen »König Otto« vom Leder und untergrub so die Autorität, die Rehhagel peu à peu beim »FC Hollywood« verloren ging. Gewohnt mit Spielern umzugehen, die ihm treu ergeben waren, bekam er mit selbstbewussten und selbstgefälligen Stars gewaltige Probleme und den Dauerkonflikt zwischen den »Streithähnen« Matthäus und Klinsmann nie in den Griff. Im April 1996 räumte der überforderte Rehhagel seinen Spind in der Umkleidekabine und seine Luxuswohnung im Künstlerviertel Schwabing. Den sportlichen Rest der Saison erledigte wieder einmal Krisenmanager Beckenbauer, der mit dem Starensemble den zweiten Platz belegte. Der Gewinn des UEFA-Pokals muss freilich zu achtzig Prozent Otto Rehhagel zugeschrieben werden, der die Mannschaft in den Finals gegen Bordeaux nicht mehr betreuen durfte. Meister wurde 1996 wie vorher 1995 der BV Borussia Dortmund, der in der langen Bundesligageschichte gelegentlich auch mal in die zweite Liga abgetaucht war und sich bei dem Versuch, im sportlichen VIP-Bereich zu etablieren, stets eine blutige Nase geholt hatte. Erst in den 90er-Jahren entwickelte sich der ehemalige Arbeiterklub zum ernsthaften Gegenspieler des FC Bayern und, ausgestattet mit einem prächtigen Stadion, zum Publikumsmagneten.

Augenthaler und Matthäus siebenmal Meister

Siebenmal wurden Klaus Augenthaler und Lothar Matthäus mit dem FC Bayern München deutscher Meister:
Augenthaler 1980, 1981, 1985, 1986, 1987, 1989, 1990.
Matthäus 1985, 1986, 1987, 1994, 1997, 1999, 2000.

Immer wieder Augenthaler: Der Dauerbrenner des FC Bayern wurde gleich siebenmal deutscher Meister, das letzte Mal 1990. In diesem Jahr krönte der Niederbayer aus Fürstenzell seine Karriere in Italien mit dem Gewinn der Weltmeisterschaft.

Sechs Titel:
Mehmet Scholl 1994, 1997, 1999, 2000, 2001, 2003.
Alexander Zickler 1994, 1997, 1999, 2000, 2001, 2003.

Fünf Titel:
Georg Schwarzenbeck 1969, 1972, 1973, 1974, 1980.
Paul Breitner 1972, 1973, 1974, 1980, 1981.
Bernd Dürnberger 1973, 1974, 1980, 1981, 1985.
Dieter Hoeneß 1980, 1981, 1985, 1986, 1987.
Roland Wohlfarth 1985, 1986, 1987, 1989, 1990.
Raimond Aumann 1985, 1986, 1989, 1990, 1994.
Thomas Strunz 1990, 1997, 1999, 2000, 2001.
Oliver Kahn 1997, 1999, 2000, 2001, 2003.
Berti Vogts 1970, 1971, 1975, 1976, 1977 mit Gladbach.
Herbert Wimmer 1970, 1971, 1975, 1976, 1977 mit Gladbach.
Horst Köppel 1970, 1971, 1975, 1976, 1977 mit Gladbach.
Stefan Reuter 1989, 1990 mit FC Bayern, 1995, 1996, 2002 mit Dortmund.

Als junger Spieler kuschte Uli Hoeneß vor Franz Beckenbauer. Später widersprach er dem »Kaiser« des öfteren, der natürlich wusste, dass es für den FC Bayern keinen besseren Manager als den Metzgersohn aus Ulm gab. Beckenbauer selbst setzte sich beim Rekordmeister als Spieler, als Interimstrainer, als Klubpräsident und schließlich als Aufsichtsratsvorsitzender der Bayern-Fußball-AG ein Denkmal.

Frauen mit Biss

Stefan Effenberg, Thomas Häßler, Bernd Schuster und Bodo Illgner ließen sich beim Gehaltspoker von ihren Frauen vertreten und sparten so das Geld für teure Berater. Wenn Reiner Calmund an die Vertragsverhandlungen mit Gaby Schuster zurückdenkt, tritt ihm noch heute der Schweiß auf die Stirn. »Die Gaby feilschte härter als die härtesten Männer«, erinnert sich der Bayer-Geschäftsführer. Rolf Rüßmann saß 1996 Martina Effenberg gegenüber, als es um eine Vertragsverlängerung ging. Der damalige Manager des VfL Borussia Mönchengladbach gibt zu, dass die ehemalige Leiterin einer exklusiven Boutique Konditionen erzwang, »die eigentlich kaum zu verantworten waren«. 5,5 Millionen Mark Jahresgage, so wurde geschrieben, habe sie erstritten. Auch Angela Häßler, gelernte Kosmetikerin wie Gaby Schuster, und Bianca Illgner, als Bodenstewardess einige Jahre Arbeitskollegin und Freundin der späteren Ehefrau von Bundestrainer Berti Vogts, pflegten ihre Gesprächsgegner stets an die Schmerzgrenze zu treiben – vier Frauen mit Biss, die dafür sorgten, dass Millionen auf den Konten ihrer Männer landeten.

PS: Martina Effenberg und Angela Häßler leben inzwischen in Scheidung.

Wo immer sie auftauchte, trat den Bundesligamanagern der Angstschweiß auf die Stirn. Martina Effenberg gehörte zu den Frauen, die im Streit um Höchstgagen meist Siegerinnen blieben und letztlich, nicht ganz uneigennützig, so die Konten ihrer kickenden Männer füllen halfen.

»Die Liebe zum Beruf war bei uns ausgeprägter. Damals haben wir zehn Jahre für die soziale Leiter gebraucht. Heute reichen drei, wenn einer einigermaßen geradeaus laufen kann.«
Uli Hoeneß im »Spiegel« 1998

Dortmund zog das große Los

Die Weichen hatte das Duo bereits 1990 gestellt, unter 15 Bewerbern den Lörracher Ottmar Hitzfeld zum Nachfolger für Horst Köppel berufen. Mit ihm, der viele Jahre beim FC Basel als Trainer gearbeitet und auch gespielt hatte, zog der BVB das große Los. Der ausgebildete Pädagoge besaß das, was in der Psychologie Empathie genannt wird: Die Fähigkeit und Bereitschaft sich in die Einstellung anderer Menschen einzufühlen. Für seine Wünsche fand er bei Meier stets offene Ohren. 1991 engagierte der Manager den Schweizer Stürmer Stéphane Chapuisat, Anfang 1993 Matthias Sammer – zwei Transfers, mit denen der Aufstieg begann. »Schon nach drei Wochen im Westfälischen«, notierte der »Spiegel«, »hat Matthias Sammer, 25, jene Balance gefunden, die in Dortmund zum vorbildlichen Gebaren erhoben worden ist. Als habe er die Geschäftsprinzipien des BVB 09 verinnerlicht, übte er Spagat zwischen Volksnähe und Millionengage.«

Mit dem Geld aus den UEFA-Pokalspielen – der BVB erreichte 1993 die End-
spiele, in denen er Juventus Turin 0:3 und 1:3 unterlag – und dem Verkauf
Thomas Hellmers an den FC Bayern konnten sich die Westfalen neue »Promis« leisten: Bei »Juve« kauften die Dortmunder Andreas Möller und den
Brasilianer Julio Cesar. Möller verziehen die BVB-Fans, dass er nach seinem
Versprechen, in der Bundesliga nie woanders zu spielen als in Dortmund, 1990
des großen Geldes wegen zur Frankfurter Eintracht gewechselt war. Mit ihm,
dem BVB-Urgestein Michael Zorc, der es in siebzehn Profijahren als Mittelfeldspieler auf erstaunliche 131 Tore bringen sollte, und Steffen Freund war das
Mittelfeld der Dortmunder genauso erstklassig besetzt wie die Innenverteidigung mit Sammer und Cesar oder der Sturm mit Chapuisat und Riedle.

Spekulationen um Sammer

In der Saison 1995/96 kamen mit Jürgen Kohler und Jörg Heinrich noch zwei
weitere Italienheimkehrer hinzu. Die Freude über die Titelverteidigung hielt
sich indes in Grenzen.

In einer Analyse hieß es: »Spürbar waren Dissonanzen zwischen Mannschaft
und Trainer. Phasenweise quälte sich der BVB mit spielerisch armen Darbietungen nur dank Routine und überragenden Einzelkönnern über die Runden. Dazu
Ärger mit Cesar (siehe auch: »Paradies für Ausländer«), Unruhe um Kapitän
Zorc, Spekulationen über einen Wechsel von Sammer zu den Bayern.« Letztendlich aber blieb der »sächsische Vulkan« (»Süddeutsche Zeitung«) in Dortmund,
wo sich seine Spielerkarriere gesund-heitsbedingt dem Ende näherte.

Gleich zweimal gab er ein Gastspiel beim FC Bayern: In seiner ersten Amtszeit (1994/1995) wurde Giovanni Trapattoni mit den Münchnern Sechster, in seiner zweiten (1996 bis 1998) Meister. Einen Heiterkeitserfolg erzielte der Gentle-man-Trainer aus Italien drei Monate vor seiner Trennung 1998 mit einem Wutausbruch (siehe auch: »Emotionen«).

1997 meldete sich der FC Bayern als
Meister zurück. Oliver Kahn hatte im
dritten Jahr an der Isar endlich sein
Erfolgserlebnis, Mario Basler einen sen-
sationellen Einstand und der charismati-
sche Trapattoni bei seinem zweiten Auftritt in München die Genugtuung, dass
es ihm trotz geringer Deutschkenntnisse
(siehe auch: »Emotionen«) gelungen
war, eine schwierige Mannschaft wie den
FC Bayern zu motivieren. Einen Denkzettel erhielt Rekordnationalspieler
Lothar Matthäus. Weil er in seinem »Tagebuch« Interna aus der Kabine ver-
öffentlicht hatte, beschlossen Präsidium und Cheftrainer am Saisonende, den
gelernten Raumausstatter als Kapitän abzusetzen.

Borussia Dortmund musste den immer stärker auftrumpfenden Konzernklub Bayer Leverkusen an sich vorbeiziehen lassen, wurde von den Fans dennoch auf Händen getragen. Die Dortmunder berauschten sich wie 30 Kilometer west-

Kurz nach Krebsoperation 2:1-Sieg über FC Bayern

Im Sommer 1998 konfrontierten die Ärzte Ebbe Sand, damals 26, mit der Diagnose Hodenkrebs. Drei Wochen nach der sofort eingeleiteten Operation stand der Däne wieder auf dem Platz. Mit Bröndby Kopenhagen besiegte er in der Champions League den FC Bayern mit 2:1. Ein Jahr später unterschrieb Sand einen Vertrag beim FC Schalke 04, drei Jahre später war er Torschützenkönig der Bundesliga.

wärts die Schalker an einem internationalen Erfolg. Sie gewannen die Champions League durch ein 3:1 über Juventus Turin. Die Schalker setzten sich im UEFA-Pokalfinale im Elfmeterschießen mit 4:1 gegen Inter Mailand durch.

Das Wunder Kaiserslautern

Als kleines Wunder durfte bewertet werden, was der 1. FC Kaiserslautern in der Saison 1997/98 mit Otto Rehhagel als Trainer vollbrachte. Eine Mannschaft, die beinahe identisch war mit dem Team, das 1996 abgestiegen war (siehe auch: »Entscheidungen auf der Ziellinie«), gewann die Meisterschaft und Otto Rehhagel mit 60 das Gefühl, als Trainer am Betzenberg am richtigen Ort zu sein.

In München praktisch gescheitert und 1996 vor Ablauf eines Jahres von seiner Trainerarbeit entbunden, rehabilitierte sich Otto Rehhagel für erlittene Schmach beim »FC Hollywood« in Kaiserslautern. Mit einer Mannschaft, die gerade aufgestiegen war, gewann er 1998 die Meisterschaft vor dem FC Bayern – ein Triumph, den er hier mit den Spielern Ratinho und Brehme feiert.

Gleich zweimal ging der 1. FC Kaiserslautern in den 90er-Jahren vor dem FC Bayern durchs Ziel, 1991 und 1998. 1991 feierte die Mannschaft mit (stehend von links) Roos, Serr, Lelle, Ernst, Kranz, Physiotherapeut König, Hotic, Stumpf, Ehrmann, Richter, Kadlec, (sitzend) Scherr, Lutz, Friedmann, Kuntz, Hoffmann, Winkler, Haber und Dooley. 1998 sicherte sich das Team um Kapitän Brehme den Titel.

Tränen, die Torhüter Reinke, Brehme, Kadlec, Kuka, Harry Koch, Lutz, Roos, Wagner, Marschall oder Rische 1996 am letzten Spieltag in Leverkusen vergossen hatten, wurden 1998 zu Freudentränen. Mit dem Dänen Michael Schjönberg, dem Schweizer Sforza, dem Brasilianer Ratinho, dem Schwaben Andreas Buck und dem Sachsen Michael Ballack hatte Rehhagel neue Spieler ohne allzu laute Begleitmusik der Medien erfolgreich integriert.

In Dortmund hatte sich Hitzfeld als Sportdirektor hinter den Schreib-

»50 Prozent lieben uns, 50 Prozent hassen uns.«
Karl-Heinz Rummenigge, Vorstandsvorsitzender der Bayern AG

tisch zurückgezogen und dem Italiener Nevio Scala am Spielfeldrand Platz gemacht, nach einem Jahr aber gemerkt, dass »das nicht mein Ding war«. Mit sicherem Gefühl für den richtigen Augenblick warb der FC Bayern den ehemaligen Stürmer Hitzfeld, der 1972 mit Uli Hoeneß in der bundesdeutschen Olympiamannschaft stand, ehe er beim VfB Stuttgart Bundesligaerfahrungen sammelte, in Dortmund ab und durfte sich Jahre später zum größten Glücksgriff in 40 Jahren Bundesliga gratulieren.

Fünf aus dem Bayern-Team, das den Lauterern in der Saison 1998/99 den Titel wieder abjagte (von links): Der Franzose Lizarazu, der Brasilianer Elber, Tarnat, Basler und Matthäus.

Viermal Meister mit Hitzfeld

Viermal in fünf Hitzfeld-Jahren feierten die Bayern-Fans ihren Klub als deutschen Meister (siehe auch: »Das Jubiläumsjahr«), 2001 außerdem als Sieger in der Champions League und als Weltpokalsieger.

»Der FC Bayern gehört zum Freistaat Bayern wie die geheiligte Weißwurst oder der Fronleichnamszug.«

Münchens Starkabarettist Dieter Hildebrandt

Uli Hoeneß landete als Manager viele Volltreffer. Zum »goldenen Schuss« aber wurde die Verpflichtung von Ottmar Hitzfeld als Trainer, mit dem Hoeneß bei den Olympischen Spielen in München zusammen in der DFB-Auswahl spielte. Der ehemalige Lehrer für Mathematik und Sport (mit Staatsexamen) aus Lörrach führte die Münchner in die Beletage des europäischen Fußballs. Er gewann in fünf Bayern-Jahren vier Titel und die Champions League.

Giovane Elber, unter Trapattoni und seinem Defensivsystem höchst unglücklich, blühte unter Hitzfeld genauso auf wie der zum zweiten Mal verpflichtete, inzwischen aber sportlich und menschlich gereifte Stefan Effenberg. Hitzfeld bestimmte Effenberg in seiner zweiten Bayern-Saison zum Kapitän – eine gute Entscheidung. Der gebürtige Hamburger lief zu großer Form auf; Kritiker verglichen ihn mit Günter Netzer. Wie einst der Gladbacher schlug er Pässe, die eine ganze Abwehr aushebeln können, wie Netzer kam er aus der Tiefe des Raumes, und wie Netzer erzielte er schöne und entscheidende Tore. Zudem schuf er sich in der Mannschaft eine Machtposition, die in dieser Fülle nicht einmal Paul Breitner in seiner grandiosen zweiten Bayern-Ära (1978–1983) besaß.

Vielleicht hielt Hitzfeld ein paar Monate zu lange an Effenberg fest. Schwärmte Beckenbauer noch im Herbst 2001 »besser als unsere Mannschaft kann man nicht Fußball spielen«, sah in dieser Zeit alles danach aus, als solle mit dem FC Bayern zum ersten Mal eine Mannschaft der Bundesliga viermal hintereinander Meister werden, so rächte sich zum Schluss, dass der Trainer an seinem Kapitän festhielt, obwohl »Effe« nach dreimonatiger Verletzungspause nie wieder sein Potenzial abrufen konnte.

Toppmöller vor Sammer und Teamchef Völler

2002 wählten Deutschland Sportjournalisten erstmals den »Trainer des Jahres«. Sieger der Veranstaltung des »Kicker« wurde Klaus Toppmöller, dessen Team in der Saison 2001/02 in der Bundesliga den schönsten Fußball spielte und im Finale der Champions League Real Madrid ein ebenbürtiger Rivale war. Der Coach des Bundesligazweiten Bayer Leverkusen gewann mit 396 Stimmen vor Dortmunds Trainer Matthias Sammer (163 Stimmen) und DFB-Teamchef Rudi Völler (161). Weit abgeschlagen folgten Ralf Rangnick von Hannover 96 (19), Hertha-Interimstrainer Falko Götz (17) und Bayern-Coach Ottmar Hitzfeld (15). Die Ostdeutschen Hans Meyer (Mönchengladbach) und Eduard Geyer (Cottbus) brachten es auf 13 Stimmen.

Der jüngste Meistertrainer der Bundesligageschichte: 34 Jahre alt, gewann Matthias Sammer 2002 mit dem BV Borussia Dortmund die Meisterschaft. Als Spieler war der »sächsische Vulkan« (»Süddeutsche Zeitung«) mit dem BVB 1995 und 1996 nationaler Champion, in diesen Jahren »Fußballer des Jahres« und nach dem EM-Gewinn 1996 auch »Europas Fußballer des Jahres«.

Wenn BVB-Vorstands-
mitglied Michael
Meier sagt »Uns ge-
hört die Zukunft«,
dann denkt Meier
wohl nicht zuletzt an
die Tschechen Jan
Koller und Tomas
Rosicky, die in Dort-
mund beide groß ein-
schlugen. Zwischen
den beiden Pragern
gibt es so etwas wie
eine telepathische
Verbindung: Der eine
ahnt, was der andere
im nächsten Moment
tun wird.

Mit zwei Tschechen zum Titel

Nutznießer des Münchner Formschwundes in der Schlussphase der Saison
2001/02 wurde einmal mehr der BV Borussia Dortmund, der im »Wettrüsten«
mit dem FC Bayern einer großer Coup gelungen war. Die Dortmunder kauften
im Januar 2001 den schmalbrüstigen Tomas Rosicky für 25 Millionen Mark
von Sparta Prag und ein halbes Jahr später dessen Landsmann Jan Koller vom
RSC Anderlecht für 21 Millionen Mark dazu – horrende Ausgaben, die sich
amortisieren sollten. Mit den beiden Tschechen, dem launigen Brasilianer
Amoroso als Torschützenkönig und Matthias Sammer als Trainer wurde der
BVB Meister – zum dritten Mal in acht Jahren. Die Entdeckung war für die
Medien der 21 Jahre junge Abwehrspieler Christoph Metzelder, der mit Disziplin, Eleganz und Formbeständigkeit bestach und bei der WM 2002 in Asien
in allen sieben Spielen zu den Leistungsträgern gehörte. Die Trainerkollegen
gratulierten Matthias Sammer zum ersten Triumph als Trainer.

Weinend verabschiedete sich »Eisenfuß« Jürgen Kohler vom Dortmunder Publikum, das seine Art Fußball zu spielen mehrheitlich liebte. Den finalen Auftritt hatte der Badener nach 20 aufregenden Profijahren im UEFA-Pokalendspiel gegen Feyenoord Rotterdam. In der 31. Minute holte Kohler den Dänen John Dal Tomasson von den Beinen und flog vom Platz – »seine letzte Grätsche«, schrieb ein Kritiker.

»Die Spieler von heute sind versaut. Sie müssen sich noch nicht einmal mehr eine Wohnung suchen oder sich selbst anmelden. Dem Spieler wird zuviel abgenommen, wie soll er da lernen, Verantwortung zu tragen.«

Werner Lorant als Trainer des TSV 1860 München in einem
»Kicker«-Interview im April 2000

Der letzte Auftritt des Jürgen Kohler: Im UEFA-Pokalfinale gegen Feyenoord Rotterdam am 8. Mai 2002 in Rotterdam bringt der Mannheimer den Dänen Tomasson zu Fall und sieht die Rote Karte. Danach wurde Kohler DFB-Trainer, gab diesen Job aber bald wieder zu Gunsten einer wesentlich höher dotierten Stelle als Sportdirektor bei Bayer Leverkusen auf.

Das
Jubiläumsjahr

Vollmundig und recht zuversichtlich startete eine Handvoll Klubs in das 40. Bundesligajahr. Meister Borussia sah goldene Zeiten anbrechen, glaubte, mit dem Bremer Torsten Frings noch einen Tick stärker zu sein als bisher, was Sportdirektor Michael Zorc zu der Eloge animierte: »So ein Typ hat uns gefehlt. Seine fußballerische Klasse, sein Willen und seine positive Ausstrahlung werden uns weiterbringen.« Wohin, das formulierte der BVB-Experte Thomas Hennecke vom »Kicker« so: »Mit Frings will der BVB die Glanzzeit Mitte der 90er-Jahre wieder aufleben lassen, als Dortmund vorübergehend die Monotonie der Münchner Alleinherrschaft im deutschen Fußball brechen konnte«.

Der FC Bayern, der den dritten Platz in der Saison 2001/02 wie eine Schande empfand, war nach Ansicht von Experten dennoch der erste Anwärter auf die Meisterschaft. Mit Michael Ballack und Zé Roberto hatte sich Manager Uli Hoeneß die wertvollsten Stücke aus der Pretiosensammlung des Konzernklubs Bayer Leverkusen herausgesucht. Karl-Heinz Rummenigge, inzwischen Vorstandsvorsitzender der Bayern-Fußball-AG, äußerte zudem die Hoffnung, dass Sebastian Deisler, seit Jahren als größtes Talent des deutschen Fußballs gepriesen, endlich vom Dauerpatienten zum Leistungsträger beim Rekordmeister mutieren würde. Unwidersprochen durfte Rummenigge sogar behaupten: »Wir haben den besten Bayern-Kader aller Zeiten.«

»Der Gerd würde heute doppelt so viele Tore schießen. Die Viererkette wäre für uns ein gefundenes Fressen gewesen. Mit Doppelpass!«

Franz Beckenbauer zum Abschluss der 40. Bundesligasaison über seinen Bayern-Kollegen Gerd Müller, der mit 40 Toren in der Spielzeit 1971/72 einen Rekord für die Ewigkeit aufstellte

Brehme nach drei Spielen entlassen

Was sich hinter den beiden Titanen abspielen könnte, formulierte Klaus Topp-möller, der in einer höchst turbulenten Saison in Leverkusen sein »blaues Wunder« erleben sollte: »Wir werden um Platz drei kämpfen, gegen Schalke, Hertha, gegen Kaiserslautern und vielleicht gegen ein Überraschungsteam wie es meistens eins gibt.«

Als Spieler sammelte Andreas Brehme an vielen Orten Meriten (1. FC Kaiserslautern, FC Bayern, Inter Mailand, Real Saragossa und noch mal Kaiserslautern), als Trainer ließ ihn das Glück weitgehend im Stich. Nach dem dritten Spieltag der Saison 2002/03 musste er in Kaiserslautern seinen Platz für den Belgier Erik Gerets räumen.

In Leverkusen zum Führungsspieler aufgestiegen und dann vom FC Bayern als Nachfolger für Stefan Effenberg eingekauft: Der gebürtige Sachse Michael Ballack, dem Otto Rehhagel als Trainer des 1. FC Kaiserslautern bei dessen Wechsel 1999 nach Leverkusen, verärgert über den Verlust, die Worte hinterher schickte: »Ballack ist ein Ersatzspieler, der noch viel lernen muss.«

Doch schon nach dem 3. Spieltag musste Trainer Andreas Brehme beim 1. FC Kaiserslautern wegen Erfolglosigkeit seine Sachen packen. Vorher schon war Co-Trainer Reinhard Stumpf in den Zwangsurlaub geschickt worden – zwei Erschütterungen, denen weit größere Detonationen am Betzenberg folgen sollten. Zunächst verpflichtete der alte Vorstand den Belgier Erik Gerets als Nachfolger für Brehme. Mit einer höchst peinlichen Aussage in der DSF-Sendung »Doppelpass« (»Wir haben ein Defizit im Durchblick – alle«.) leitete Aufsichtsratchef Dr. Robert Wieschemann dann ungewollt ein Revirement beim Fritz-Walter-Klub ein.

»Es ist eine Dauerkarte gefunden worden. Der Besitzer, falls er sie nicht absichtlich weggeschmissen hat, kann sich bei der Stadionaufsicht melden.«

Nürnbergs Stadionsprecher während des 0:3-Spiels im März 2003 gegen Hertha BSC

50 Millionen gab der BV Borussia Dortmund 2001 für Marcio Amoroso aus. In Dortmund verzauberte Amoroso gleich in seinem ersten Jahr das Publikum und wurde, treffsicher wie er war, Bundesliga-Torschützenkönig.

»Atze« Friedrich musste abdanken

Der Vorstandsvorsitzende Jürgen »Atze« Friedrich war nicht mehr zu halten. Der Schweizer Unternehmenssanierer und damaliger Noch-Präsident des FC Basel René Jäggi, dem als ehemaliger Adidas-Chef ein erstklassiger Ruf vorausging, übernahm die Gesamtverantwortung im Klub. Er schaffte es mit Belgiens Fußball-Idol Gerets, den Klub der »Roten Teufel« vor dem sportlichen und wirtschaftlichen Kollaps zu bewahren (siehe auch: »... und andere Skandale«). Die Fans in der Pfalz wurden freilich auch mit Jäggi und Gerets, der Stumpf als Assistenten zurückholte, auf eine Geduldsprobe gestellt. Erst am 15. März 2003 schaffte die Mannschaft, die trotz namhafter Spieler wie Sforza, Basler, Lokvenc und Miroslav Klose saft- und kraftlos wirkte, in Cottbus den ersten Auswärtssieg und den Sprung aus dem Abstiegskeller.

VfB setzte alle Prognosen außer Kraft

An diesem Tage flog der FC Bayern mit einem 4:1-Sieg in Bochum nach München zurück und verteidigte damit seinen 13-Punkte-Vorsprung an der Spitze vor Borussia Dortmund und ... dem VfB Stuttgart, der mit Felix Magath alle Prognosen außer Kraft setzte. Unter ihm als Trainer, der nach der Trennung von Rolf Rüßmann auch noch den Managerjob übernahm, spielte der VfB einen ähnlich mitreißenden Fußball wie ein Jahr zuvor Leverkusen mit Toppmöller, ohne freilich so viele Stars in seinen Reihen zu haben wie der Konzernklub. Magath sah sich angesichts leerer Kassen gezwungen, aus seinem »Kindergarten« eine schlagkräftige Truppe zu basteln, was ihm ausgezeichnet gelang.

Zwei, die harmonierten: VfB-Trainer Felix Magath und VfB-Spielmacher Krassimir Balakow. Mit dem Bulgaren als Anführer der »jungen Wilden« erreichte der Schwabenklub im 40. Jahr der Bundesliga ohne Umwege die Champions League.

»Wir werden Meister, wenn der FC Bayern für den Kirch-Vertrag mit 14 Punkten Abzug bestraft wird.«

Stuttgarts Trainer und Manager Felix Magath in Anspielung auf die Millionen, die der Rekordmeister vom Münchner TV-Rechte-Inhaber Kirch heimlich kassierte

Das Team der »jungen Wilden« Timo Hildebrand (24), Andreas Hinkel (21), Aliaksandre Hleb (22), Kevin Kuranyi (21), Ioannis Amanatidis (21), Michael Mutzel (23) und Christian Tiffert (21) an der Leine von Altmeister Krassimir Balakov (37), dem letzten »Überlebenden« des berühmten »magischen Dreiecks« Balakov/Elber/Bobic, unterstützt von Routiniers wie Marcelo-

»Bayer Leverkusen verfügt über eine auf keinen Fall schlechtere Mannschaft als im Vorjahr.«
Dortmunds Trainer Matthias Sammer vor Beginn der Saison 2002/03

José Bordon (27), Zvonimir Soldo (35), Silvio Meißner (30), Bradley Carnell (26), Heiko Gerber (31), Ioan Ganea (29) und Timo Wenzel (25) schafften die Stuttgarter die Sensation, am 34. Spieltag Dortmund zu überholen und sich als Zweiter direkt für die Champions League zu qualifizieren. So kann der Klub den Schuldenberg im zweistelligen Millionenbereich abbauen, den Ex-Präsident Gerhard Mayer-Vorfelder bei seinem Umzug in die Frankfurter DFB-Zentrale hinterließ.

»Dortmund bekam die Quittung«

Dortmunds ganzes Elend wurde am letzten Spieltag sichtbar. Gegen den Absteiger Cottbus reichte es vor 68 000 (!) Zuschauern im Westfalenstadion gerade mal zu einem kümmerlichen 1:1. Nach einer Saison der großen Desillusionierung zog der »Kicker« dieses Fazit: »Ziellos bewegte sich die Borussia auf nationaler Ebene, schlingerte durch die Rückrunde, raubte vielen Fans mit blutleeren und übertrieben risikoarmen Darbietungen die Lust am Fußball.« Trainer Matthias Sammer zerrieb sich in einer Dauerfehde mit dem launigen Torjäger Amoroso. Trotz des unansehnlichen Fußballs (Breitner: »Dortmund bekam mit Platz drei die Quittung für zum Teil unterirdische Leistungen während der ganzen Saison.«) überstand die Borussia das Jahr ohne allzu große Image-Blessuren.

Europapokal: schlechteste Bilanz seit 20 Jahren

Im Europapokal gab es in der Bundesliga die schlechteste Bilanz seit 20 Jahren: Zum ersten Mal war kein deutscher Klub im Viertelfinale eines Wettbewerbs vertreten. Borussia Dortmund hatte die Chance, in der Champions League die Runde der letzten Acht zu erreichen, scheiterte aber in der zweiten Runde, weil der BVB ein 1:0 zu Hause gegen Real Madrid nicht über die Zeit brachte. Dem 1:1 kurz vor dem Abpfiff ging ein Abspielfehler von Torjäger Amoroso voraus, den Trainer Sammer kurz vorher eingewechselt hatte.
PS: Das beste deutsche Europapokal-Jahr war die Saison 1979/80. Damals standen vier Bundesligateams im Halbfinale des UEFA-Pokals, in dem Eintracht Frankfurt den FC Bayern und Gladbach den VfB Stuttgart eliminierte. Im Finale setzten sich die Frankfurter durch. Zudem stand der HSV im Endspiel des Europapokals der Landesmeister, das gegen Nottingham Forest in Madrid mit 0:1 verloren wurde.

Emile Mpenza holte Schalke-Manager Rudi Assauer 2001 für 15 Millionen Mark von Standard Lüttich in der Hoffnung, dass der belgische Nationalspieler zusammen mit dem Dänen Ebbe Sand die Schalker endlich zur deutschen Meisterschaft schießen würde. Das Ziel wurde verfehlt. Autonarr Mpenza plagte sich zu oft mit muskulären Problemen herum.

Toppmöller zu euphorisch

Schalke ging wie Hertha BSC und Bayer Leverkusen ziemlich derangiert aus der Saison. Die schlimmsten Kratzer trugen die Fußballmillionäre der Bayer-Fußball GmbH davon (siehe auch: »Die Implosion des Konzernklubs«). Noch am letzten Spieltag drohte der Absturz in die zweite Liga, und das mit einem Kader, um den die Leverkusener von der Mehrzahl der Bundesligaklubs beneidet wurde. Euphorisch prophezeite Trainer Klaus Toppmöller vor dem Startschuss: »Wir haben gestandene Jungs im Kader, die haben alles erlebt. Außerdem bin ich sicher, dass jugendlicher Elan, Berge versetzen kann.«

Freiers Tor nach zwölf Sekunden

Beim 4:2-Sieg des VfL Bochum am 17. Mai 2003 in München gegen die »Löwen« erzielte Jungnationalspieler Paul Freier das 1:0 für die Westfalen schon nach 12 Sekunden. Schneller waren in 40 Jahren Bundesliga mit 11 Sekunden nur Giovane Elber 1998 und Ulf Kirsten 2002. 12 Sekunden wie Freier brauchte Dirk Zander vom FC St. Pauli 1991.

Toppmöller hatte am 16. Februar 2003 seinen letzten Arbeitstag. Nach ihm versuchte Manager Reiner Calmund mit Amateurtrainer Thomas Hörster die nervlich angeschlagenen Stars mental wieder aufzupäppeln. Das misslang gründlich. So bekam Klaus Augenthaler, in Nürnberg gerade erst entlassen, an den letzten beiden Spieltagen die Gelegenheit, den »Supergau« des Konzernklubs zu verhindern.

Neubarth als Spaßverderber

Untröstlich war Schalkes Manager Rudi Assauer über das , was seine »Söldnertruppe« (Assauer) im Bundesliga-Jubiläumsjahr den Fans zumutete. Neben trostlosen Spielen gab es Zoff in der Kulisse. Nationalspieler Jörg Böhme lag ständig mit Assauer im Streit, und Jungtrainer Frank Neubarth eckte permanent bei einigen Spielern mit seiner allzu emotionslosen Art an. Torhüter Frank Rost schrie ihn einmal an: »Unter dir macht es keinen Spaß mehr.« Und so zog Assauer die Konsequenzen und wechselte den überforderten Neubarth gegen den Belgier Marc Wilmots aus, der vom 26. März an als Trainer seine ganze Autorität und Popularität einsetzte, um Schalke wenigstens einen UEFA-Pokalplatz zu sichern.

»Heute hat die Mannschaft zehn Jahre meiner Arbeit kaputt gemacht.«

Schalke-Manager Rudi Assauer nach dem 0:2 am 32. Spieltag zu Hause gegen Hannover 96, das den »Königsblauen« die direkte Qualifikation für den UEFA-Pokal kostete

Drunter und drüber ging es im Jubiläumsjahr der Bundesliga in Leverkusen. »Mister Bayer 04«, also Reiner Calmund, musste mit ansehen, wie seine Fußball-Millionäre den Ruf verspielten, den sie in der Saison 2001/02 unter Trainer Klaus Toppmöller gewonnen hatten. Erst Klaus Augenthaler (neben Calmund), in Nürnberg entlassen und zwei Wochen vor Saisonschluss an den Rhein geholt, konnte den Konzernklub vor dem Abstieg bewahren.

Nach dem 1:2 in der Arena AufSchalke gegen den VfL Bochum zerstoben auch diese Hoffnungen der »Königsblauen«, die mit dem Dänen Sand, dem Belgier Mpenza und dem Nigerianer Agali drei hochkarätige Stürmer und mit Nationalspieler Asamoah einen passablen Auswechselspieler besaßen. Am Ende hatte Schalke nichts in den Händen, und Wilmots, als Interimstrainer ohne Glück, konnte wie geplant in seiner Heimat beruflich in die Politik einsteigen.

Auch Hertha BSC enttäuschte

In Berlin hatte der Holländer Huub Stevens die Auflage, den hohen Ansprüchen des Hauptstadtpublikums und ihrer Hertha gerecht zu werden. Das gelang dem ehemaligen Schalker Trainer nicht. Nach einer durchwachsenen Saison rutschten die Berliner am Schlusstag, begünstigt durch das 1:4 der Bremer in Mönchengladbach, gerade noch in den UEFA-Pokal. Warum es nicht mehr wurde trotz Spieler wie des »arbeitenden Künstlers« (»Frankfurter Rundschau«) Marcelinho, der brasilianischen Stürmer Luizao und Alves und der bunten Nationalspielerriege Kiraly, Dardai, Sverisson, Goor, Simunic und der Deutschen Rehmer, Friedrich, Beinlich, Hartmann und Preetz, erklärte Mannschaftskapitän Preetz zum Abschied seiner Karriere so: »Die Hinrunde war für den Trainer und die gesamte Mannschaft eine Phase des Kennenlernens. In dieser Zeit haben wir zu viele Punkte liegen gelassen. Die Defensive funktionierte zwar, aber das ging zu Lasten der Offensive.«

»In Benny Lauth haben wir das größte deutsche Talent seit Beckenbauer.«
Petar Radenkovic über den »jungen Wilden« des TSV 1860 München

Jara brachte den HSV nach vorn

Gejubelt wurde in Hamburg, wo der Österreicher Kurt Jara den Nachweis erbrachte, dass ein Trainer auch ohne große Worte und Gesten eine Truppe von lustlosen Einzelkämpfern in eine Mannschaft mit Feuer und hoher Spielkultur verwandeln kann. Zu Recht wurden seine Arbeit und die Leistungen seiner Mannschaft mit einem UEFA-Pokalplatz belohnt. Gejubelt wurde natürlich auch in München, wo Uli Hoeneß nach vorzeitigem Titelgewinn sich zu der provokanten Aussage hinreißen ließ: »Wir sind zu gut für die Bundesliga.« Sein früherer Bayern-Spezi Paul Breitner wollte das nicht stehen lassen: »Die Partys seien ihnen von Herzen gegönnt, doch ich hoffe, dass Spieler, Trainer und Management wissen, was sie feiern – nämlich eine ausgesprochen durchschnittliche Saison. Ein starker Beginn, danach zum Teil grottenschlechte Kicks und am Ende wieder – ergebnisorientiert – erfolgreicher Fußball. Das der für einen so großen Vorsprung reichte, spricht deshalb in erster Linie nicht für die Bayern, sondern gegen ihre Konkurrenz«, schrieb er in einer »Bild am Sonntag«-Kolumne.

»Zu groß für die Liga, zu klein für Europa«

Die »Süddeutsche Zeitung« lenkte den Blick zum Abschluss auf das miserable Abschneiden des FC Bayern in der Champions League, in der die Münchner in sechs Spielen zwei lächerliche Punkte holten. »Zu groß für die Liga, zu klein für Europa«, lautete die durchaus stimmige Schlagzeile. Erstaunlich war, wie Torhüter Oliver Kahn die Dauerattacken auf sein Privatleben wegsteckte. Auch die Reibereien mit den Funktionären der Deutschen-Fußball-Liga (DFL) wegen der 40 Millionen Extragelder vom Medienmogul Kirch hinterließen beim FC Bayern keine Spuren.

Thomas Hörster »flog« als 282. Trainer

In 40 Bundesligajahren gab es insgesamt 282 Trainerentlassungen. In der Saison 2002/03 erwischte es diese acht in dieser Reihenfolge: Andreas Brehme (1. FC Kaiserslautern), Klaus Toppmöller (Bayer Leverkusen), Hans Meyer (Borussia Mönchengladbach), Wolfgang Wolf (VfL Wolfsburg), Peter Pacult (1860 München), Frank Neubarth (Schalke 04), Klaus Augenthaler (1. FC Nürnberg) und Thomas Hörster (Bayer Leverkusen). Rekordhalter sind Jörg Berger und Gyula Lorant. Sie mussten sechsmal vorzeitig gehen. Fünfmal passierte das Rudi Gutendorf und Otto Rehhagel, viermal Branko Zebec, Pal Csernai, Karlheinz Feldkamp, Willibert Kremer, Felix Magath, Aleksandar Ristic und Dietrich Weise.

In der Bundesliga spielte der Österreicher Kurt Jara fünf Jahre lang für den MSV Duisburg (1975 bis 1980) und ein Jahr für den FC Schalke (1980/81) und erzielte in 191 Spielen 25 Tore. Im Oktober 2001 löste er beim Hamburger SV Frank Pagelsdorf als Trainer ab und hievte den Klub in der Saison 2002/03 auf Platz vier.

Ein gewohntes Bild: Torhüter Oliver Kahn mit dem Meisterteller. Im Münchner Olympiastadion feiern den Titelgewinn des FC Bayern 2003 DFB-Präsident Gerhard Mayer-Vorfelder, DFL-Vorsitzender Werner Hackmann und Teamchef Rudi Völler an der Seite von Kahn.

Nachzutragen bleibt, dass Stefan Effenberg, vom VfL Wolfsburg als sportlicher Messias eingekauft (Manager Peter Pander: »Er ist unsere Trittleiter auch für die Erfolge in drei, vier Jahren.«), den Autoklub Knall auf Fall mitten in der Saison verließ statt, wie von Trainer Jürgen Röber befohlen, gefälligst zwei Kilo abzunehmen. »Effenberg verzichtet auf eine halbe Millionen Euro«, lobten die Medien den Altstar. Doch als die Nachricht die Runde machte, dass er im Wüstenstaat Katar rund zwei Millionen Dollar netto für ein paar Monate »Stand-by-Fußball« kassieren werde und die verkaufte Auflage seiner Autobiographie »Ich hab's allen gezeigt« bekannt wurde, verstummten die Komplimente, regte sich der Verdacht, dass er seinen Weggang in Wolfsburg systematisch vorbereitet habe.

Mit Effenberg, Basler, Andreas Möller, Häßler, Preetz und dem Bulgaren Balakov traten am Ende des Saison 2002/03 sechs Spieler ab, die nicht nur nostalgisch gestimmte Zeitgenossen zu dem Nachruf animierten: »Sie haben sich um die Bundesliga verdient gemacht; ohne sie wird der Fußball ärmer.«

Zwei, die 2003 von der Bundesligabühne abtraten: Der eine – Thomas Häßler – beim TSV 1860 München nicht ganz freiwillig, der andere – Stefan Effenberg – nach Krach mit Wolfsburgs Trainer Jürgen Röber auf eigenen Entschluss vorzeitig. Für Effenberg sprudeln jetzt die Dollarmillionen im Öl-Scheichtum Katar.

Die **Implosion** des **Konzernklubs**

Als Bayer 04 Leverkusen 1979 mit Willibert Kremer als Cheftrainer aufstieg, hatte der »kleine Bruder« Bayer 05 Uerdingen schon ein Jahr Bundesliga hinter sich (1975/76 mit Trainer Klaus Quinkert) und Reiner Calmund beim »großen Bruder« noch herzlich wenig zu sagen.

Aufgefallen war der schon damals nicht gerade schlanke Jüngling dem Trainer, als er sich 1976 bei »Schweinewetter« auf einem Platz an der Sportschule Hennef ein unbedeutendes Jugendspiel ansah. »Was ist denn das für ein Verrückter, der sich bei diesem Wetter dieses Spiel anschaut«, soll Kremer bemerkt haben und den »Verrückten« dem damaligen Bayer 04-Fußballchef Hermann Büchel als Mitarbeiter empfohlen haben. So gesehen kann sich Willibert Kremer, der heute zum »Spähtrupp« des Konzernklubs gehört, rühmen, die Karriere des »gefürchtetsten Kopfjäger der Branche« (der »Spiegel« im Januar 1993) angeschoben zu haben.

»Günter W. Becker ein Glücksfall«

Bis 1982 dümpelte der Fußball in Leverkusen und Uerdingen gewissermaßen vor sich hin. Noch hatten die Vorstandsmitglieder des Chemieriesen nicht erkannt, dass mit attraktivem Profifußball langfristig Imagegewinn und letztlich bessere Umsätze zu erzielen sind.

> **»Ich hätte an dem Tag besser meinen Schreibtisch aufgeräumt.«**
> *»Premiere«-Reporter Marcel Reif zum 0:2-Spiel von Bayer 04 in der Champions League beim FC Barcelona*

Die Trendwende in der Strategie beschrieb Rainer Kalb im »Kicker-Jahrbuch 1986/87« des Copress Verlages: »In anderen Abteilungen, in der Leichtathletik und im Basketball beispielsweise, machten die Bayer-›Amateure‹ viel von sich reden, aber zur offiziellen Förderung des Profitums wollte man sich nicht bekennen. Die Fußballer blieben, eben weil sie Profis waren, Stiefkinder; das Werk förderte eher die Edelamateure – und mit den Möglichkeiten des Chemiegiganten war strukturell jeder Bayer-Amateur besser dran als etwaige Konkurrenten im weiten Land.

1982 änderte sich die Politik der Schamhaftigkeit und kaum kaschierter Heuchelei schlagartig. Mit Günter W. Becker hatte ein einflussreiches Vorstandsmitglied der Bayerwerke, das dazu noch, welch ein Glücksfall, Fußballfan war, den Vorsitz über die Leverkusener Fußballabteilung zugesprochen bekommen. Becker wollte die Fußballer aus dem Dornröschenschlaf wecken.

Wie immer, wenn ein Gigant wie Bayer neue Wege beschreitet, wurden Nägel mit Köpfen gemacht. Mit Dettmar Cramer wurde ein Trainer verpflichtet, der als Fachmann anerkannt war. Mit Bayern München hat er zweimal den Europapokal gewonnen. Rhetorisch war und ist Cramer brillant. Kenner der Fußballmaterie warnten zwar davor, Cramer ermüde als Vereinstrainer die Spieler durch lange Mannschaftssitzungen, die leicht in Vorlesungen ausarten können, aber dieses Manko nahm Leverkusen damals in Kauf. Wesentlich war, einen Trainer zu haben, der vor dem Verband der chemischen Industrie und anderen hochkarätigen Institutionen bestehen und Fußball dort hoffähig machen konnte.«

Der Apparat der Bayer Fußball GmbH 2002/03

Geschäftsführer: Reiner Calmund, Wolfgang Holzhäuser; Manager: Ilja Kaenzig; Vorsitzender des Gesellschafterausschusses: Klaus Beck; Sportbeauftragter der Bayer-AG: Meinolf Sprink; Cheftrainer: Klaus Toppmöller, später Thomas Hörster und Klaus Augenthaler; Co-Trainer: Peter Hermann, Ralf Minge; Torwarttrainer: Harald Schumacher; Teambetreuer: Hans-Peter Lehnhoff, Matthias Valentin, Klaus Zöller, Harald Wohner, Hans Blum; Veranstaltungsmanager: Kuno Wack; Pressesprecher: Ulrich Dost, Petra Braun; Vereinsärzte: Dr. Thomas Pfeifer, Dr. Josef Schmidt; Physiotherapeuten: Dieter Trzolek, Till Rothweiler, Frank Glass, Ralf Scheuchl; Sichtung: Norbert Ziegler, Paul Steiner, Willibert Kremer, Dieter Herzog.

PS: Im Frühjahr 2003 kam Jürgen Kohler als Sportdirektor hinzu.

Cramer bewegte so gut wie nichts

Mitarbeiter Reiner Calmund hatte die Aufgabe, die Republik nach Talenten zu durchforsten, die auf lange Sicht dem Konzernfußball hohe Aufmerksamkeit sichern können. Mehr noch als seine oft überbordende Eloquenz überzeugten die scheinbare Gemütlichkeit des »Dicken« und sein prall gefüllter Geldkoffer. Fünfstellige Beträge waren das eine, garantierte Ausbildungsplätze im Konzern das andere Lockmittel.

Mit Cramer wollten sich Erfolge indes nicht einstellen, obwohl er mit dem Koreaner Bum Kun Cha, Hörster, Röber, Bast und Wolfgang Patzke durchaus spielstarke Profis unter seinen Fittichen hatte. Besonders schmerzte Becker & Co., wie der »kleine Bruder« aus Uerdingen, personell schwächer besetzt und finanziell schlechter ausgestattet als der Klub aus der Konzernzentrale, 1985 am »großen Bruder« vorbeizog. Uerdingen gewann gegen den FC Bayern (2:0) den Pokal und erreichte im Europapokal das Halbfinale.

Der einzige internationale Titel in 24 Bundesligajahren: 1988 gewinnt Bayer 04 im Elfmeterschießen gegen Español Barcelona den UEFA-Pokal, den Klaus Täuber (Bild unten) in der Kabine mit Sekt füllt. Neben ihm Christian Schreier, Co-Trainer Gerd Kentschke und ganz außen Knut Reinhardt. Auf dem Bild oben verfolgen der Pole Buncol und der Koreaner Cha die Aktion des Brasilianers Tita.

UEFA-Pokalsieger mit Ribbeck

Cramer durfte seine Fußballweisheiten bis 1985 an die Spieler bringen, anschließend mit »Sir« Erich Ribbeck ein weiterer ehemaliger DFB-Trainer bei Bayer 04 sein Glück versuchen. Doch auch der Lattek-Kumpel war nicht der Mann, der den Fußballangestellten des Konzerns Leben einzuhauchen verstand. Das Management, Ribbeck und seine »Untertanen« mussten sich Spottnamen wie »Plastikverein« oder »Retortenklub« gefallen lassen. 1988 verabschiedete sich Ribbeck (als Manager zum HSV) immerhin mit einem Titel: Bayer gewann gegen Español Barcelona den UEFA-Pokal im Elfmeterschießen.

Als Geschäftsführer holte die Fußballabteilung des Konzerns den gewieften Michael Meier vom 1. FC Köln auf die andere Rheinseite. Doch der ehemalige Ministrant hielt es auf Dauer nicht neben dem »positiv Bekloppten« (Calmund über Calmund) aus und zog zum BV Borussia Dortmund weiter, wo er bekanntlich eine sensationelle Karriere machte.

Drei Spieler, mit denen Bayer Leverkusen den Ruf eines »Retortenklubs« endlich los sein und dem FC Bayern das Leben schwer machen wollte – eine Absicht, die missglückte: Weder Andreas Thom vom Stasi-Klub Dynamo Berlin (Bild oben) noch die teueren Auslandsheimkehrer Rudi Völler (unten links) und Bernd Schuster (unten rechts) brachten den Klub entscheidend nach vorn.

Michels' kurzes Gastspiel

Meier war noch in Leverkusen präsent, als Rinus Michels seinen Job in Leverkusen antrat. Die Bayer-Verantwortlichen gingen davon aus, dass mit dem Holländer, der gerade erst die Nationalmannschaft seines Landes in Deutschland zur Europameisterschaft geführt hatte, die große Ära im Bayer 04-Fußball anbrechen würde. Doch schon nach einen dreiviertel Jahr war der Traum ausgeträumt. Michels musste gehen; er war mit Leverkusen schon in der ersten Runde des UEFA-Pokals an dem Nobody-Team von Belenenses Lissabon gescheitert.

Nachfolger Jürgen Gelsdorf stand unter noch größerem Erfolgsdruck als sein Vorgänger. Calmund hatte nach dem Mauerfall die DDR-Asse Andreas Thom und Ulf Kirsten eingekauft (siehe auch: »Go West«) und längst für internationales Flair gesorgt. Das Bayer-Trikot trugen seinerzeit Brasiliens Nationalspieler Jorginho, die polnischen Auswahlspieler Buncol und Lesniak sowie der Rumäne Lupescu.

Doch so sehr sich Gelsdorf und nach ihm Reinhard Saftig auch bemühten, den hochdotierten Kickern den Schlendrian und eine vermeintliche Charakterschwäche (siehe auch: »Entscheidungen auf der Ziellinie«) auszutreiben, es gelang nicht.

Stepanovic legte sich mit Völler an

Nach Michels änderte Calmund, inzwischen als Manager der Lizenzspieler-Abteilung praktisch der Alleinherrscher, die Trainerpolitik: Der Serbe Dragoslav Stepanovic sollte »Zirkusmief« ins sterile Betriebsklima bringen. Nicht bereit, länger auf den großen Coup warten zu wollen, kaufte Calmund in den frühen 90er-Jahren Spieler, die Rang und Namen hatten. Die Altstars Bernd Schuster (1993) und Rudi Völler (1994) waren

> **»Fußballprofis sind brutale Egoisten.«**
> *Udo Lattek nach der Entlassung von Trainer Klaus Toppmöller, der seiner Ansicht nach zu lange an das Gute in Spielern glaubte*

ihm etliche Millionen wert. Sie sollten dem Konzernklub zum lange entbehrten Flair, zur Popularität und zum Meistertitel verhelfen. Doch Machtgerangel und die störrische Art von »Stepi« vergifteten bald die Atmosphäre. Der Trainer geriet mit Schuster aneinander und machte auch vor Rudi Völler nicht halt. Der Jugoslawe präsentierte sich als Chaot, veränderte die Mannschaft nach Lust und Laune und zog sich schließlich auch noch den Unmut von Manager Calmund zu. Den Affront, Publikumsliebling Völler im UEFA-Pokal-Halbfinale gegen Parma auf die Bank zu setzen, überstand Stepanovic nicht.

Dicke Abfindung für Schuster

In Panik reaktivierte Calmund 1995 den Trainer-Veteranen Erich Ribbeck. Eine Millionengage veranlasste den Vorruheständler, die Surfbretter auf der Ferieninsel Teneriffa noch einmal in die Ecke zu stellen. Auch Ribbeck überwarf sich mit dem eigenwilligen Schuster und schloss ihn nach verbalen Auseinandersetzungen vom Mannschaftstraining aus, was den Altstar animierte, seine Teilnahme am Training gerichtlich einzuklagen. Um Schuster loszuwerden und den Konflikt zwischen Ribbeck und dem Spieler nicht zum Dauerbrenner für die Medien werden zu lassen, überwies der Konzernklub eine Abfindung in siebenstelliger Höhe an den ehemaligen Real-Star.

1996 drohte ein Desaster. Trotz Spieler wie Wörns, Fach und Lupescu in der Abwehr, Ramelow und Lehnhoff im Mittelfeld und Stürmern wie Völler, Kirsten und Sergio (Thom hatte Calmund an Celtic Glasgow weitergereicht) kämpfte Bayer 04 bis zum letzten Spieltag um den Klassenerhalt (siehe auch: »Entscheidungen auf der Ziellinie«).

Daum, der ewige Zweite

Mit seinem alten Spezi Christoph Daum, dem er seit jungen Jahren freundschaftlich verbunden war, glaubte Calmund dann, den Glücksgriff seines Lebens getan zu haben. Tatsächlich sollte Bayer 04 mit dem »Dampfplauderer« (Klaus Augenthaler) zum Gegenspieler des FC Bayern werden, was freilich nicht nur das Verdienst des überaus ehrgeizigen Trainers, sondern auch Ergebnis einer

Mit dem erfolgsbesessenen Trainer Christoph Daum, so die Gedankenspiele des Daum-Freundes Reiner Calmund, werde Bayer 04 der heiß ersehnte Titelgewinn gelingen. Doch in vier Jahren (1996 bis 2000) kam der gebürtige Sachse trotz eines hochkarätigen Spielerkaders über drei zweite Plätze nicht hinaus.

Daum-Nachfolger Berti Vogts scharte gleich eine Handvoll Trainer um sich. Pierre Littbarski war sein erster Ansprechpartner. Doch das »Zusammenspiel« der beiden geriet zur medialen Lachnummer. Wenn Vogts das eine wollte, hatte Littbarski meistens was anderes im Sinn – zwei ungleiche Partner, durch die der Misserfolg programmiert war.

splendiden Einkaufspolitik des Konzernklubs war. Mit den brasilianischen Stars Emerson und Zé Roberto und den ostdeutschen Talenten Ballack und Bernd Schneider war der Bayer-Kader noch werthaltiger geworden, Daum mithin zum Erfolge verdammt.

Wie schon Ende der 80er-Jahre in Köln wurde der gebürtige Sachse allerdings das Stigma nicht los, der ewige Zweite zu sein. An der Qualität des brasilianischen Weltklasse-Verteidigers Lucio konnte sich Daum in der Saison 2000/01 nicht lange erfreuen. Seine Drogengeschichte durchkreuzte seine Karrierepläne und bedeutete im Herbst 2000 sein Aus in Leverkusen (siehe auch: »Die Kokainaffäre des Christoph D.«).

Berti Vogts, auch ein Spezi von Calmund, sollte dann vollenden, was Daum begonnen hatte. Mit einem bombastischen Trainerstab, vom Manager ohne Murren akzeptiert, versuchte der ehemalige Bundestrainer den Erfolg zu erzwingen. Pierre Littbarski war sein Trainer für den Offensivbereich, Wolfgang Rolff für die Defensive, Peter Hermann für die Kondition und Harald »Toni« Schumacher für das Torwarttraining zuständig.

Berti Vogts als Hemmschuh

Doch der Aufwand sollte sich nicht rentieren. Zwischen Berti und »Litti« stimmte die Chemie nicht, und die zu Schlüsselspielern herangereiften Ballack und Bernd Schneider empfanden den pedantischen »Schulmeister« Vogts als Störfaktor für ihre Karriere und waren froh, als Calmund seinem Freund Berti den Laufpass gab und Klaus Toppmöller 2001 als neuen Trainer verpflichtete. Er wusste ihren Wert besser einzuschätzen.

Der Brasilianer Lucio war für die Leverkusener ein Glücksgriff. Als er 2000 von Porto Allegre kam, hatte Christoph Daum noch das Sagen bei Bayer 04. Ohne »das Tier«, wie der schussgewaltige und robuste Abwehrspieler von den Kollegen genannt wird, hätte der Konzernklub den Abstieg 2003 wohl nicht verhindert. Lucio erzielte im Krisenjahr wichtige Tore.

Mit Toppmöller erlebte Bayer Leverkusen eine glanzvolle Saison. Zwar gewann die Mannschaft auch mit dem ehemaligen Topstürmer der Bundesliga keinen Titel, wohl aber großes Ansehen in ganz Europa. »Der Unterschied zwischen Bayer und Real Madrid war nur Zidane, spielerisch war Bayer im Finale ebenbürtig«, lautete der Tenor der internationalen Presse nach dem Endspiel in der Champions League, das durch ein Tor des Franzosen mit 2:1 für die Madrilenen entschieden wurde.

Eine Niederlage jagt die andere

Trotz Tränen nach den verlorenen Endspielen gegen Real Madrid in der Champions League und im DFB-Pokal gegen den FC Schalke schauten Calmund und Toppmöller mit leuchtenden Augen in die Zukunft. Auch ohne Ballack und Zé Roberto, die wie viele Bayer-Profis vor ihnen bei Uli Hoeneß in München gelandet waren, glaubten die beiden, den FC Bayern endlich einmal vom Sockel holen zu können. Doch das Gegenteil trat ein. Die Mannschaft stürzte jämmerlich ab. Aus Leverkusen, dem Renommierklub der Saison 2001/02, wurde »Chaoskusen«, wie der Boulevard hämisch formulierte.

»Wir sind für diesen Weltkonzern eine Spielwarenabteilung, ein Kasperle-Theater. Die können sich nicht ständig darum kümmern, wenn bei uns im Schaufenster die Puppen umfallen.«

Bayer-Geschäftsführer Reiner Calmund

Eine Niederlage jagte die andere. »Die schlimmste Pleite seit dem ich hier bin«, jammerte Toppmöller nach dem 2:4 in der BayArena am dritten Spieltag der Saison 2002/03 gegen den VfL Bochum. Doch es sollte noch schlimmer kommen. Mit einem 0:2 zu Hause gegen den 1. FC Nürnberg ging die Mannschaft, in die Calmund kräftig investiert hatte – Stürmer Franca vom FC São Paulo, Abwehrspieler Juan von Flamengo Rio, Hanno Balitsch vom 1. FC Köln, Daniel Bierofka von 1860 München sowie Hannovers prominenter »Pflegefall« Jan Simak, der auch in Leverkusen bei Toppmöller ein Pflegefall blieb – verschnupft in die Winterpause.

Gegen Cottbus ohne Chance

Akribisch vorbereitet wollte Toppmöller in der Rückrunde das Blatt wenden. Doch statt einer Renaissance alter spielerischer Klasse erlebt der Trainer die Implosion einer Mannschaft. Moral und Qualität kamen abhanden, und die Punkte gingen regelmäßig verloren. Zum Start in die zweite Saisonhälfte führte Schlusslicht Cottbus die Millionärstruppe in Leverkusen mit 3:0 vor, musste Toppmöller mit ansehen, wie auch die nächsten drei Spiele verloren gingen. Nach dem 1:2 zu Hause gegen Rostock hielt es Calmund für angebracht, Topp-

Geteiltes Leid ist halbes Leid: Klaus Toppmöller und Reiner Calmund versuchen gemeinsam die Enttäuschung nach dem großartigen Finale in der Champions League zu überwinden, das Leverkusen in Glasgow durch ein Tor des Franzosen Zidane gegen den hohen Favoriten Real Madrid 1:2 verloren hatte. Neun Monate später ist Toppmöller seinen Job bei Bayer los.

Für Fußball-Fein-schmecker ein Augen-schmaus: Zé Roberto von Flamengo Rio de Janeiro spielte seinen Gegenspielern oft Knoten in die Beine. Die ganze Bundesliga beneidete Leverkusen in der Saison 2001/02 um das Mittelfeld Bernd Schneider, Bastürk, Ballack und Zé Roberto. Ohne Zé Roberto und Ballack, die zum FC Bayern wechselten, war mit Bayer 04 dann kein Staat mehr zu machen.

möller auf die Straße zu setzen. Der entlassene Trainer beklagte mangelnde Rückendeckung und sagte zum Abschied: »Wenn woanders eine kleine Krise ist, wird sich demonstrativ vor den Trainer gestellt. Bei uns hat jeder seinen Kommentar abgegeben.«

Calmund hakte die Beschwerde als »allgemeinen Nervenzustand« ab und beorderte Bayer-Amateurtrainer Thomas Hörster zur Verwunderung der Fachwelt als vermeintlichen Krisenmanager auf die Trainerbank. Der medienunerfahrene Hörster geriet schnell ins Fadenkreuz der Kritik, verlor weiter und machte den Klub zum Gespött der internationalen Medien. Selbst FIFA-Präsident Josef Blatter fand es empörend wie sich Bayer Leverkusen in der Champions League aufführte.

»Eine Unverschämtheit. Jeder weiß, dass ich so etwas nie tun würde. Aber es war ja schon nach 11 Uhr morgens, da wird der Lattek schon genug getrunken haben.«

Leverkusens Nationalspieler Bernd Schneider im »Express« über den Alt-Trainer, der in der DSF-Sendung »Doppelpass« behauptet hatte, Schneider habe seinen Platzverweis in Hamburg provoziert, um dem Abstiegskampf zu entgehen

Schelte vom Sponsor RWE

Auf Calmunds Geheiß schonte Hörster seine besten Spieler für den Kampf gegen den Bundesligaabstieg, schickte bunt zusammengewürfelte Teams ohne jegliche Ambitionen in die Champions League und machte so die zweite Runde für die deutschen Fernsehzuschauer zu einer Farce. In der »Süddeutschen Zeitung« ließ Bayer-Sponsor RWE, der jedes Jahr etliche Millionen zum Konzernklub transferiert, nach dem 0:2 in Barcelona die Anzeige einrücken: »Wenn man es nicht kann, muss man es wenigstens wollen.«
Weltmeister Thomas Berthold schrieb in seiner Kolumne für den »Kicker«: »Was Leverkusen gezeigt hat, grenzt an Wettbewerbsverzerrung.« Hörsters Spieler waren nicht bereit in der Champions League Leistungen zu zeigen und verspielten so den letzten Kredit, der vom Vorjahr noch übrig geblieben war. In sechs Spielen verlor Bayer sechsmal; das war noch nie einer europäischen Mannschaft passiert. Als ein Journalist nach dem 1:3 in Newcastle Hans-Peter Lehnhoff empfahl, die Truppe mal zum gemeinsamen Besäufnis zu schicken, winkte der hauptamtliche Spielerbetreuer mit den Worten ab: »Die können noch nicht mal das.«

Nürnberg sparte die Abfindung

Trotz Verzichts auf ehrlichen Wettkampf in der Champions League stand der Bundesligaerhalt für das Starensemble des Chemiekonzerns bis zum letzten Spieltag auf der Kippe. Klaus Augenthaler, in Nürnberg entlassen, wurde bei Bayer als Nachfolger des resignierenden Übergangstrainers Hörster zum Strohhalm, an dem sich alle Verantwortlichen der Bayer 04 Fußball GmbH klammerten. Der Weltmeister von 1990 bewahrte Leverkusen nach 24 Jahren Bundesliga schließlich vor dem Sturz in die zweite Liga. Nürnbergs Präsident Michael A. Roth bedankte sich vor dem Spiel in Nürnberg, in dem sich Bayer mit einem 1:0 über die Runden zitterte, bei Calmund für das Entgegenkommen: Die Verpflichtung von Augenthaler hatte Roth eine Abfindung in Höhe von 500 000 Euro erspart.

Der Absturz seines Klubs drohte seine Gesundheit zu ruinieren. Reiner Calmund »litt wie ein Hund« unter den vielen Niederlagen der Mannschaft. Im großen Krisenjahr 2002/03 waren in der »BayArena« stets Ärzte an seiner Seite. Das totale Engagement für den Bayer-Fußball hatte der übergewichtige Manager schon mit zwei geschiedenen Ehen bezahlt.

Muss Calmund zurückstecken?

Ob Calmund auch in Zukunft im Konzernklub schalten und walten kann, wie es ihm gefällt, darf bezweifelt werden. Möglicherweise gewinnt Geschäftsführer Wolfgang Holzhäuser an Einfluss. Der ehemalige DFB-Angestellte lehnte das Angebot, beim Aufsteiger Eintracht Frankfurt Vorstandsvorsitzender zu werden, Mitte Juni 2003 in letzter Minute ab. »In Frankfurt wird vermutet, dass Holzhäuser die Eintracht nur zum Machtpoker in Leverkusen missbraucht haben könne. Seine Position, vor allem im Machtkampf mit Reiner Calmund, scheint gestärkt. Nach den Erfahrungen der letzten Wochen wollte wohl niemand die gesamte Verantwortung Calli überlassen« , schrieb der »Express«. Meinolf Sprink, der Sportbeauftragte der Bayer AG, schwärmte im selben Blatt von Holzhäuser in den höchsten Tönen: »Wir müssen Geld einsparen, und er ist einer der Besten auf diesem Gebiet. Wir schätzen ihn als diskreten und kompetenten Fachmann.«

Und auch Holzhäusers Kommentar: »Hier gab es bisher nur einen Mann, der entschieden hat. Da muss sich einiges ändern«, lässt ahnen, dass der »XXL-Manager« (»Bild«) auf Dauer zurückstecken muss – wohl nur schwer hinnehmbar für einen »Workaholic« (»FAZ«). Sein totales Engagement für den Fußballbetrieb des Konzernklubs bezahlte Calmund (Jahrgang 1948) ziemlich teuer: Zwei Ehen gingen in die Brüche, seine fünf Kinder wohnen bei ihren Müttern.

> »Ich bin Halbwaise und hätte mir einen wie ihn als Vater gewünscht.«
>
> *Bayer-Sportdirektor Jürgen Kohler über Udo Lattek, den Calmund 5 Wochen vor Schluss der Saison 2002/03 gern als »Troubleshooter« verpflichtet hätte*

Die Galerie der Bayer-Nationalspieler 2002/03

Brasilianische Nationalspieler:	Lucio, Juan, Franca
Kroatische Nationalspieler:	Boris Zivkovic, Jurica Vranjes, Marko Babic
Deutsche Nationalspieler:	Bernd Schneider, Jens Nowotny, Carsten Ramelow, Oliver Neuville, Jörg Butt, Ulf Kirsten, Daniel Bierofka, Zoltan Sebescen, Thomas Brdaric
Argentinischer Nationalspieler:	Diego Placente
Türkischer Nationalspieler:	Yildiray Bastürk
Nigerianischer Nationalspieler:	Pascal Ojigwe
Bulgarischer Nationalspieler:	Dimitar Berbatov
Australischer Nationalspieler:	Frank Juric
Amerikanischer Nationalspieler:	Frankie Hejduk

Entscheidungen
auf der Ziellinie

Empfindliche Urteile der DFB-Gerichte haben den Kampf um den Titel in der Endphase der Saison 1970/71 emotional aufgeladen. Gladbach muss einen Zwei-Punkte-Abzug im Torpfostenprozess (siehe auch: »Kuriositäten«), der FC Bayern die Sperren für Gerd Müller (acht Wochen) und Karlheinz »Charly« Mrosko (zwei Wochen) verkraften. Bei einem Freundschaftsspiel der Münchner in der Winterpause in Lima waren die beiden Stürmer vom Platz geflogen. Der Bayern-Vorstand und die Spieler sind über die späte Bestrafung empört.

Vor dem 33. Spieltag steht der VfL Borussia ein Tor besser da als der punktgleiche FC Bayern. Eine Woche danach ist die Situation genau umgekehrt: Die Münchner gewinnen mit Breitner als Stürmer gegen Eintracht Braunschweig zu Hause 4:1, die Gladbacher mit Mühe und Not gegen Schlusslicht Rot-Weiß Essen 4:3. Ein »Stichkampf« scheint nicht ausgeschlossen. Er würde fällig, wenn der FC Bayern zum Beispiel am letzten Spieltage in Duisburg 1:0, Gladbach in Frankfurt 2:0 siegt.

Erregt über Torpfostenurteil

Zur Halbzeit der Finalspiele ist noch alles offen, im Duisburger Wedaustadion steht es 0:0, im Frankfurter Waldstadion durch Tore von Netzer und Bernd Nickel 1:1. Was dann passiert, liest sich in dem Copress-Buch »Sternstunden der Bundesliga« so: »Dramatisch wird es nach dem Wechsel. In der 55. Minute hellt sich das Gesicht von Hennes Weisweiler auf. ›In Duisburg ist das 1:0 durch Budde gefallen‹, funkt ein Mittelsmann von der Tribüne des Waldstadions hinunter auf die Gladbacher Trainerbank. 14 Minuten später meldet er das 2:0, wieder durch Budde. Und als ein paar Sekunden später Horst Köppel das 2:1 für die Borussia gelingt, erhebt sich lautes Geschrei – auf dem Spielfeld wie auf der Reservistenbank. Die Borussia legt einen Zahn zu und schraubt das Ergebnis durch zwei Tore von Jupp Heynckes noch auf 4:1.

Schalke oder FC Bayern, das war die große Frage am Schlusstag der Saison 1971/72 im neuerbauten Münchner Olympiastadion. Die Antwort fiel eindeutig aus: Die Münchner schlugen den großen Rivalen mit 5:1 und wurden Meister. Hier eine Szene mit Symbolcharakter: Breitner jagt Libuda den Ball ab.

Im ›Salon 7‹ des Frankfurter Airport-Hotels überreicht DFB-Präsident Hermann Gösmann aus Osnabrück dem Borussia-Kapitän Günter Netzer den Meisterteller. Erregt über das Torpfostenurteil hatten die Spieler eigentlich vor, dem Zeremoniell fernzubleiben, doch im Rausch des Triumphes verfliegen Protestgedanken. Und auch die Drohung der Spieler, bei Punktegleichstand mit dem eigenen Klub vor das Arbeitsgericht zu ziehen, um die durch das Torpfostenurteil entgangene Titelprämie in Höhe von 250000 Mark für das Team einzuklagen, bleibt gegenstandslos. Den Schmerz des FC Bayern, der in Duisburg 0:2 unterliegt, mildert ein paar Wochen später der 2:1-Sieg im DFB-Pokalfinale über den 1. FC Köln.«

Hoeneß überbringt Hiobsbotschaft

Auch in der Saison 1971/72 wird der letzte Spieltag zum finalen Höhepunkt des Jahres. Der FC Bayern und der FC Schalke treffen am Mittwoch, den 28. Juni 1972, im neu erbauten Olympiastadion, das Wochen später Schauplatz der Olympischen Spiele werden soll, zum »Endspiel« um die deutsche Fußballmeisterschaft aufeinander. Die Schalker, bis dato noch nicht in den Sog des Bundesligaskandals geraten, kommen in Bestbesetzung nach München, also mit Torhüter Nigbur, der Innenverteidigung Fichtel/Rüßmann, Helmut Kremers im Mittelfeld und dem Sturmtrio Libuda/Klaus Fischer/Erwin Kremers. Trainer Ivica Horvat sieht gute Chancen für einen Sieg, der zwingend notwendig ist.

Die Münchner wollten eigentlich schon vier Tage zuvor, nach dem 1:0 in Dortmund, auf die Meisterschaft anstoßen: In der Kabine sind die Spieler bereits in Festtagsstimmung, als Uli Hoeneß hereingestürzt kommt und meldet, dass das Spiel der Schalker gegen den VfB Stuttgart nicht 1:1, sondern 2:1 für die Westdeutschen ausgegangen sei. Schiedsrichter Meuser verhängte in Gelsenkirchen Sekunden vor dem Abpfiff einen Elfmeter gegen die Schwaben, den Fischer zum 2:1 nutzte.

In München geht der FC Bayern durch Tore von Johnny Hansen und Paul Breitner zur Halbzeit mit 2:0 in die Kabine. Hoffnung schöpft Schalke, als Klaus Fischer in der 56. Minute »Katsche« Schwarzenbeck entwischt und auf 1:2 verkürzt. Doch nervös kann der Treffer die Gastgeber nicht machen. Die Kombinationen der Münchner laufen wie am Schnürchen und Bundestrainer Helmut Schön, der sechs Wochen zuvor mit den Bayern-Profis Maier, Beckenbauer, Schwarzenbeck, Breitner, Uli Hoeneß und Gerd Müller in Brüssel die EM gewonnen hatte, schwärmt auf der Tribüne: »Ein Genuss, die Bayern spielen zu sehen.«

»Bayern eine einsame Größe«

Beim 3:1 durch Willi Hoffmann prallt Schalkes Torhüter Norbert Nigbur mit dem Torschützen zusammen und muss das Feld verlassen. Sein Nachfolger Helmut Pabst kassiert noch zwei Treffer durch Uli Hoeneß und Beckenbauer. Schalke-Trainer Horvat verschont seine Mannschaft nach dem 1:5 mit Kritik. »Gegen diese Münchner waren wir doch arme Kerle. Bayern ist eine einsame Größe im deutschen Fußball«, attestiert der Kroate dem deutschen Meister

Im Liga-Endspurt 1978 witterte der 1. FC Köln ein »krummes Spiel« in Düsseldorf. Mit 12:0 gewann Borussia Mönchengladbach geradezu unanständig hoch gegen Borussia Dortmund und brachte so, den angepeilten Titelgewinn der punktgleichen Kölner in Gefahr, die sich mit einem 5:0 in St. Pauli knapp ins Ziel retten konnten. Auf unserem Bild erzielt der Gladbacher Heynckes (ganz rechts) eines seiner fünf Tore gegen den BVB.

Extraklasse. 79032 Zuschauer im Münchner Olympiastadion, 900 beim Spiel VfB Stuttgart gegen Fortuna Düsseldorf – so dicht liegen am Schluss der Saison Glanz und Elend der Bundesliga nebeneinander.

Auch in der Saison 1976/77 rechnen sich die Schalker bis zum Schlusstag Chancen für den ersten Bundesligatitel aus. Meister Gladbach schwächelt und bleibt ohne dem am Meniskus operierten Jupp Heynckes in der Trefferquote gegenüber den »Torfabriken« Frankfurt, Köln und Schalke erheblich zurück. Doch mit einem 2:2 am 34. Spieltag in München, wo Beckenbauer sein letztes Spiel für den FC Bayern bestreitet (siehe auch: »Flucht nach Amerika«), retten sich die Gladbacher vor den »Königsblauen« ins Ziel, für die ein 4:2-Erfolg in Dortmund wertlos wird.

Preisschießen der Gladbacher

Ein Jahr später macht nach dem Saisonfinale sogar die Vokabel »Schiebung« die Runde. Vor dem 33. Spieltag kann sich Köln nach einer mächtigen Aufholjagd des VfL Borussia als Tabellenführer nur noch auf ein besseres Torverhältnis gegenüber dem Titelverteidiger berufen. Die von Weisweiler betreuten Kölner gewinnen ihr letztes Heimspiel gegen den VfB Stuttgart durch Tore von Flohe und Okudera mit 2:1. Kurzzeitig beunruhigt VfB-Stürmer Ottmar Hitzfeld die Gastgeber mit seinem Ausgleichstor. Gladbach kehrt aus Hamburg mit einem 6:2-Sieg heim, der den Toreabstand der Kölner schmelzen lässt.

Zum Finale müssen die »Geißböcke« nach St. Pauli. Die Gladbacher treffen in Düsseldorf auf Borussia Dortmund. »Wir kämpfen auf Biegen und Brechen«, verspricht BVB-Coach Otto Rehhagel seinem Lehrmeister Hennes Weisweiler. Doch die Worte erweisen sich schnell als Schall und Rauch: Köln führt zur Halbzeit am Millerntor mit 1:0, Gladbach gegen die Westfalen mit 6:0.

Zwölf Gegentore in einem Spiel

Ein Rekord, um den ihn niemand beneidet: Am letzten Spieltag der Bundesligasaison 1977/78 kassierte Peter Endrulat als Torhüter des BV Borussia Dortmund im Spiel gegen den VfL Borussia Mönchengladbach zwölf Gegentore. Das 0:12 bedeutete für den damals 23 Jahre alten Westfalen den unfreiwilligen Abschied aus der Bundesliga, in der er ein Spiel für den FC Schalke und sechs Spiele für die Dortmunder bestritt. Anschließend kam Endrulat beim Zweitligaklub Tennis-Borussia Berlin unter. Einen Minusrekord für 45 Minuten stellte Olli Isoaho als Torhüter des DSC Arminia Bielefeld im November 1982 auf. Beim 1:11 der Ostwestfalen gegen Borussia Dortmund kassierte der Finne in einer Halbzeit zehn Treffer.

Aus für Rehhagel nach dem 0:12

Nach dem Wechsel geht das Preisschießen im Rheinstadion weiter, und Weisweiler, der seinen Spielern den Zwischenstand in Düsseldorf beharrlich verschweigt, wird es langsam mulmig zumute. Doch die Kölner Mannschaft um Kapitän Flohe stürmt unentwegt weiter und siegt schließlich mit 5:0. In Düsseldorf heißt es am Schluss 12:0 für die Lattek-Truppe. Fünfmal leuchtet der Name Heynckes auf der Anzeigetafel. Das Schockresultat regt die Kölner auf. Die Spieler und der Trainer des Meisters richten schwere Vorwürfe an die Adresse der Dortmunder. Hätten sie nur 2:0 gewonnen, wären durch die Toreflut im Rheinstadion nicht die Kölner, sondern die Gladbacher Meister geworden.

Die Westfalen kommen nicht ungeschoren davon. Während DFB-Ankläger Hans Kindermann auf dem Verdacht sitzen bleibt, beim Spiel Gladbach gegen Dortmund könne es nicht mit rechten Dingen zugegangen sein, schreitet der BVB-Vorstand zur Tat: Rehhagel muss gehen, weil er dem Treiben seiner Spieler tatenlos zugesehen habe; die Spieler müssen je 2000 Mark Strafe zahlen. Drei Tage nach Rehhagels Entlassung ist Sigi Held neuer BVB-Coach.

Kutzops folgenschwerer Fehlschuss

Zur Horrorveranstaltung für Werder Bremen wird die Saison 1985/86. Am 33. Spieltag hat es der Abwehrspieler Michael Kutzop auf dem Fuß, Werder vorzeitig zum Meister zu machen. In der 88. Minute spricht Schiedsrichter Roth dem Team von Otto Rehhagel einen Elfmeter gegen den Mitbewerber FC Bayern München zu – er wertet einen Schuss des eingewechselten Rudi Völler ans Kinn des Dänen Sören Lerby irrtümlich als Handspiel –, den der Bremer vergibt. Kutzop, als einer der sichersten Elfmeter-Schützen bekannt, haut den Ball an den Pfosten.

Am letzten Spieltag zeigen die Bremer dann Nerven. Ein Punkt in Stuttgart würde genügen, doch die »Nordlichter« verlieren im Neckarstadion mit 1:2. Und da der FC Bayern im Olympiastadion Mönchengladbach mit 6:0 überrollt, geht die Meisterschaft wie ein Jahr zuvor an die Münchner. In der Kabine singen die Spieler um Matthäus, Lerby, Augenthaler, Dieter Hoeneß, Michael Rummenigge und Wohlfarth: »Kutzop, wir danken dir.«

In Stuttgart nimmt Karl Allgöwer das Auftreten der Bremer kurz vor dem Abpfiff des Spiels aufs Korn: »Als der Schiedsrichter zeigt, dass er zwei Minuten nachspielen lässt, sind sie hinter uns hergelaufen und haben gebettelt: Lasst uns doch ein Tor schießen, ihr verliert doch nichts dabei.« Natürlich lehnte die Mannschaft um Karlheinz Förster, Allgöwer, Sigurvinsson, Buchwald und Klinsmann dieses Ansinnen ab.

Dortmund verflucht Bayer

Besonders delikat ist die Situation vor dem Finale der Saison 1991/92, in der die ehemaligen DDR-Klubs Dynamo Dresden und Hansa Rostock in die höchste Spielklasse aufgenommen werden und die Bundesliga vorübergehend auf 20 Klubs erweitert wird. Drei Mannschaften sitzen punktgleich in den Startlöchern: Eintracht Frankfurt, Borussia Dortmund und VfB Stuttgart. Die besten Titelchancen geben die Experten den Hessen, die kultivierten Angriffsfußball bieten und mit Hansa den vermeintlich schwächsten Gegner am letzten Spieltag haben. Stuttgarts Aufgabe scheint am schwierigsten, denn Gastgeber Bayer Leverkusen braucht noch einen Punkt für die Teilnahme am UEFA-Pokal. Dortmunds Kapitän Michael Zorc verspricht Rostock vorsorglich eine LKW-Ladung Bier für den Fall, dass den Mecklenburgern im Ostseestadion ein Sieg über Frankfurt gelingt. Dortmunds Manager Michael Meier, vor seinem Wechsel zum BVB in Leverkusen tätig, vertraut den Kickern des Chemiekonzerns: »Die schlagen den VfB.« Am Ende kommt alles anders: In Duisburg gruppieren sich vier Minuten vor Spielschluss beim Stand von 1:0 für Dortmund die Fotografen um Ottmar Hitzfeld in der Gewissheit, den Trainer des Meisters aufs Zelluloid zu bannen. Just in dem Augenblick flankt in Leverkusen Linksaußen »Wiggerl« Kögl genau auf die Stelle, an der sich Buchwald dem Ball entgegenreckt. Vom Kopf des VfB-Kapitäns saust der Ball ins Bayer-Tor.

Stuttgart hat es geschafft – mit zehn Mann, denn Matthias Sammer war wegen ständigen Meckerns in der 80. Minute vom Platz gestellt worden. Nachher rutscht dem Sachsen, der sich verschämt in der Kabine eingeschlossen hatte, der medienwirksame Satz heraus: »Der liebe Gott muss ein Schwabe sein.« Die Dortmunder aber verfluchen die Profis von Bayer Leverkusen. BVB-Präsident Gerd Niebaum bescheinigt ihnen »die schlechteste Moral aller Bundesligamannschaften«.

»Sie haben uns den Titel gestohlen!«

In Rostock spucken die Frankfurter nach der 1:2-Niederlage Gift und Galle. »Sie haben uns den Titel gestohlen«, brüllt Eintracht-Urgestein Karlheinz »Charly« Körbel Schiedsrichter Alfons Berg aus Konz an. Der Rostocker Stefan Böger hatte dem Frankfurter Ralf Weber beim Stand von 1:1 in der 77. Minute im Strafraum die Beine weggezogen, Berg anschließend aber einen Strafstoß verweigert. Als der Rheinländer die Fernsehaufzeichnung der Szene sieht, gibt er zu: »Ja, das war ein klarer Elfmeter.«

Als hartnäckiger Bayern-Jäger präsentiert sich in der Saison 1993/94 der 1. FC Kaiserslautern. Friedel Rausch, 13 Jahre zuvor als Trainer in Deutschland ausgestiegen, feiert ein beachtliches Comeback. Mit Kadlec, Kuka, Brehme, Sforza, Kuntz und Martin Wagner hat er freilich auch erstklassige Spieler um sich, die

neben Potenzial auch Siegermentalität besitzen. Am 30. Spieltag irritieren die Pfälzer den FC Bayern mit einem eindrucksvollen 4:0-Sieg über die Münchner. Doch Interimstrainer Beckenbauer richtet seine Mannschaft wieder auf und fährt am 34. Spieltag die Punkte gegen Schalke 04 ein, die zum Titelgewinn reichen. Mit einem Unentschieden der Münchner hätten die Lauterer dank ihrer besseren Tordifferenz die Meisterschaft gewonnen.

Ballacks verflixtes Eigentor

In der Saison 1994/95 vermasselt ausgerechnet die Mannschaft seines neuen Arbeitgebers FC Bayern München Otto Rehhagel den Wunsch, sich mit einem Titelgewinn in Bremen zu verabschieden. Während die einen Punkt zurückliegenden Dortmunder den HSV im Westfalenstadion mit 2:0 bezwingen, scheitert Werder am 34. Spieltag mit 1:3 beim FC Bayern. Das Versprechen von Abwehrspieler Uli Borowka »wir schenken Otto zum Abschied einen Titel« zerplatzte im Münchner Olympiastadion wie eine Seifenblase. Für die Sensation sorgt Freiburgs Trainer Volker Finke mit seinen »Breisgau-Brasilianern« und dem Mini-Etat. Sie gehen als Dritter durchs Ziel.

Das Tor, das Borussia Dortmund am letzten Spieltag der Saison 1991/92 aus allen Meisterträumen riss: Guido Buchwald erzielt in Leverkusen auf Flanke von Ludwig Kögl in der 86. Minute per Kopfball das 2:1-Siegtor für den VfB Stuttgart, der so vor den punktgleichen Dortmundern seinen zweiten Bundesligatitel holte. Bayer 04 verspielte durch die Niederlage den UEFA-Pokal.

101

Im Sommer 2000 hätte »Mister Bayer 04«, also Manager Calmund, seine hochdotierten Stars am liebsten erwürgt. Im letzten Spiel der Saison leistet sich »die
stärkste Elf, die ich je hatte« (Bayer-Trainer Daum) den Luxus, in Unterhaching
0:2 zu verlieren und so dem punktgleichen FC Bayern die sicher geglaubte
Meisterschaft zu überlassen. Negative Schlagzeilen macht dabei Jungnationalspieler Michael Ballack, der mit einem Eigentor das Debakel der Bayer-Truppe
in Unterhaching einleitete.

**Fassungslos nach ein
paar Minuten im
Glückstaumel: Den
Schalkern Van Hoog-
dalen, Sand, Oude
Kamphuis und Trainer
Stevens fällt es
schwer zu begreifen,
dass der Schwede
Andersson in Ham-
burg mit seinem
Freistoßtor zum 1:1
für den FC Bayern
den Schalkern in der
Nachspielzeit den
schon sicher ge-
glaubten Titel weg-
geschossen hatte.**

Schalke »Meister der Herzen«

Ein Jahr später erlebt der FC Schalke ein Wechselbad der Gefühle. Vier Minuten und 38 Sekunden lang fühlen sich die Fans und die Spieler im Parkstadion
nach dem Abpfiff des 5:3-Spiels gegen Unterhaching als Meister. »Ihr habt die
Schale«, schreit ein »Premiere«-Reporter in Richtung Schalker Bank. Barbarez

hatte den HSV in
der 90. Minute
zum vermeint-
lichen Sieg über
den FC Bayern
geschossen und
Schiedsrichter
Merk im Volks-
parkstadion angeb-
lich abgepfiffen.
Andi Möller und
seine Kollegen tan-
zen ausgelassen auf
dem Rasen, als es
urplötzlich still
wird. Aus Ham-
burg kommt die
Kunde, dass der Schwede Patrick Andersson dem HSV-Torhüter Hans-Jörg
Butt in der Nachspielzeit einen Freistoß zum 1:1 und damit zur erfolgreichen
Titelverteidigung der Münchner ins Netz gehämmert hat. Die untröstlichen
Schalker feiern die Medien als »Meister der Herzen«.

**»Immer wieder läuft das 1:1 der Münchner im Fernsehen.
Ich hätte die Kiste kaputt treten können. Stattdessen heule ich
los wie ein Schlosshund.«**

*Rudi Assauer über seine Gemütsverfassung unmittelbar nach der entgangenen
Meisterschaft 2001 in der Schalker Kabine*

Overaths Tor der Freude

Auch im Abstiegskampf fließen in 40 Jahren gelegentlich die Tränen. So zum Beispiel bei den meisten Spielern des Titelverteidigers 1. FC Nürnberg am letzten Spieltag der Saison 1968/69 in Köln. Im Spiel ums »Überleben« unterliegen die Franken mit 0:3 (siehe auch: »Als die Bundesliga laufen lernte«). Dazu schreibt Wolfgang Overath in seinem Buch »Ja, mein Temperament«: »Der Club war in der ersten Halbzeit die bessere Mannschaft, aber ein Tor fiel gottlob nicht. Nach dem Seitenwechsel kam unsere Zeit und für mich die Chance, alles zum Guten zu wenden. Ich verstolperte eine Flanke und fiel mit Heinz Müller hin. Noch während die Zuschauer über die verpasste Chance stöhnten, rappelte ich mich schnell auf und schoss – 1:0 für uns. Noch nie hatte ich mich so über ein Tor gefreut.«

1996 heißt es für Leverkusen und Kaiserslautern »Sein oder Nichtsein«: Einer der beiden »Promis« muss die Liga verlassen. Mit Stars wie Rudi Völler, Bernd Schuster, Kirsten, Sergio, Lupescu und Wörns in die Saison gegangen, gerät der Konzernklub unter Trainerveteran Erich Ribbeck in Schieflage (siehe auch: »Die Implosion des Konzernklubs«). Und als Pavel Kuka in der 58. Minute das 1:0 für die Lauterer und der Tscheche noch eine weitere Gelegenheit zum 2:0 auslässt, scheint alles für die Pfälzer zu laufen. Doch neun Minuten vor dem Abpfiff durch den Magdeburger Bernd Heynemann gelingt Markus Münch das nicht mehr erwartete 1:1, das Kaiserslautern in die zweite Liga schickt.

> **»Diese Traurigkeit kannst du nicht beschreiben.«**
>
> *Andy Brehme, der sich nach dem Abstieg des 1. FC Kaiserslautern 1996 in Leverkusen an der Schulter seines Weltmeisterkollegen Rudi Völler ausweinte*

Ein Norweger rettet Frankfurt

Dramatik pur bringt der Abstiegskampf in der Saison 1998/99 zwischen Eintracht Frankfurt und dem 1. FC Nürnberg. Die Hessen mit Trainer Jörg Berger sind praktisch verloren, liegen vor dem letzten Spieltag drei Punkte hinter den Franken, die sich eher einen Sieg gegen den SC Freiburg vorstellen können als die Frankfurter einen Erfolg gegen Titelverteidiger Kaiserslautern. In der 82. Minute erzielt Bernd Schneider das 4:1 für die Eintracht; Nürnberg ist in diesem Moment abgestiegen. Drei Minuten später verkürzt Marek Nikl auf 1:2 – für die erschreckend schwach spielenden Nürnberger wäre dieser Treffer die Rettung. In Frankfurt lässt er jedoch den Blutdruck von Berger auf 200 steigen. »Ein Tor muss noch her«, schreit der in Leipzig aufgewachsene Trainer aufs Spielfeld. Für den Norweger Jan-Aage Fjörtoft ist das ein Befehl: Eine Minute vor Spielende schließt er einen Angriff mit einem präzisen Linksschuss zum 5:1 ab und erhält Frankfurt so die Bundesliga. Nürnberg aber festigt mit Trainer Rausch den zweifelhaften Ruf, eine Fahrstuhl-Mannschaft zu sein.

Drama mal vier –
Bild rechts:
Jubel in Schalke.
Andreas Möller fällt
Manager Assauer
um den Hals; die
»Königsblauen«
wähnen sich als
Meister der Saison
2000/01.

Bild unten:
Patrik Andersson
(Mitte) verwandelt in
Hamburg einen Frei-
stoß in der Nachspiel-
zeit zum 1:1 und
macht die Münchner
damit zum Meister.

Bild links:
Der Tscheche Marek Nikl trifft in der Schlussphase der Saison 2001/02 für Nürnberg gegen Leverkusen, sichert den Franken den Klassenerhalt und bringt die Werkself im Titelrennen gewaltig unter Druck.

Bild unten:
Der Brasilianer Ewerthon trifft, beobachtet von Landsmann Amoroso, im letzten Spieltag der Saison 2001/02 gegen Werder Bremen. Dortmund siegt 2:1 und wird mit einem Punkt Vorsprung Meister vor Bayer Leverkusen.

Originale –
wo sind sie geblieben

Als Willi »Ente« Lippens noch in der Bundesliga spielte, konnte es durchaus vorkommen, dass der quirlige Linksaußen mitten im Dribbling stoppte, sich auf den Ball setzte und grinsend auf den heranpreschenden Gegner wartete. Das Publikum quittierte solche Einlagen des Holländers, der wegen seines Watschelganges (Ergebnis seiner Spreiz-/Senkfüße und O-Beine) »Ente« gerufen wurde, mit tosendem Beifall. Verbissene Spieler wie Berti Vogts und auch die meisten Schiedsrichter hatten für solche Späße wenig Verständnis.

In einem Spiel von Rot-Weiß Essen, in dem »Ente« mit dem Unparteiischen aneinandergeriet, fuhr dieser ihn an: »Ich verwarne Ihnen.« Lippens, nicht auf den Mund gefallen, konterte den grammatikalischen Lapsus »artgerecht«: »Ich danke Sie.« Anschließend wurde der Holländer wegen Schiedsrichterbeleidigung für eine Woche gesperrt.

> »Ich habe für die Leute gespielt. Diese Volksnähe gibt es heute nicht mehr. Die Stars trinken Orangensaft und sind unnahbar. Wenn die nach dem Spiel die Hände der Fans abklatschen, könnte ich kotzen.«
>
> *Willi Lippens in einem »Stern«-Interview 1996*

Berti war sein Lieblingsgegner

Als Gegenspieler waren ihm prominente Verteidiger besonders willkommen, zum Beispiel Horst-Dieter Höttges, Manfred Kaltz und vor allem Berti Vogts. Lippens: »Berti war mein Lieblingsspieler. Der hatte kurze Beine. Wenn ich den Ball mit dem Hintern abdeckte, stocherte der ins Leere.«
Nach zehn Jahren als umjubelter Fußballclown in Essen (1966–1976) und drei Jahren bei Borussia Dortmund ging Lippens noch ein paar Monate in die US-Soccerliga und strich als »Willy, the duck« mit 40 000 Dollar ein für damalige Verhältnisse sensationelles Monatsgehalt ein. Später wurde er im Ruhrgebiet Teilhaber einer Schweinemästerei, die wegen Ausbruchs der Schweinepest Pleite

Willi »Ente« Lippens, Profi bei Rot-Weiß Essen und Borussia Dortmund, liebte es, auf dem Rasen den Fußballclown zu spielen. Gern erinnert sich der Dribbelkünstler, der in Bottrop mit Frau und Söhnen ein Speiserestaurant führt, an den Anfang seiner Zeit in Essen: »Da hatte ich 80 Mark im Monat. 30 davon gingen für mein Zimmer unter der Stadiontribüne drauf.«

Reklamiert noch heute die »Bananenflanken«, die Manfred Kaltz zugeschrieben werden, für sich: HSV-Unikum Gert »Charly« Dörfel. Neun Jahre lang profitierte Uwe Seeler in der Bundesliga von seinen gut getimten Flanken. Als Linksaußen brachte es der »Charly« in 224 Bundesligaspielen auf 58 Tore.

ging. Heute führt »Ente« mit seiner Frau Monika und zwei Söhnen, die gelernte Köche sind, in Bottrop das Restaurant und Hotel »Mitten im Pott«. Bundesligaspiele besucht er höchst selten. Wie Millionen anderer Fußballfreunde begnügt er sich mit Fernsehkost.

Dörfel: »Ich bin der Erfinder der Bananenflanken«

Eine ähnliche Begegnung mit einem humorlosen Schiedsrichter wie Lippens hatte in den 60er-Jahren auch HSV-Unikum Gert »Charly« Dörfel, der auf die überflüssige Frage »Wie heißen Sie« trocken antwortete: »Meyer«. Auch er flog wegen Schiedsrichterbeleidigung vom Platz und wurde eine Woche gesperrt.

»Charly«, wie Uwe Seeler Spross einer Hamburger Fußballfamilie (Vater Fritz bestritt zwei, Bruder Bernd 15 und er 12 Länderspiele), war schon dabei, als eine junge HSV-Elf 1960 mit Uwe Seeler, Klaus Stürmer und den später als Journalisten Karriere machenden Jürgen Werner und Gerd Krug den 1. FC Köln im Endspiel um die Deutsche Meisterschaft 3:2 bezwang. Schon zu dieser Zeit und später noch neun Jahre in der Bundesliga (1963–1972) schlug er die »krummen« Flanken, durch die HSV-Nationalspieler Manfred Kaltz in den 80er-Jahren berühmt wurde. »Ich bin der Erfinder der Bananenflanken und nicht der Kaltz. Das muss einmal gesagt werden«, reklamiert »Charly« diese Spezialität nach wie vor für sich.

Bei einem Spiel in Köln wollte er endlich einmal das Toupet ausprobieren, für dessen Hersteller er bei seinen Ausflügen in die Hamburger City Reklame lief. Doch Trainer Georg Knöpfle, 1964 mit dem 1. FC Köln erster Bundesligameister, verbot Dörfel dieses Vorhaben. Begründung: »Wenn ein Kölner Spieler dem Charly das Toupet aus Versehen vom Kopf reißt, ist es aus mit seinem Selbstvertrauen.« Fortan verzichtete Dörfel gänzlich auf das Haarteil und trug wieder Glatze.

Platzverbot beim HSV

Einen Tabak- und Zeitungsladen als Nebenjob gab »Charly« nach anderthalb Jahren wieder auf, und auch die Idee, irgendwann eine Parfümerie zu eröffnen, realisierte der Duftwasserliebhaber nie. Ein Schock war es für ihn, als HSV-Sprecher Günter Schiefelbein im Februar 1972 den Präsidiumsbeschluss bekanntgab: »Herr Dörfel darf das HSV-eigene Sportplatzgelände am Rothenbaum nicht mehr betreten.« Weil er sich mit Trainer Klaus Ochs und Spielerkollegen wegen der Verpflichtung von Georg Volkert als Linksaußen in die Haare geraten war, hatte ihn der Trainer schon vorher vom Trainingsbetrieb ausgeschlossen.

Danach spielte er nicht mehr für die Hamburger und ging für einige Monate nach Südafrika. 1973 unterschrieb er, inzwischen 34 Jahre alt, einen Zweijahresvertrag beim Regionalligaklub Barmbeck-Uhlenhorst zu Bedingungen, die einen Bundesligamillionär von heute schmunzeln lassen: »Charly« spielte für 160 Mark Grundgehalt und 15 000 Mark Handgeld, zahlbar in drei Raten zu je 5000 Mark.

Der frühe Versuch des Spielers, der Fußballgeld in einige Nordsee-Ferienhäuser investiert hatte, sich en passant auch einen Namen als Schlagersänger zu machen, scheiterte. »Dörfel traf viele Bälle, aber kaum einen Ton, als er 1965 sang ›Ich las viel Romane und habe viel nachgedacht, ich glaube, dass ich ahne, wie man es richtig macht‹«, spottete die »FAZ«. In den 90er-Jahren arbeitete Dörfel als Gerichtsvollzieher, ehe er sich ins Rentnerleben zurückzog.

Die Ausflüge des »Radi« Radenkovic

Anders als Dörfel wurde Petar »Radi« Radenkovic durch eine besungene Platte populär. Mit seinem Lied »Bin i Radi, bin i König« erzielte er erstaunliche Umsätze. Auf dem Spielfeld erheiterte der Torhüter aus Belgrad, der 1966 mit den Münchner »Löwen« deutscher Meister wurde, die Zuschauer durch seine risikoreichen Ausflüge in die gegnerische Hälfte, die ihm aber den Zorn des autoritären Trainers Merkel einbrachten. »Radi« war indes viel zu selbstbewußt, um sich von dem Wiener seine Marotte verbieten zu lassen. Dank seiner großen sportlichen Vergangenheit und seiner Aura genießt der Jugoslawe bis in die Gegenwart hinein nicht nur in Münchner Fußballkreisen hohes Ansehen.

Bank samt Trainer gestemmt

Beliebt beim Publikum und berüchtigt bei den Trainern war in der Bundesliga der schwergewichtige Österreicher Johannes »Buffy« Ettmayer. Wenn ihm danach war, stellte er sich schon mal mitten im Spiel auf den Ball und salutierte in Richtung Trainerbank. Noch mehr amüsierten die Fußballfans in den 70er-Jahren die Sprüche des Tirolers, der 1971 in seinem Heimatland »Fußballer des Jahres« war und beim VfB Stuttgart vor Hansi Müller für Spielkultur sorgte. Dabei nahm er nicht nur Kollegen und Trainer auf die Schippe, sondern gelegentlich auch sich selbst. »Ich bin der einzige Österreicher, der sein' Rucksack vorn trägt«, witzelte er über seinen beachtlichen Leibesumfang.

Hans »Buffy« Ettmayer schleppte immer ein paar Kilo zuviel mit sich herum. Das hinderte ihn nicht, das Spielgerät nach Belieben zu jonglieren und zu dirigieren. Hier versucht der junge Karl-Heinz Rummenigge vom FC Bayern dem Stuttgarter VfB-Profi den Ball abzuluchsen.

Auch während eines Spiels immer für eine Gaudi gut: Sepp Maier hechtet nach einem Luftballon. Für Franz Beckenbauer waren solche »Einlagen« eher ein Grund, den Torhüterkollegen zur Hölle zu wünschen. Amüsant fand der »Kaiser« indes, wenn der Sepp auf Reisen Funktionären die Schnürsenkel der Schuhe im Flieger zusammenband.

Der VfB Stuttgart trennte sich nach vier Jahren (1971–1975) von dem Original. Auf Empfehlung von Trainer Albert Sing, der die Schmähungen des Ballvirtuosen nicht länger ertrug, und Mannschaftskapitän Egon Coordes kündigte der neue VfB-Präsident Mayer-Vorfelder, erst sechs Tage im Amt, Ettmayer zum Saisonende. Frank Quednau weinte seinerzeit im »Kölner Stadt-Anzeiger« der Trennung eine Träne nach: »Auch wenn der VfB Stuttgart nicht absteigt, wird dem Verein etwas fehlen – jener Schuss Heiterkeit, der den fußballerischen Bierernst an der Theke von vornherein ins Abseits stellt.«

Anschließend unterhielt »Buffy« noch zwei Jahre lang Hamburger Publikum und Medien mit seinen Kabinettstückchen. Überliefert ist ein »Kraftakt« beim HSV: In einem Anflug von Übermut stemmte er einmal die Massagebank samt dem darauf liegenden Trainer Kuno Klötzer und ließ sie dann fallen. Den Lausbubenstreich kommentierte der Österreicher, der immer ein paar Kilo zu viel auf den breiten Hüften trug, so: »Trainer sehn's, doß i gut beieinander bin.«

Mit der Schnupftabakdose unterwegs

Als Ulknudel ging auch Sepp Maier in die Bundesligageschichte ein. Der Bayer erlaubte sich Scherze unterschiedlichen Niveaus. Auf Flugreisen drängte es ihn, Fußballfunktionären unbemerkt die Schnürsenkel der Schuhe zusammenzubinden oder den Steward zu spielen, in Talk-Shows das Publikum mit seinem Schnupftabakdosen zu konfrontieren oder auf dem Rasen während des Spiels einer am Boden verweilenden Taube hinterherzuhechten.

Einmal nahm er einen Journalisten kräftig auf den Arm. Vor einem Europapokalspiel wollte ein Reporter in Frankfurt wissen, seit wann der Torhüter eine

Brille trage. Maier hatte die Sonnenbrille vor dem Abflug nach Madrid am Flughafen erworben. Seine Antwort: »Seit kurzem machen die Augen nicht mehr mit.« Gegenfrage: »Und wie willst du spielen?« Maier: »Mit Haftschalen.« Am nächsten Tag präsentierte eine Münchner Boulevardzeitung ihren Lesern die Schlagzeile: »Sepp Maier mit Haftschalen gegen Real Madrid.«

Zum Schluss Krach mit Völler

Mario Basler pflegte in seiner Bundesligakarriere, die 1988 in Bremen begann und 2003 in Kaiserslautern endete, in der Regel »gegen den Strich zu bürsten«, mal spaßig, mal weniger unterhaltsam. Auf alle Fälle war er ehrlich und scheute ein offenes Wort nicht. So gab er »Sport Bild« einmal preis, nie eine Mark Strafe für seine Diskoauftritte in München gezahlt zu haben: »Das war immer nur eine Show-Nummer, die der Verein abgezogen hat.«

Vor seinem Abschied nach zwölf Bundesligajahren legte sich Basler mit Rudi Völler an. Der Pfälzer warf dem Hessen vor, als DFB-Teamchef nur Spieler zu nominieren, »die zu allem nur ja und amen sagen« und reizte Völler zudem mit der Bemerkung, die WM 2002 in Asien sei »grausam« gewesen, die deutsche Mannschaft mit etlichen schwachen Spielen und viel, viel Glück ins Finale gekommen.

»Der deutsche Fußball ist völlig humorlos. Hier kostet ein Lachen schon Strafgeld für die Mannschaftskasse.«
Jean-Marie Pfaff, Torhüter des FC Bayern von 1982 bis 1988

Auf Völlers Replik: »Anstatt in zehn Minuten fünf Weizenbier auf Ex zu trinken und eine Schachtel Marlboro zu rauchen, hätte Mario ab und zu lieber auf den Trainer hören sollen«, reagierte Basler couragiert: »Einige können die Wahrheit halt nicht vertragen. Das war beim DFB schon immer so.« Und witzelnd ergänzte er: »Rudi trinkt keinen Alkohol. Er weiß gar nicht wie gut Weizenbier schmeckt. Fünf in zehn Minuten habe aber selbst ich noch nicht geschafft.«

Warme Abschiedsworte für Basler

Der Manager des FC Bayern, bei dem Basler drei Jahre lang spielte, ehe er wegen einer angeblichen Schlägerei in einer Provinz-Pizzeria unehrenhaft entlassen wurde, hielt für das schlampige Ballgenie zum Bundesliga-Abschied noch ein schönes Kompliment bereit: »Er war ein Straßenfußballer, für unsere Mannschaft jederzeit eine Bereicherung«, sagt Uli Hoeneß.

Es sieht so aus, als müsse die Bundesliga künftig auf Originale verzichten. Lippens auf die Frage, ob es einen legitimen »Ente«-Nachfolger im heutigen Fußball geben werde: »Nein, das sind doch alles Duckmäuser, die da rumrennen.« Vielleicht auch eine Folge der Kommerzialisierung des Fußballs.

Weißbiertrinken und freche Sprüche ließ sich Mario Basler von niemandem verbieten, auch von Uli Hoeneß oder einem Trainer nicht. Sein Können schützte den trinkfreudigen Pfälzer in München vor deftigen Strafen. Nach einer angeblichen Schlägerei 1999 in einer Pizzeria bekam er vom FC Bayern die Papiere, was seinem »Ziehvater« Otto Rehhagel in Kaiserslautern nicht unangenehm war. Dort setzte Basler dann seine Laufbahn fort.

Flucht nach Amerika

Nach einem sportlich desaströsen Jahr sagte Franz Beckenbauer 1977 Servus. Trotz prominenter Besetzung – mit Sepp Maier, Beckenbauer, Schwarzenbeck, Gerd Müller, Uli Hoeneß, Roth und dem jungen Karl-Heinz Rummenigge – war für den FC Bayern nicht mehr als Platz sieben herausgesprungen.

Doch die schlechte Platzierung war nicht der Grund für den Abschied. Beckenbauer sah sich verfolgt vom Fiskus, der Steuerschulden anmahnte, und der Boulevardpresse, die sich allzu intensiv mit seinem schon damals recht aufregendem Privatleben beschäftigte. Deshalb kam ihm die Offerte aus Amerika gelegen. Die Lichtgestalt des deutschen Fußballs wechselte in die neue, aus dem Boden gestampfte US-Profiliga, die DFB-Präsident Hermann Neuberger als »Operettenliga« verhöhnte. Cosmos New York, ein Abschreibungsobjekt des Medienrie-

In Amerika wurde er zum Weltbürger: Drei Jahre genoss Franz Beckenbauer das Leben in der Weltstadt New York und das Spiel in der »Operettenliga« (DFB-Präsident Hermann Neuberger über die US-Soccerliga). 1980 kehrte der »Kaiser« in die Bundesliga zurück, kam aber, verletzungsbedingt, nie mehr richtig in Tritt und beendete 1982 beim HSV seine Fußballkarriere.

sen »Warner Communications«, wurde sein Arbeitgeber. In einer »Stern«-Serie räumte er ein, dass das Geld eine entscheidende Rolle gespielt habe.

In seinem Buch »Ich – wie es wirklich war« gab er preis: »Bevor ich nach New York ging, waren nicht nur die 1,8 Millionen Mark für das Finanzamt fällig, ich musste mich auch noch mit 350 000 Mark beim FC Bayern freikaufen.« Auf diese Summe hatte Klubchef Neudecker bestanden, nachdem Cosmos nicht bereit gewesen war, die geforderten 1,75 Millionen Mark als Ablöse zu akzeptieren. Die Schmerzgrenze des US-Klubs für den 32-Jährigen lag bei 1,4 Millionen Mark.

Robert Schwan spielte einen Kameltreiber

Beraten vom väterlichen Freund Robert Schwan und gelockt mit 200 000 Mark Gage scheute sich Franz Beckenbauer nicht, eine Rolle in dem Film »Libero« (mit Harald Leipnitz und Klaus Löwitsch) zu übernehmen. Der Streifen, in dem Schwan einen Kameltreiber spielte, geriet schon bei der Premiere zum Flop. Mehr Glück hatte Beckenbauer als junger Spieler mit einer Schallplatte. Sein Lied »Gute Freunde kann niemand trennen« brachte ihm 100 000 Mark Garantiehonorar, landete auf Platz sieben der Hitparade und ertönt noch heute bei Bundesligaspielen im Olympiastadion. Auch Gerd Müller wagte sich vor die Kamera, spielte in dem Kitschfilm »Wenn Ludwig ins Manöver zieht« einen Rekruten und besang auch eine Schallplatte. Titel: »Dann macht es bumm«.

Doppelpass mit Pelé

Hellmuth Karasek vom »Spiegel« hielt es für notwendig, dem »Flüchtling« eine Sottise zu widmen: »Der Kaiser in Amerika. Seit Heinrich IV. in Canossa seine bloßen Füße im Schnee wund stand, seit Ludwig II. im Starnberger See umnachtet baden ging und Wilhelm der Zwote im holländischen Exil Bäume zersägte, ist keine Majestät mehr im Bewusstsein so tief gesunken«, stichelte er. Und die »Süddeutsche Zeitung« vermutete gar, Beckenbauer werde bei Cosmos »vom Idol zum Reklamekasperl verkommen« – sie sollte sich irren. »Im faszinierendem New York fühlte er sich pudelwohl, lernte er seine eigene Bedeutung zu relativieren und so sich so locker und entspannt zu geben wie die Amerikaner, was die deutschen Medien nach seiner Rückkehr 1980 mit Vergnügen registrierten. Zudem versetzte er die Stadt in eine Art Fußballhysterie. Zusammen mit Pelé und dem Italiener Chinaglia verhalf er der US-Soccerliga vorübergehend zu weltweiter Aufmerksamkeit und Cosmos zu einigen Titeln«, heißt es im Copress-Buch »Die großen Fußball Stars«.

Gerd Müller nach Florida

Knapp zwei Jahre nach Beckenbauer setzte sich Gerd Müller in die Staaten ab. Von Paul Breitner und Trainer Pal Csernai gedemütigt unterschrieb die Torjägerlegende im Februar 1979 für drei Jahre bei den Lauderdale Strikers in Florida. 350 000 Dollar pro Saison, so stand es schwarz auf weiß, sei Lady Elizabeth

Gerd Müller verbrachte im sonnigen Florida glückliche Jahre mit Ehefrau Uschi. Von 1979 bis 1982 trug er das Trikot der Lauderdale Strikers und betrieb nebenbei ein Steak-Restaurant, in dem er auch viele Fußballfans aus Deutschland begrüßte. Mitte der 90er-Jahre machte er in der Sportschule Hennef seinen Trainer-A-Schein und arbeitet seitdem beim FC Bayern im Nachwuchsbereich.

Robbie, der Besitzerin des Klubs, die Unterschrift des gelernten Webers wert gewesen. Das Gespann Csernai/Breitner hatte sich in der Saison 1978/79 größte Mühe gegeben, das Denkmal Gerd Müller zu demontieren und so seinen Weggang forciert. Zwei für Gerd Müller sehr kränkende Vorgänge in jener Zeit: Csernai holte den Stürmer im Bundesligaspiel in Frankfurt vorzeitig vom Platz, und Breitner verbreitete, die Kollegen könnten sich das Lachen nicht verkneifen, wenn sie sähen, wie er sich dem Ende seiner Karriere entgegen quäle und dabei auch das Whiskyglas zu Hilfe nähme. In einem Interview mit der »Bunten« hatte Müller dem Kollegen, mit dem er sich beim WM-Bankett 1974 in seliger Umarmung Zigarre rauchend noch hat ablichten lassen, als »linken Vogel« bezeichnet, der an seiner Flucht nach Amerika mit Schuld gewesen sei. In Lauderdale wurde er Teilhaber eines Steak-Restaurants. Nach seiner Rückkehr verkaufte er seinen Anteil wieder und zog sich zunächst ganz ins Privatleben zurück. Viel Zeit verbrachte er vor dem Fernseher oder im Wirtshaus. Doch

In Amerika ein Jahr lang Kontrahenten: Franz Beckenbauer, der bei Cosmos New York die Abwehr organisierte, und Gerd Müller, der für die Lauderdale Strikers auf Torejagd ging. In der Bundesliga gewannen die beiden Ausnahmekönner des deutschen Fußballs zwischen 1969 und 1974 mit dem FC Bayern vier Titel.

»Er ist ein Phänomen. Ich sehe auf der ganzen Welt keinen, der in seine Fußstapfen treten könnte.«

Franz Beckenbauer über Gerd Müller

bevor Gerd Müller zum tragischen Fall werden konnte, schaltete sich sein alter Weggefährte Uli Hoeneß ein. Der Manager brachte ihn in einem angesehenen Sanatorium unter. Nach erfolgreicher Kur legte er in Hennef seine Trainerprüfung für den A-Schein ab. Klubpräsident Franz Beckenbauer übertrug ihm Aufgaben im Amateur- und Nachwuchsbereich des FC Bayern.

Comeback beim Hamburger SV

Im Gegensatz zu Gerd Müller wurde Franz Beckenbauer bei seiner Rückkehr aus Amerika in Hamburg bei den Medien zum Objekt extremer Begierde. Kameramänner und Fotografen stürzten sich auf den Bajuwaren, und der Boulevard fragte ihm Löcher in den Bauch. HSV-Manager Günter Netzer war es mit seinem Charme und den Millionen eines Mineralöl-Konzerns gelungen, den 35-jährigen zu einem Comeback in der Bundesliga beim HSV zu überreden.

Am 15. November 1980 war es so weit. Im Stuttgarter Neckarstadion trabte der »Kaiser« mit der Nummer 12 auf dem Trikot in der zweiten Halbzeit aufs Feld. Der HSV verlor das Spiel 2:3 und Beckenbauer im Laufe der nächsten Monate das Gefühl, auf der Bundesligabühne noch viel bewegen zu können. Ernsthafte Verletzungen, von denen er bis auf einen in New York operierten Meniskusschaden weitgehend verschont geblieben war, suchten ihn am Ende seiner Fußballkarriere immer öfter heim. Im Herbst 1981 erlitt er bei einem Turnier in Brüssel einen Adduktorenabriss. Kaum genesen machte ihm eine Achillessehnenreizung erneut zum Patienten. Und als Prellungen und Zerrungen zu Dauerbegleitern wurden, sein Körper also permanent streikte, bat er Trainer Ernst Happel, ihn vorerst nicht mehr aufzustellen. Doch geplagt von Personalproblemen konnte der Wiener den Münchner im Frühjahr 1982 noch einmal »weich klopfen«. Das Ergebnis war bestürzend: Bei einer Kollision mit dem athletischen HSV-Stürmer Horst Hrubesch zog sich Beckenbauer einen Nierenriss zu, der sein endgültiges Aus als Bundesligaspieler bedeutete. 1983 ging er noch für ein paar Monate zu Cosmos, ehe er die Akte Fußballprofi zuklappte.

1984 Derwalls Nachfolger

»Bild« hatte den »Kaiser« rechtzeitig für kaiserlichen Lohn als Mitarbeiter eingekauft (siehe auch: »Bundesliga im Wandel der Medien«) und auf die Spiele der Nationalmannschaft angesetzt. Und da sie Anfang der 80er-Jahre ein schwaches Spiel nach dem anderen ablieferte, ließ Beckenbauer an ihr und Trainer

Jupp Derwall kaum ein gutes Haar. Im Sommer 1984 sah sich DFB-Chef Hermann Neuberger zum Handeln gezwungen; die DFB-Auswahl war bei der EM 1984 in Frankreich in der Vorrunde gescheitert.

Unbeeindruckt von den Protesten des Verbandes der Deutschen Fußballlehrer, der die fehlende Lizenz monierte, bat Neuberger den Gelegenheitsjournalisten, der ihn Jahre zuvor noch Pharisäer und Denunziant genannt hatte, den Job des DFB-Teamchefs zu übernehmen. Von »Bild« gedrängt – das Massenblatt versprach sich Informationen aus erster Hand – sagte er zu. Und der »Kaiser« sollte fortan zu einem König Midas werden, bei dem sich der griechischen Sage nach alles zu Gold verwandelte, was er berührte. Mit Spielern, die er vor der Abreise zur WM schon mal als Schrott abtat, gewann er bei der WM 1986 in Mexiko einen viel bestaunten zweiten Platz und vier Jahre später mit einem weitaus stärkerem Aufgebot in Rom die Weltmeisterschaft.

Der Titel in Italien war Schwerstarbeit, leichter fiel es Beckenbauer-Manager Robert Schwan, das Produkt »zweifach gekrönter Kaiser« (Weltmeister als Spieler und als Teamchef) zu vermarkten. Nachdem er seinen Job zu Gunsten von Berti Vogts aufgegeben hatte, ließ er sich auf das Abenteuer Olympique Marseille ein. Vom omnipotenten Klubpräsidenten Tapie zum Trainer bestellt, obwohl er kaum Französisch sprach, und später zum Technischen Direktor berufen, führte er die Südfranzosen zusammen mit dem 69 Jahre alten Belgier Raimond Goethals erst zur Landesmeisterschaft und dann ins Europapokalfinale gegen Roter Stern Belgrad.

»Eine Millionen pro Monat«

Nach diesem Intermezzo ließ er sich vom FC Bayern in die Pflicht nehmen, wurde erst Vizepräsident und 1994, angeschoben vom CSU-Ministerpräsidenten und FC Bayern-Mitglied Edmund Stoiber, Präsident. Um Werbegelder für seinen Adlatus musste Manager Schwan nicht kämpfen; sie flogen ihm zu. Jeder wollte mit dem Branchenhäuptling die Umsätze steigern. Dabei wurde dem charismatischen Klubchef auch schon mal ein Fauxpas verziehen. Von einem Reklamespot Beckenbauers mit dem Smart von Mercedes konnte Bayern-Hauptsponsor Opel nicht begeistert sein. Doch der Groll des Konzernvorstands hielt sich in Grenzen.

Eine interne Marktstudie hatte ergeben, dass sich der Werbewert des Münchner Bundesligaklubs längst im dreistelligen Millionenbereich bewegte.

> »Franz Beckenbauer ist das Glück des deutschen Fußballs schlechthin und damit auch das Glück des FC Bayern. Dass er mit seiner Medienpräsenz die eigenen Ziele torpediert, muss man in Kauf nehmen. Denn mit den negativen Seiten Beckenbauers lebt man immer noch besser als mit all diesen Präsidenten, die nichts von seiner Aura haben.«
>
> *Günter Netzer 1997 in einem »Spiegel«-Interview*

Gruppenbild mit den drei Ehrenspielführern der deutschen Nationalmannschaft beim Abschiedsspiel des »Kaisers« 1982 in Hamburg: Fritz Walter, Franz Beckenbauer und Uwe Seeler.

Auch die Medien rissen sich um Beckenbauer. Springer, Kirch oder Bertelsmann, sie alle wollten der Quote, Auflage oder nur des Images wegen nicht auf den Münchner verzichten. In ihrem Buch »Die Spielmacher – Strippenzieher und Profiteure im deutschen Fußball« schreibt das Autoren-Duo Ludger Schulze/Thomas Kistner: »Mit gut einer Millionen Mark im Monat verdient der Werbefranz ungefähr doppelt so viel wie sein unmittelbarer Verfolger auf der nationalen Großverdienerskala.«

Einen wesentlichen Beitrag zu diesem Einkommen leistete, glaubt man dem »Spiegel«, ein privater Fernsehsender. Im März 2003 war in dem Hamburger Magazin unter dem Titel »Das Münchner Machtkartell« zu lesen: »Franz Beckenbauer, lange schon Meinungsmacher bei ›Bild‹, unterschrieb 1999 beim Kirch-Sender Premiere und kassierte 20 Millionen Mark für vier Jahre fußballfachliche Gelegenheitsanalysen.«

Franz Beckenbauer bei »Premiere« am Mikrofon. Laut »Spiegel« erhielt die Lichtgestalt des deutschen Fußballs für vier Jahre Mitarbeit beim Kirch-Sender 20 Millionen Mark.

Missgunst regte sich nicht. Spätestens seit Deutschland im Tauziehen um die WM 2006 unter persönlichem Einsatz von Beckenbauer mit 12 zu 11 Stimmen den Zuschlag erhielt und der engagierte Mitstreiter Chef des Organisationskommitees wurde, wagt keiner mehr am Thron des »Kaisers« zu rütteln.

Go West – der Exodus der ostdeutschen Spieler

Stasi-Chef Erich Mielke hatte nach der Wende noch nicht sein »Ich lieb euch doch alle« unter dem Gelächter des Publikums im Gerichtssaal gerufen, da spielte sein Lieblingsspieler Andreas Thom schon längst als Profi in der Bundesliga.

Dem Motto folgend »Die Schnellen fressen die Langsamen« hatte Bayer-Manager Reiner Calmund knapp eine Woche nach der Öffnung der Mauer seinen »Spezi« Wolfgang Karnath von Leverkusen nach Wien zum WM-Qualifikationsspiel der DDR gegen Österreich mit dem Ziel geschickt, Kontakte zu den interessantesten Kickern des untergehenden Staates zu knüpfen.

Erster Bundesligaspieler aus der DDR war Andreas Thom. Gleich nach dem Mauerfall rückte Bayer-Einkäufer Reiner Calmund dem Starspieler von Dynamo in Ostberlin auf die Pelle und kehrte anschließend mit der Unterschrift im leeren Geldkoffer nach Leverkusen zurück.

Als Fotograf getarnt hatte er leichtes Spiel, an die Nationalspieler der DDR heranzukommen. Die Aussicht auf das große Geld, die Vorstellung im Westen ein reicher Mann werden zu können, hatte den meisten schon vor dem Anpfiff den Kopf verdreht. Und so war das Team um Matthias Sammer, Andreas Thom, Thomas Doll und Ulf Kirsten während der 90 Minuten im Praterstadion nicht immer bei der Sache und verlor nach erbärmlichem Auftritt mit 0:3. Alle drei Tore erzielte Toni Polster.

Thom war der erste »Überläufer«

Schon einen Tag nach dem Pleitespiel in Wien war Calmund in Berlin. Als er zurück an den Rhein flog, hatte er die Unterschrift von Thom, dem Topstürmer des ehemaligen Stasi-Klubs Dynamo Berlin, im Gepäck. Mit einem hohen fünfstelligen Geldgeschenk, so wurde geschrieben, habe »der Mann mit dem Koffer« den 24 Jahre alten Berliner wechselwillig gestimmt.

Dem auf Devisen erpichten SC Dynamo bot Calmund 4 Millionen Mark Ablöse. Doch erst, als der Bayer-Manager für rund 1 Millionen Mark Medikamente dem bis zur Vereinigung 1990 bestehenden ostdeutschen Gesundheitsministerium versprochen hatte, erhielt er grünes Licht. Am 17. Februar 1990 bestritt Thom für Bayer sein erstes Bundesligaspiel und erzielte beim Einstand gegen den FC Homburg gleich sein erstes Tor.

Hoeneß: »Das ist Menschenhandel«

Im Sommer 1990 begann der große Exodus. Es ging zu wie auf einem Basar. Sicherlich hätte der FC Bayern jeden Spieler bekommen, wenn er nur gewollt hätte, doch Manager Uli Hoeneß widerte die Einkaufstour in der noch existierenden DDR an. »Was da passiert, ist Menschenhandel«, echauffierte sich der Münchner.

Calmund und andere Einkäufer der reichen Westklubs hatten keine Skrupel. Das Schwergewicht aus Leverkusen konnte freudestrahlend auf einen Vertrag mit Matthias Sammer und Ulf Kirsten von Dynamo Dresden verweisen, gab aber einen davon wieder ab, um sich nicht dem Verdacht auszusetzen, die DDR leerkaufen zu wollen. Calmund entschied sich für Kirsten und sagte später einmal, als Sammer mit dem VfB Stuttgart und Borussia Dortmund deutscher Meister geworden und in beiden Klubs zum Führungsspieler aufgestiegen war, einen Fehler gemacht zu haben. Sammer heuerte zunächst bei den Schwaben an, weil Borussia Dortmund seinerzeit das Geld fehlte.

Neben den Genannten landeten im Sommer 1990 als »erste Generation« Thomas Doll, Frank Rohde, Rainer Ernst (alle vom Ostberliner Dynamo Klub), Uwe Weidemann (Rot-Weiß Erfurt), Steffen Karl (Chemie Halle) und André

Köhler (Wismut Aue) in der Bundesliga. Rohde und Doll kaufte der HSV als Paket. Mit den beiden glaubten die Hamburger, endlich mal wieder Meisterschaftschancen zu besitzen – ein Trugschluss. Doll bestätigte zwar, was Thom bei seinen Wechsel von Ostberlin nach Leverkusen gesagt hatte (»Der ist noch besser als ich.«), war aber nach einem Jahr aus der Bundesliga wieder verschwunden. 14,5 Millionen Mark bot Lazio Rom für den Mecklenburger – eine Summe, die der HSV gern einstrich.

25 Millionen für Heinrich!

Noch viel höher war die Ablöse, die Borussia Dortmund 1998 für den aus dem Brandenburgischen stammenden Jörg Heinrich kassierte. 25 Millionen Mark zahlte der AC Florenz. Trainer Giovanni Trapattoni hatte sich in den Ostdeutschen zu seinen Trainerzeiten beim FC Bayern verguckt. Heinrich war schon im Westen (Kickers Emden) und noch ein kleines Licht, als er von Freiburgs Trainer Volker Finke 1994 für die Bundesliga entdeckt wurde. Zwei Jahre später kaufte der BV Borussia Dortmund den Spieler weg.

Wie viele ehemalige DDR-Spieler und Talente aus Ostdeutschland erkämpfte sich Heinrich einen Stammplatz in der Bundesliga und schaffte sogar den Sprung in die Nationalmannschaft. Das gelang neben Sammer, Doll, Thom, Kirsten und Heinrich auch Dariusz Wosz (vormals Hallescher FC), Steffen Freund (Stahl Brandenburg), Sven Kmetsch, Alexander Zickler, Heiko Scholz, Jens Jeremies, Olaf Marschall (alle Dynamo Dresden), Thomas Linke (Rot-Weiß Erfurt), Bernd Hobsch (VfB Leipzig), Thomas Ritter (Fortschritt Bischofswerda), René Schneider, Marko Rehmer, Stefan Beinlich, Carsten Jancker (alle Hansa Rostock) und später Frank Rost (1. FC Markkleeberg), Bernd Schneider, Jörg Böhme (beide Carl Zeiss Jena), Heiko Gerber, Ingo Hertzsch, Michael Ballack (alle Chemnitzer FC) und Michael Hartmann (BSV Brandenburg).

Beckenbauers großer Irrtum

Die Prophezeiung von Beckenbauer 1990, verstärkt durch die Besten der ehemaligen DDR werde die Nationalmannschaft in der Welt praktisch unschlagbar sein, erwies sich freilich als grandioser Irrtum. Die mit viel Vorschusslorbeeren bedachten Thomas Doll und Andreas Thom konnten sich nicht durchsetzen. Und Torjäger Ulf Kirsten blieb bei Vogts und auch bei Ribbeck meistens zweite Wahl hinter Klinsmann, Bierhoff oder Kuntz.

»Faktum ist, dass sich der Großteil unserer jungen Leute heute nicht mehr quälen kann, nicht mehr bereit ist, sich voll zu engagieren. Die meisten werden schon als 14- bis 18-Jährige verhätschelt und vertätschelt.«

Bernard Dietz in seinem Buch »Vom Straßenfußballer zur Nationalmannschaft«, erschienen 1988

Vier aus dem Osten, die in der Bundesliga ihren Weg machten: Alexander Zickler (oben), Jens Jeremies (unten), Matthias Sammer (Seite 125 oben) und Ulf Kirsten (Seite 125 unten). Sie alle kamen von Dynamo Dresden in den Westen. Auf Zickler wurde Bayern-Manager Hoeneß aufmerksam, auf Jeremies der Münchner »Löwen«-Trainer Werner Lorant. Später wechselte Jeremies zum FC Bayern und wurde dort zum Leistungsträger.

Die Erwartungen auf höchster Ebene erfüllten oder übertrafen eigentlich nur vier Spieler aus den fünf neuen Bundesländern: Matthias Sammer, Michael Ballack, Bernd Schneider und Jens Jeremies etablierten sich als feste Größen in der DFB-Auswahl. Für »Dixie« Dörner, den »Beckenbauer der DDR«, war der Aufstieg des Dresdners Sammer in den nationalen Fußball-Olymp keine Überraschung: »Matthias hat immer den Willen gehabt, im neuen Kreis Besonderes zu leisten. Thomas Doll und Andreas Thom fehlte der Antrieb, einmal Errungenes auszubauen.«

Die Chance, Spieler zu halten, die ins Fadenkreuz gutbetuchter Westklubs geraten waren, bestand für Ostvereine nie. Die Westklubs hatten das Geld und die Talente, durchaus verständlich, größtes Interesse dort zu spielen, wo es sportlich und vor allem finanziell am meisten zu holen gab.

Matthias Sammer zeigte in der Bundesliga vom ersten Tag an Autorität und Durchsetzungsvermögen, zunächst beim VfB Stuttgart, später bei Borussia Dortmund, wo er in der Hierarchie bald Platz eins besetzte. Auch in der Nationalmannschaft gewann der rotblonde Dresdner großen Einfluss durch Kompetenz. Ulf Kirsten stieg bei Bayer Leverkusen zum erfolgreichsten Torjäger der 90er-Jahre auf. Der Sachse, geboren in Gohlis bei Riesa, wurde dreimal Torschützenkönig, 1993, 1997 und 1998.

Wie die **Einkommen** explodierten

Im Herbst 1967 waren es Bayern-Präsident Wilhelm Neudecker und Bayern-Manager Robert Schwan leid, das verlogene Spiel mit illegalen Geldzuwendungen, frei nach dem Motto: »Nur wer sich erwischen lässt, ist ein Gauner«, länger zu tolerieren. Das Duo wollte eine Anhebung des Beckenbauer-Einkommens erreichen und letztlich den Boden für eine Freigabe der Gehälter bereiten.

Das Bundesligastatut erlaubte damals als Höchstgage 1200 Mark im Monat. Es wurde an Ausnahmespieler gezahlt, zum Beispiel an »Löwen«-Torhüter Petar Radenkovic und Franz Beckenbauer, mit 20 bei der WM 1966 in England zum Weltstar geworden.

1400 Mark für Beckenbauer

Neudecker und Schwan machten den Vorstoß in Hamburg, wo im Oktober 1967 das EM-Qualifikationsspiel gegen Jugoslawien (3:1) stattfand. Ansprechpartner war Franz Kremer, der Vorsitzende des Bundesligausschusses aus Köln. Als Ergebnis einer stundenlangen Beratung dieses Gremiums gab Kremer dann bekannt: »Nach reiflicher Überlegung sind wir zu der Überzeugung gekommen, dass die augenblickliche Situation geändert werden muss. Wir sehen ein, dass die Schwierigkeit, Franz Beckenbauer im Land und für die Nationalelf zu behalten, ein Entgegenkommen verlangt. Deshalb sind wir einverstanden, dass der FC Bayern München das Monatsgehalt für den Spieler Beckenbauer von 1200 auf 1400 Mark erhöht.« Neudecker und Schwan glaubten, im falschen Film zu sein. 1400 Mark für einen Weltstar als Maximum, das wollte nicht in ihre Köpfe. 1400 Mark verdiente seinerzeit ein Buchhalter oder der Redakteur einer Provinzzeitung.

> »Manchmal, wenn er ganz gut aufgelegt war, zahlte er ein Prämie aus, 400 Mark pro Nase. Wir haben damals total gegen das DFB-Statut verstoßen. Ich hoffe nur, dass das verjährt ist.«
>
> *Franz Beckenbauer in einem Gespräch mit »Kicker«-Chefreporter Karlheinz Wild über Bayern-Manager Robert Schwan*

Er spielte mit den Medien, und die Medien spielten mit ihm: Franz Beckenbauer in der Pose des eleganten Ballzauberes. Auch außerhalb des Rasens machte der »Kaiser« in der Regel stets eine gute Figur.

»Hans Schäfer bekam mehr«

Wie Schwan reagierte, beschrieb Beckenbauer in seinem Buch »Ich – wie es wirklich war« so: »Ihn ärgerte vor allem die Scheinheiligkeit. Wusste er doch ganz genau, dass der Ausschussvorsitzende als Präsident des 1. FC Köln dem 54er Weltmeister Hans Schäfer in der Bundesliga weder 1200 noch 1400 Mark, sondern wesentlich mehr zahlte.«

Damals finanzierte sich die Bundesliga fast ausschließlich aus den Einnahmen des Zuschaueraufkommens. 2003 machen die Eintrittsgelder nur noch 16 Prozent der Gesamteinnahmen aus. Mehr fließt auf die Klubkonten vom Fernsehen (36,8 Prozent) und durch Werbepartner bzw. Sponsoren (23,8 Prozent). Sonstige Einnahmen (VIP-Pakete, Fan-Artikel, Mitgliedsbeiträge) schlagen ebenfalls mit 16 Prozent zu Buche.

Mit »Jägermeister« begann es

1972 brach Günter Mast, der Präsident der Braunschweiger Eintracht, ein Tabu der Statutenwächter im DFB. Der Schnapsfabrikant warb auf den Trikots seiner Fußballangestellten mit dem hauseigenen Produkt »Jägermeister« und überwies dafür 190 000 Mark aus dem Werbeetat seiner Firma an den Verein – eine lächerliche Summe im Vergleich zu heutigen Beträgen: 2003 zahlt Telekom jährlich 20 Millionen Euro an den Marktführer FC Bayern.

»Jägermeister«-Produzent Günter Mast – mit Hut und Mantel im Vordergrund – scherte sich nicht um die stringenten Vorschriften des Bundesligastatuts und klebte den Spielern der Braunschweiger Eintracht für kleines Honorar sein Firmenlogo aufs Trikot. Um die Größe des Emblems kämpfte er monatelang mit dem DFB.

Als Kevin Keegan beim Hamburger SV stürmte, warb der Klub, der als einziger seit Gründung ununterbrochen Mitglied der Bundesliga ist, für den Mineralöl-Konzern BP. Für eine fürstliche Gage lockte das Unternehmen 1980 auch Franz Beckenbauer nach seiner Rückkehr aus den USA an die Alster.

Nach ständigen Auseinandersetzungen zwischen dem DFB und Mast über die Größe des Produktlogos auf den Brüsten der Spieler wurde das Verbot ein Jahr später aufgehoben. In der Saison 1974/75 lief der HSV Reklame für »Campari«, der FC Bayern für »Adidas«, Fortuna Düsseldorf für »Allkauf«, Frankfurt für »Remington«, der MSV Duisburg für »Brian Scott« und Braunschweig, wie gehabt, für »Jägermeister«. Als letzte Vereine vermieteten der 1. FC Köln (»Pioneer«) und der FC Schalke (»Trigema«) die Spielerleibchen für gutes Geld. Parallel zur Trikotwerbung entwickelte sich die Bandenwerbung in den Stadien zu einem lukrativen Geschäft. Und auch die Sportartikelproduzenten trugen zum permanent steigenden Wohlstand der Balltreter bei, die nach dem Ende des Bundesligaskandals von allen finanziellen Einschränkungen befreit und nicht selten so zum Problem der Vereine wurden. Im Gehaltspoker trieben sie, unterstützt von oft skrupellosen Spielerberatern, die Klubmanager mit ihren Forderungen an die Schmerzgrenze oder darüber hinaus.

Ausrüster zur Kasse gebeten

Waren die Vereine 1963 noch glücklich, Trikots, Hosen, Stutzen und Schuhe kostenlos zu bekommen, so wollten die Klubs bei ständig steigenden Personalkosten von den Sportartikelproduzenten Geld sehen. Anfang der 80er-Jahre kassierten die 18 Bundesligaklubs neben der Ausrüstung rund 2,5 Millionen Mark. 10 Jahre später erhielt jeder Verein im Schnitt diese Summe, und 2003 waren es dann sogar 5 Millionen Euro pro Klub.

Für 1,50 Mark bei Schalke dabei

Am ersten Spieltag der ersten Bundesligasaison zahlte der Besucher des Spiels FC Schalke 04 gegen den VfB Stuttgart für eine Stehplatzkarte 1,40 Mark (etwa 72 Cents) zuzüglich »Sportgroschen« (10 Pfennig für die Sporthilfe). Gespielt wurde in der ehrwürdigen Glückauf-Kampfbahn, in der schon die berühmten Schwager Fritz Szepan und Ernst Kuzorra den »Schalker Kreisel« (Kombinationsspiel, bei dem der Ball in den Reihen der ständig rochierenden Akteure kreiselt) zelebrierten. Inzwischen muss der Schalke-Fan für eine Stehplatzkarte zwischen 5 und 8 Euro berappen. Sitzplätze in dem Luxusstadion »Arena AufSchalke« (44 000 Sitzplätze, 16 500 Stehplätze, 358 Millionen Mark Baukosten) kosten zwischen 13 und 77 Euro.

Das Fernsehen, damals ARD und ZDF, ließ sich von der Inflation der Spielergehälter und den steigenden Werbeeinnahmen in der Bundesliga nicht beeindrucken und zahlte zivile Preise. In der Saison 1987/88 sicherten sich die beiden Anstalten die Übertragungsrechte noch für 18 Millionen Mark. Schon vorher waren viele Klubs mit Beträgen dieser Größenordnung nicht mehr zufrieden.

Uli Hoeneß hatte die Nase im Wind

Bayern-Manager Uli Hoeneß, wie immer die Nase im Wind, war überzeugt, dass es bald mehr geben würde. Er setzte auf das Privatfernsehen und sollte Recht behalten. Im April 1988 schlossen die Lizenzspielervereine einen Dreijahresvertrag mit der Vermarktungsagentur UFA, die als Tochter des Bertelsmann-Konzerns zugleich Hauptgesellschafter beim Privatsender RTL plus war. Sie garantierte der Liga rund 135 Millionen Mark.

Nutznießer waren wie immer die Spieler, denn die Klubs gaben die Gewinne nach schlechter Sitte gleich an die Profis weiter. In den 90er-Jahren sollten dann alle Dämme brechen: Sat.1 und »Premiere«, beide zum Medienkonzern Kirch Media gehörend, zahlten in der Saison 1992/93 zum Auftakt einer vermeintlich unendlichen Erfolgsgeschichte 145 Millionen Mark und bald noch viel mehr. In diese Zeit fiel die Rückholaktion der »Italiener«. »Sie«, so argumentierte Gerhard Mayer-Vorfelder, damals Vorsitzender des Liga-Ausschusses, »sind die Auslöser der Personalkosten-Explosion.«

Teure Italien-Rückkehrer

Verwöhnt von italienischen Netto-Gehältern waren Spieler wie Sammer, Reuter, Kohler, Andreas Möller, Riedle (alle zu Borussia Dortmund) oder Effenberg (zu Mönchengladbach) natürlich nicht bereit, für »Peanuts« in der Bundesliga zu spielen. Und auch Brehme, der von Inter Mailand über Saragossa beim 1. FC Kaiserslautern landete, ließ sich nicht mit einer Durchschnittsgage abspeisen. »Die Lohnkosten sind fern jeder Vernunft«, rügte der »Spiegel« und verwies Anfang der 90er-Jahre auf 100 Millionen Mark Schulden in der Bundesliga.

Noch tiefer in die roten Zahlen gerieten die Klubs durch ein Gerichtsurteil, auf das die Bundesliga nicht vorbereitet war und das die gesamte Fußballwelt radikal veränderte: Der belgische Fußballspieler Jean-Marc Bosman, seinerzeit Amateur beim belgischen Viertligaklub Cercle Mechelen, errang vor dem EU-Gerichtshof einen Sieg von weit tragender Bedeutung. »Er hat«, schrieb Matthias Geyer im »Kölner Stadt-Anzeiger«, »das Gebäude des europäischen Sports, das auf festem Fundament zu ruhen schien, mit großem Knall in die Luft gejagt.«

Aufschrei nach Bosman-Urteil

Der Gerichtshof entschied, dass der Freizügigkeitsartikel 48 des EWG-Vertrages auch auf den

In einer Saison 100 Millionen vom Fernsehen	
In der Saison 2000/01 kassierte der FC Bayern, begünstigt durch den Gewinn der Champions League, insgesamt mehr als 100 Millionen Mark Fernsehgelder. Allein in der Bundesliga waren es 46,54 Millionen Mark.	
Die Rangfolge der Fernseheinnahmen für die Saison 2000/01:	
Bayern München	46,54 Millionen Mark
Bayer Leverkusen	42,89 Millionen Mark
Borussia Dortmund	39,14 Millionen Mark
Hertha BSC Berlin	39,13 Millionen Mark
FC Schalke 04	38,14 Millionen Mark
1. FC Kaiserslautern	36,88 Millionen Mark
VfL Wolfsburg	34,54 Millionen Mark
TSV 1860 München	33,28 Millionen Mark
SC Freiburg	33,08 Millionen Mark
Hamburger SV	32,74 Millionen Mark
Werder Bremen	32,66 Millionen Mark
VfB Stuttgart	26,46 Millionen Mark
Hansa Rostock	25,27 Millionen Mark
1. FC Köln	25,23 Millionen Mark
Energie Cottbus	20,29 Millionen Mark
1. FC Nürnberg	16,90 Millionen Mark
Borussia Mönchengladbach	15,79 Millionen Mark
FC St. Pauli	15,55 Millionen Mark

Fußball anzuwenden sei. Damit war die Ausländerklausel (nur vier Spieler aus einem EU-Land in einem Klub) Makulatur. Einen Aufschrei in der Branche aber verursachte die Aufhebung der Ablösesummen bei vertragsfreien Profis, die Kritiker oft als »Menschenhandel« bezeichnet hatten. »Damit wurde den Vereinen, die wichtigste Möglichkeit der Refinanzierung genommen«, beklagte Wolfgang Holzhäuser, bis 1998 DFB-Ligasekretär, die Entscheidung. Vergeblich, so war zu lesen, sollen Mittelsmänner dem Belgier Schweigegelder bis zu 2,2 Millionen Mark geboten haben, damit er seine Klage zurücknimmt. Diese Versuche jedoch kamen zu spät; der »Michael Kohlhaas in kurzen Hosen« (»Süddeutsche Zeitung«) war längst vom Gerechtigkeitssinn gepackt..

»Ich habe nichts dagegen, wenn die Stars, die die Stadien füllen, großes Geld verdienen. Nur die Mitläufer werden zu gut bezahlt.«
Paul Breitner zur Explosion der Einkommen

Sein Sieg vor dem Europäischen Gerichtshof revolutionierte den weltweiten Fußballmarkt: Jean-Marc Bosman, ein Amateur aus der vierten belgischen Liga, erreichte die Aufhebung der Ausländerklausel und den Wegfall der Ablösesummen von vertragsfreien Profis. Seitdem (Dezember 1995) ist im Berufsfußball nichts mehr, wie es einmal war.

Grünes Licht für Ausländer

Das Urteil hatte weit reichende Folgen. Nachdem die einzelnen Landesverbände zunächst den »Schaden« einzudämmen versuchten, Zwischenlösungen anstrebten und auf politische Unterstützung durch ihre Regierung hofften (so auch der DFB), machte die EU unmissverständlich deutlich, dass sie eine sofortige Umsetzung des Urteils verlange. So fielen dann auf Druck der EU in kürzester Zeit nicht nur die Ablösesummen weg, sondern auch die Ausländerklauseln. Einzelne Verbände öffneten danach ihre Ligen weiter als es das Urteil verlangte und hoben teilweise jegliche Form der Ausländerbeschränkung auf. Auch der DFB handhabe die Bestimmungen höchst liberal; er gab grünes Licht für alle Ausländer.

Neben Jürgen Kohler gehört er zu den höchstdotierten Abwehrspielern der Welt: Der BV Borussia Dortmund überwies 1990 für Christian Wörns 12,5 Millionen Mark an Paris St. Germain, wo dem Mannheimer der Erfolg versagt blieb. Vor seinem Wechsel nach Frankreich (1998) stand Wörns sieben Jahre lang bei Bayer Leverkusen auf der Gehaltsliste.

Entwicklung der Fernsehgelder		
1965/66	0,65	Millionen Mark
1970/71	3,00	Millionen Mark
1975/76	4,80	Millionen Mark
1980/81	6,30	Millionen Mark
1985/86	12,00	Millionen Mark
1988/89	40,00	Millionen Mark
1991/92	80,00	Millionen Mark
1992/93	145,00	Millionen Mark
1996/97	195,00	Millionen Mark
1997/98	255,00	Millionen Mark
1999/00	330,00	Millionen Mark
2000/01	695,00	Millionen Mark
2001/02	328,00	Millionen Euro
2002/03	290,00	Millionen Euro

Eine wahre »Völkerwanderung« nicht nur in Europa, sondern weltweit setzte ein. Hatte die Ausländerrestriktion bis dahin verhindert, dass vor allem die reichen Klubs der west- und südeuropäischen Ligen hemmungslos Spitzenspieler ins Land holten, so kannten sie jetzt keine Grenzen mehr. Gewinner der Neuregelung waren vor allem Stars, deren ohnehin schon horrende Gehälter nach dem Wegfall der Ablösesummen weiter anstiegen und zum Teil Schwindel erregende Höhen erreichten.

Kirch rettete die Schuldenklubs

Nicht nur die Ausländer machten vor Bosman einen symbolischen Kniefall, auch die Bundesligaprofis waren vom Urteil begeistert. Jahresgehälter von mehr als einer Million Mark, bis zum Bosman-Urteil die Ausnahme, wurden jetzt zur Regel. Innerhalb eines Jahres erhöhten sich die Schulden der Bundesligaklubs um rund 125 Millionen Mark (!).

1994 standen die Klubs vor einem 470 Millionen Mark hohen Schuldenberg. Ende der 90er-Jahre überstieg der Pegel die Milliardengrenze, drohte zahlreichen Bundesligaklubs die Insolvenz. Ein neuer Fernsehvertrag mit der Kirch Media rettete die Liga dann vor dem Kollaps. Für die Saison 1999/2000 gab es statt bisher 255 Millionen 330 Millionen Mark und 2000/01 kassierten die Klubs das Wahnsinnshonorar von 695 Millionen Mark, obwohl weder Sat.1 mit »Ran« noch »Premiere« jemals schwarze Zahlen geschrieben hatten.

Teure Nummer

Auf schnelle Weise kam Wolfgang Fahrian (Jahrgang 1941), in der Bundesliga Torhüter bei Hertha BSC, 1860 München und Fortuna Köln, zu recht viel Geld. Der »Kicker« meldete in einem Bericht über verantwortungslose Geldverschwendung beim 1. FC Kaiserslautern in der Ära »Atze« Friedrich am 7. November 2002: »75 000 Euro wurden beim West-Transfer an den Spieleragenten Wolfgang Fahrian gezahlt. Seine Leistung: Er gab die Telefonnummer des West-Beraters Basilevic an den FCK weiter.«

PS: Taribo West, nigerianischer Nationalspieler, 10 Bundesligaspiele in der Saison 2001/2002 für den 1. FC Kaiserslautern.

Kahn: 1000mal mehr als »Radi«

In einer Bilanz der 40 Jahre vermerkte Rainer Franzke im »Kicker«-Jubiläums-heft: »Ein Petar Radenkovic erhielt 1963/64 die im Statut als monatliche Höchstgage festgeschriebene Summe von 1200 Mark (613,55 Euro). Radenko-vic war Topverdiener der Liga. Oliver Kahn vom FC Bayern München bekam 40 Jahre später bei einer Jahresgesamteinnahme von etwa 7 Millionen Euro 1000mal mehr als Radenkovic.«

Und nicht nur Kahn konnte im Geld baden: Sebastian Deisler, von der Fachwelt als »Jahrhunderttalent« bezeichnet, durfte bei seinem Wechsel von Hertha BSC zum FC Bayern ein atemberauben-des Handgeld einstecken, das Uli Hoeneß später als »Darlehen« etiket-tierte. Der »Kicker« schrieb dazu Anfang 2002, der 16-malige Nationalspieler habe für sein Ja-Wort 20 Millionen Mark erhalten: »Den Scheck hatte Mutter Gabriele am 17. Juli 2001 bei der Deutschen Bank in Konstanz einge-reicht.« Laut »Bild« gaben die Münch-ner für Deisler »neben den 20 Mil-lionen Handgeld noch 18 Millionen Ablöse für die Berli-ner. Die sind in der Ausstiegsklausel in seinem Vertrag mit Hertha (bis 2003) festgelegt. Plus ca. 8,5 Millionen Mark Jahresgehalt.«

Der vielleicht best-bezahlte Torhüter der Welt: Oliver Kahn kassiert nicht nur beim FC Bayern viele Millionen, sondern auch als Werbepart-ner etlicher Firmen. Sie wissen sein Können und seinen hohen Bekanntheits-grad optimal zu vermarkten.

Auf der Geldrangliste der Bundesliga ganz oben: Michael Ballack, schon in Leverkusen mit Millionen verwöhnt, verbesserte seine Einkünfte noch einmal erheblich, als er 2002 zum Branchenprimus FC Bayern wechselte.

12,5 Millionen Euro für Ballack?

Michael Ballack, ebenfalls vom FC Bayern eingekauft, musste deshalb nicht neidisch sein. Im August 2002 wusste der »Kicker« zu berichten, dass den Münchnern die Unterschrift des smarten Sachsen angeblich 12,5 Millionen Euro wert gewesen sei.

Dagegen klingt recht harmlos, was der »Spiegel« im Mai 2003 in einem längeren Beitrag zur misslichen wirtschaftlichen Situation im Jubiläumsjahr kurz vor Toresschluss für erwähnenswert hielt: »Funktionäre und Spieler der

Ließ sich seine Leistung immer extrem gut bezahlen und bezog an allen Orten (Mönchengladbach, Florenz, München, Wolfsburg und demnächst im Öl-Scheichtum Katar) Höchstgagen: Stefan Effenberg, der mitten in der Saison 2002/03 in Wolfsburg das Handtuch warf und mit seiner Autobiographie, die er hier im Beisein seiner neuen Lebensgefährtin Claudia Strunz dem Fotografen vor die Linse hält, zusätzliches Geld scheffelte. Das Buch landete auf den Bestsellerlisten von »Stern« und »Focus« vorübergehend auf Platz eins und beim »Spiegel« auf Platz zwei.

Krisenvereine Leverkusen und Kaiserslautern haben es sich im Elend dieser Scheinwelt besonders gemütlich gemacht. Bei Bayer Leverkusen erhalten Durchschnittsspieler 1,5 Millionen Euro garantiert, dazu noch eine halbe Millionen extra, wenn sie häufig spielen, plus Siegprämien.«

»Keiner kann wirklich so gut sein, dass er 5 Millionen Euro im Jahr verdient. Deshalb kann ich auch deren Gejammer nicht nachvollziehen, wenn sie statt 5 nur noch 3 Millionen kassieren.«

Bundestagspräsident Wolfgang Thierse 2003 über die Großverdiener der Bundesliga zum bevorstehenden Sparzwang ihrer Klubs

Arm & Reich

Als 1963 16 vom DFB ausgesuchte Vereine ins Abenteuer Bundesliga starteten, waren die Themen »Geld« und »Arm & Reich« an den Stammtischen und in den Medien eine Marginalie und in der Fachpresse verpönt wie obszöne Witze in einem Mädchenpensionat.

Wenn der FC Bayern zur Jahreshauptversammlung bittet, geht es zu wie bei einem Weltkonzern: Als Vorstandsvorsitzender der Bayern-Fußball-AG fungiert zur Zeit Karl-Heinz Rummenigge, als Vorsitzender des Aufsichtsrates Franz Beckenbauer. Der Klub hat inzwischen rund 95 000 Mitglieder.

Das Lizenzspielerstatut schrieb vor, was die Fußballangestellten in der Eliteklasse verdienen durften. Und das war nicht viel, lud zu Verstößen geradezu ein (siehe auch: »… und andere Skandale« und »Wie die Einkommen explodierten«). Jeder Abteilungsleiter eines mittelständischen Unternehmens hatte seinerzeit am Monatsende mehr auf seinem Konto als die Stars der jungen Bundesliga – jedenfalls offiziell.

Klinsmann die Nummer eins im Trikothandel

In der Hinspielserie der Saison 1995/96 verkaufte der FC Bayern mehr als eine Million Trikots. Der Hit war das Hemd von Jürgen Klinsmann mit der Nummer 18. Auf den Plätzen der Verkaufsliste folgten Scholl, Ziege, Zickler und Matthäus. Nicht auf den vorderen Plätzen landeten Kahn, Helmer, Strunz, der Franzose Papin, der Österreicher Herzog und der Schweizer Sforza.

In dieser Zeit beschäftigten sich Presse, Funk und Fernsehen ausschließlich mit den Darbietungen auf dem Rasen. Tore fielen dank überragender Torjäger wie Gerd Müller (FC Bayern München), Uwe Seeler (Hamburger SV), Rudi Brunnenmeier, Timo Konietzka (beide TSV 1860 München), Lothar »Emma« Emmerich (BV Borussia Dortmund), Jupp Heynckes (VfL Borussia Mönchengladbach), Willi »Ente« Lippens (Rot-Weiß Essen), Johannes Löhr (1. FC Köln) und Klaus Matischak (FC Schalke 04) zur Freude der Fans in großer Zahl.

Bayer begann als »graue Maus«

Reichtum definierte sich in den 60er-Jahren über entwicklungsfähige Spieler, Zuschauereinnahmen und bald auch schon über internationale Erfolge. Triumphe im Europapokal (Borussia Dortmund 1966 mit Spielern wie Wolfgang Paul, Kurrat, Libuda, »Aki« Schmidt, Held und Emmerich – FC Bayern München 1967 mit Sepp Maier, Beckenbauer, Nowak, Roth, Olk, Koulmann, Gerd Müller, Ohlhauser und Brenninger) gaben den Klubs Gelegenheit, sich von der Konkurrenz sportlich und finanziell abzusetzen.

Der Begriff »graue Mäuse« machte die Runde. »Graue Mäuse« waren notwendig, um den Spielbetrieb aufrecht zuhalten, indes höchst unbeliebt, weil sie nur wenig Zuschauer in die Stadien lockten. Auch Bayer 04 Leverkusen, 1979 mit Willibert Kremer als Trainer ins Oberhaus aufgestiegen und seitdem Dauergast, fristete viele Jahre ein Dasein als »Mauerblümchen«. Der Werksklub, bar jeder Fußballtradition,

> »Bayer Leverkusen hat bei den Transfers unglaublich viel Geld vernichtet. Nur gibt es bei manchen Klubs einen reichen Onkel im Hintergrund, der das Schlimmste verhindert. Ohne das Werk im Rücken wäre auch Bayer möglicherweise ein Sanierungsfall.«
> *René Jäggi, Vorstandsvorsitzender des*
> *1. FC Kaiserslautern in einem Interview mit*
> *»Bild am Sonntag« am 25. Mai 2003*

wurde als Kunstgebilde betrachtet und von den anderen Vereinen mit Argwohn beobachtet, weil er das Privileg genoss, vom Chemiekonzern großzügig unterstützt zu werden.

Goldgrube Olympiastadion

Klubs wie Bayern München, Borussia Dortmund, Schalke 04, der 1. FC Köln, der Hamburger SV, der VfB Stuttgart, Hertha BSC oder Fortuna Düsseldorf hatten den Vorteil, in prächtigen Arenen spielen zu können, die Anfang der 70er-Jahre vor den Olympischen Spielen in München und der Fußball-WM in Deutschland gebaut bzw. modernisiert worden waren.

Sie garantierten bei ausverkauftem Haus entsprechende Einnahmen, die Klubs mit kleinen Stadien wie Borussia Mönchengladbach, Werder Bremen, der VfL Bochum, Bayer Leverkusen und eine Zeit lang auch Bayer Uerdingen sowie der SC Freiburg nicht zu erzielen vermochten. In dieser Zeit schwang sich der FC Bayern zum Branchenprimus auf. Das Olympiastadion wurde zur Goldgrube. Bandenwerbung und Zuschauermassen füllten die Klubkasse. Und die Mannschaft, in der mit Maier, Beckenbauer, Schwarzenbeck, Breitner, Uli Hoeneß und Gerd Müller sechs Spieler standen, die 1972 die EM und 1974 die WM gewinnen halfen, sorgte dafür, dass noch andere Einnahmequellen erschlossen wurden.

FC Bayern übermächtig

Eine Umfrage im Jahre 1994 unter Bundesbürgern über 14 Jahren, von der UFA Film- und Fernseh-GmbH in Auftrag gegeben, brachte dieses Ergebnis: Von 13,19 Millionen Deutschen, die sich als »Fan« bezeichneten, bekannten sich 4,115 Millionen zum FC Bayern. Mit weitem Abstand lag Borussia Dortmund (1,068 Millionen) auf Platz zwei.

»Aufrüstung zur Geldmaschine«

Als Uli Hoeneß 1979 Beckenbauer-Intimus Robert Schwan als Bayern-Manager ablöste, hatte sich der Klub längst als Marktführer etabliert. Drei Jahre hintereinander Europapokalsieger der Landesmeister waren ein Pfund, mit dem die Münchner auch international wuchern und bei Sponsoren und Werbepartner die Preise bestimmen konnten.

Die »TAZ« in Berlin unterstellte ihm, »die Aufrüstung des Fußballs zur Geldmaschine« zu betreiben. Thomas Kistner und Ludger Schulze gingen in ihrem Buch »Die Spielmacher« ins Detail: »Damals reiste er (Hoeneß) mit dem Scheckbuch wedelnd durch die Lande und kaufte zusammen, was der Spielermarkt hergab. Der kleinen Talentschmiede Karlsruher SC kaufte er so lange junge Kräfte weg – Sternkopf, Scholl, Kreuzer, Kahn –, bis der badische Klub sich in der Regionalliga wiederfand. Ähnliches geschah mit dem 1. FC Nürnberg, der seiner Besten, Grahammer und Reuter, beraubt, dem Abstieg entgegentrudelte. Und als sich Borussia Dortmund zum ernsthaften Nebenbuhler der Münchner entwickelte, unterbreitete Hoeneß

»Der große Vorteil des FC Bayern München gegenüber vielen anderen Mitgliedern der Bundesliga besteht darin, dass er sich aufgrund seines erheblich größeren finanziellen Spielraums Fehlentscheidungen leisten kann, die anderen das Genick brechen.«

Dietrich Schulze-Marmeling in seinem Buch »Die Bayern«

Steuert die Geld-
ströme und den Ein-
und Verkauf beim
FC Schalke 04: Rudi
Assauer, wegen
seiner Zigarrenqual-
merei im Dunstkreis
des Klubs schon mal
»Stumpen-Rudi«
genannt. Bei einem
amerikanischen Kapi-
talanleger machte
der clevere Manager
85 Millionen Euro
Darlehen locker.

den stärksten Borussen derart hohe Offerten, dass die Dortmunder, nur um diese Akteure zu halten, bis an den Rand des wirtschaftlichen Kollapses gingen. So wurde er zum Feindbild der Nation, erfolgsversessen, gierig, ego- istisch und brutal.«

Doch seine Strategie, den Ri- valen aus Westfalen um jeden Preis zu schwächen, wenn sie denn bestand, blieb relativ wirkungslos. Der BV Borussia, der unter der Regie des Führungsduos Dr. Gerd Niebaum und Michael Meier das Etikett »Arbeiter- verein« endgültig in die Mottenkiste verbannt hatte, leistete sich die Gehälter, laut Hoeneß »höher als bei uns«, ohne allzu große Probleme zu bekommen. Mit Ottmar Hitzfeld als Trainer und der Mannschaft Klos; Kohler, Sammer, Kree; Reuter, Lambert, Paulo Sousa, Heinrich; Riedle (Herrlich), Möller (Zorc), Chapuisat (Ricken) wurden die Gelb-Schwarzen 1997 Champions-League-Sieger – ein Erfolg, der viele Millionen in die Kasse brachte.

»Kaum ein Etikett ist so falsch, wie das des abge- zockten, kühlen Geldeintreibers Hoeneß. Er half Dutzenden von ausgemusterten Profis, neue Jobs zu finden. Manchen, der nach der Karriere strauchelte, führte er wieder auf den richtigen Weg.«

Der »Spiegel«

Uli Hoeneß gilt in der
Branche als Finanz-
genie. Mit ihm als
Manager erzielt der
FC Bayern weltweit
die zweithöchsten
Umsätze nach Man-
chester United. Durch
den Weggang von
Fußball-Popstar
David Beckham zu
Real Madrid droht
den Briten Platz eins
verloren zu gehen.

In Freiburg hört seit 1991 alles auf den ehemaligen Lehrer Volker Finke. Mit dem Klubchef Achim Stocker ist es dem allmächtigen Trainer bislang immer noch gelungen, das Überleben des kleinen Klubs im Profibetrieb zu sichern. Vor Jahren errichtete der SC Freiburg sogar für rund 20 Millionen Mark ein vorbildliches Nachwuchs-Leistungszentrum.

Finke und das »Modell Freiburg«

Wie paralysiert verfolgten viele weniger potente Bundesligaklubs das Wettrüsten der beiden Giganten. Sie profitierten zwar auch vom Geldregen des Privatfernsehens (siehe auch: »Wie die Einkommen explodierten«), mussten aber nach dem Bosman-Urteil ohnmächtig zusehen, wie sich die beiden Klubs exklusiv auf dem Weltmarkt bedienten. Volker Finke, der flexible Trainer des SC Freiburg, fühlte sich gezwungen, Spieler aus anderen Regionen (Georgien, Nordafrika) zu rekrutieren, die der »Klub der Reichen« ignorierte, zu denen sich in den 90er-Jahren auch der FC Schalke (UEFA-Pokalsieger 1997) und Bayer Leverkusen gesellte.

Immerhin war das »Modell Freiburg« dem »Bayern-Magazin« (die Klubzeitschrift der Münchner) eine löbliche Erwähnung wert: »Kaum einer anderen Mannschaft in der Bundesliga ist es wie den Freiburgern gelungen, einen

»In München hat in der Trainingskabine jeder Spieler einen eigenen, abschließbaren Spind. In Freiburg haben wir keine Spinde, nur Holzbänke mit Kleiderhaken. In München haben wir die Schuhe in einen Schacht geworfen und am nächsten Tage standen sie wieder wie neu auf unseren Plätzen. In Freiburg putzte jeder seine Schuhe selbst.«

Der Schweizer Nationalspieler Alain Sutter, 1995 vom FC Bayern an den SC Freiburg abgegeben

Mythos, ein nicht ganz normaler Verein zu sein, aufzubauen. Der SC Freiburg steht immer noch für die Sehnsucht vieler Fans, dass auch Außenseiter mit bescheidenen finanziellen Mitteln eine Chance im Fußball haben. Diese Sehnsucht haben die Personen Stocker/Finke und der Klub als Institution verkörpert.«

250 000 Euro Ablöse für Freiburg zu viel

Ihr gepflegter Fußball brachte der Finke-Truppe den Namen »Breisgau-Brasilianer« ein und in der Saison 1994/95 einen Ehrenplatz in der Geschichte der Bundesliga: Die Mannschaft ohne große Namen besiegte das Starensemble des FC Bayern (Trapattoni als Trainer, Kahn, Matthäus, Helmer, Hamann, Scholl, Ziege, Papin, Sutter als Spieler) mit 5:1 und wurde am Ende Dritter.

Mit einem Fassungsvermögen von 25 000 Zuschauern ist das Freiburger Dreisam-Stadion neben der Leverkusener BayArena (22 500) das kleinste Stadion der Bundesliga, mithin also ungeeignet, dem Klub ohne einen Konzern im Rücken, die Taschen zu füllen. So gehen die Badener, gerade mal wieder in die höchste Spielklasse aufgestiegen, mit dem Mini-Etat von 25 Millionen Euro in die Saison 2003/04 (zum Vergleich: der FC Bayern gibt 100 Millionen Euro als Etat

Trikotwerbung: Diese 10 kassieren am meisten

Mit maximal 20 Millionen Euro pro Saison (Laufzeit bis 2008) kassiert der FC Bayern am meisten Geld für die Trikotwerbung. Sponsor ist die Telekom. Mit 15 Millionen Euro von E.ON (Laufzeit bis 2006) folgt Borussia Dortmund auf Platz zwei.

Die nächsten Plätze auf der Geldrangliste belegen:
3. Bayer Leverkusen 8 Millionen Euro von RWE (nur bis 2003)
4. FC Schalke 04 7,5 Millionen Euro von Viktoria Versicherungen (bis 2004)
5. Hertha BSC 6 Millionen Euro von Arcor (nur bis 2003)
6. Hamburger SV 5,7 Millionen Euro vom Verlag Milchstraße mit TV Spielfilm (nur bis 2003)
7. VfL Wolfsburg 5 Millionen Euro von der Volkswagen AG (unbefristet)
8. 1. FC Kaiserslautern 4,6 Millionen Euro von der Deutschen Vermögensberatung (bis 2004)
9. Borussia Mönchengladbach 3,5 Millionen Euro von Jever (bis 2004)
10. VfB Stuttgart 3,3 Millionen Euro von Debitel (nur bis 2003)

PS: Diese Zahlen, teilweise geschätzt, sind dem »Kicker-Sonderheft für 2002/03« entnommen.

an). Wie gering die Mittel des ehemaligen Oberstudienrates Finke sind, machten Verhandlungen mit dem HSV deutlich: 250000 Euro Ablöse

für den Mittelfeldspieler Christian Rahn waren dem Trainer, der in Freiburg auch Manager spielt, einfach zu viel.

Feilschen ist der Zwang der Armen: So konnte auch Eintracht Frankfurts Trainer Willi Reimann Energie Cottbus nur 300000 Euro für den Rumänen Laurentiu Reghecampf bieten. Die Lausitzer forderten das Doppelte.

Der Absturz der BVB-Aktie

Klubs wie der FC Bayern, Borussia Dortmund, Bayer Leverkusen (bis zum Einbruch im Jubiläumsjahr) und neuerdings auch der FC Schalke denken und handeln in anderen Dimensionen: Am 31. Oktober 2000 gingen die Dortmunder an die Börse. Die Aktien machten 260 Millionen Mark flüssig – Kapital, das zu einem großen Teil in neue Spieler wie dem Brasilianer Amoroso (allein 50 Millionen Mark Ablöse)

und die Tschechen Rosicky (25 Millionen) und Koller (21 Millionen) investiert wurden. Mit Unmut reagierten die Aktionäre des BVB auf die Entwicklung an der Börse. Die für 11 Euro erworbene Aktie sackte am letzten Spieltag der 40. Bundesligasaison (1:1 zu Hause gegen Cottbus und damit Verlust des zweiten Tabellenplatzes) unter 3 Euro ab. Und bislang haben die Aktionäre noch keinen Cent Dividende gesehen.

Brachte den BV Borussia Dortmund im Jahre 2000 an die Börse und konnte so über 260 Millionen Mark zusätzlich verfügen: Rechtsanwalt Gerd Niebaum, seit vielen Jahren an der Spitze des Traditionsklubs im Ruhrgebiet und seit längerem bemüht, den BVB auf Augenhöhe mit dem FC Bayern zu bringen.

Kein Stadion kann es an Luxus mit der »Arena AufSchalke« aufnehmen, in der 60 597 Besucher im Trockenen sitzen. Bei Regen läßt sich das 560 Tonnen schwere Schiebedach in 25 Minuten schließen.

Zehn Prozent für Adidas

Der FC Bayern ging einen anderen Weg, um zu neuem Geld zu kommen. Die Münchner schlossen im Herbst 2001 eine Partnerschaft mit Adidas. 75 Millionen Euro schüttete der Weltkonzern aus Herzogenaurach für eine 10prozentige Beteiligung am FC Bayern aus. Manager Hoeneß feierte den Deal als Geniestreich: »Es war eine goldene Entscheidung, dass wir nicht an die Börse gegangen sind. Wenn ich wie Borussia Dortmund nur noch 25 Prozent meiner Aktien halte, dann habe ich weniger Potenzial als Bayern München mit 90 Prozent.« Schalke 04, eifrig bestrebt die dritte Kraft im deutschen Profifußball zu werden (siehe auch: »Wohin geht die Reise«), könnte sich mit dem Luxusstadion

»Arena AufSchalke« langfristig verhoben haben, wenn die »Königsblauen« lange Zeit auf der internationalen Bühne nicht präsent sind.

Im Mai 2003 war im »Spiegel« zu lesen: »Im April hat Schalke einen Teil seiner Zuschauereinnahmen verpfändet. In den nächsten 24 Jahren muss der Club je 7,5 Millionen Euro zurückzahlen für ein Darlehen eines amerikanischen Kapitalanlegers über 85 Millionen Euro. Das neue Geld wird zur Tilgung alter Schulden in Höhe von 32 Millionen Euro und für künftige Investitionen genutzt.«

Bei solchen Belastungen sind Männer wie Volker Finke sicherlich froh, nicht zum »Klub der Reichen« zu gehören.

Eine Goldgrube wie die »Arena AufSchalke« ist das Dortmunder Westfalenstadion, das schon seit Jahren beinahe Woche für Woche bei nationalen und internationalen Spielen des BV Borussia bis zum Rande gefüllt ist.

145

Helden
für einen **Tag**

Adi Preißler war im Sommer 1969 froh, mit Rot-Weiß Oberhausen das erste Jahr in der Bundesliga relativ problemlos überstanden zu haben. Den 14. Platz feierten die Fans des Ruhrgebietvereins als kleinen Triumph. Doch den Trainer, der in der Zeit vor der Bundesliga als Halbstürmer des BVB in Dortmund einen ähnlichen Status hatte wie Fritz Walter in Kaiserslautern, beschlichen Bedenken. Preißler suchte intensiv nach einem Stürmer, der Lothar Kobluhn und Franz Krauthausen beim Toreschießen helfen sollte.

Er fand ihn in Gelsenkirchen beim Amateurverein Eintracht. Ein gewisser Hans Schumacher war Preißler ins Blickfeld geraten und dazu auch noch billig. Also griff er zu, hatte allerdings nach einigen Wochen das Gefühl, daneben gegriffen zu haben. Im Vorbereitungslager in Bad Pyrmont bekam Schumacher 40 Grad Fieber und Penicillin gegen eine drohende Lungenentzündung. Wochen vergingen anschließend, ehe er wieder bei Kräften war.

Da staunte sogar Uwe Seeler: Im Spiel gegen den HSV am 12. September 1970 erwischte Nobody Hans Schumacher von Rot-Weiß Oberhausen einen sensationell guten Tag. Viermal traf er beim 8:1-Sieg der Westdeutschen über den Renommierklub von der Waterkant. Anschließend konnte sich Schumacher vor Freibier kaum retten.

Vier Tore gegen Uwe Seeler & Co.

Am 12. September 1970 wagte Preißler einen ersten Versuch mit ihm. Beim 3:3 gegen Rot-Weiß Essen erzielte Schumacher sein erstes Bundesligator und durfte auch am 26. September gegen den großen Favoriten HSV in Oberhausen auflaufen.

Die Hanseaten, die mit Uwe Seeler, Gert Dörfel, Franz-Josef »Bubi« Hönig und Klaus Zaczyk etablierte Bundesligaspieler in ihren Reihen hatten, legten schon in der 7. Minute das 1:0 durch Hönig vor und schienen auf einen souveränen Sieg zuzusteuern.

Doch die Hamburger passten nicht genug auf Schumacher auf. Schon in der 13. Minute bestrafte der Nobody die ohne die verletzten Willi Schulz, Peter Nogly und Jürgen Kurbjuhn recht wacklige Abwehr mit dem Tor zum 1:1. Dieser Treffer sollte der Beginn eines Sturmlaufes der Oberhausener und Schumacher am Ende der Held des Spiels werden. Der HSV verlor mit 1:8; Schumacher bezwang HSV-Torhüter Öczan gleich viermal und konnte sich anschließend im Vereinsheim vor Bierrunden kaum retten.

Danach wurde es still um ihn. Vor dem Spiel am 11. November »auf Schalke« fiel er beim Training auf die Betoneinfassung des Rasenplatzes und zog sich eine tiefe Fleischwunde an der Hand zu. Zwei Wochen trug er Gips und die Angst mit sich herum, den Anschluss zu verpassen. Am Ende der Saison entging Oberhausen nur knapp dem Abstieg (siehe auch: »Der Bundesligaskandal«) und feierte neben dem Klassenerhalt Lothar Kobluhn mit 24 Treffern als Torschützenkönig der Bundesliga. Hans Schumacher rangierte mit sechs Toren »unter ferner liefen«.

Bayern staunten über Hausmann

Ein völlig unbeschriebenes Blatt war Christian Hausmann, als er 1986 von den Reinickendorfer Füchsen zum Konzernklub Bayer 04 Leverkusen kam. Für nur 25 000 Mark Ablöse übernahm Chefeinkäufer Reiner Calmund Hausmann unbesehen, zumal »der Dicke« in der Vergangenheit mit einigen Berlinern gut gefahren war: 1981 hatte er Torhüter Rüdiger Vollborn, 1982 Thomas Zechel, 1983 Günter Drews an den Rhein geholt und 1984 Falko Götz und Dirk Schlegel verpflichtet, die bei einem Europacupspiel ihres Klubs Dynamo Berlin in Belgrad geflohen waren.

Trainer Ribbeck sah in Hausmann einen »Ergänzungsspieler«, setzte ihn gelegentlich ein und nahm ihn am 1. November 1986 auch mit zum Spiel beim FC Bayern. Die Mannschaft des Chemiekonzerns lag vor diesem Spiel nur zwei Punkte hinter dem Titelverteidiger aus München. Zur Verwunderung der 47 000 Zuschauer spielten die Leverkusener, sonst immer eher Angsthasen im Olympiastadion, groß auf. Im Mittelfeld bestimmte nicht etwa das Trio Matthäus/Brehme/Flick, sondern – man lese und staune – Schreier/Rolff/Hausmann das Geschehen. Und vorn wirbelten Waas, Bum Kun Cha und Götz die Bayern-Abwehr mit Nachtweih, Augenthaler, Eder und Pflügler gehörig durcheinander. Die größte Gefahr ging dabei vom Sprinter Hausmann aus, dessen Tempovorstößen zu folgen, Matthäus wie auch Brehme nicht imstande waren. Es dauerte

Uli Hoeneß war begeistert von ihm, und Bayern-Trainer Lattek hatte ihn nicht auf der Rechnung. Der Berliner Christian Hausmann, in den Diensten von Bayer Leverkusen, fegte am 1. November 1986 beim 3:0-Sieg des Konzernklubs im Münchner Olympia-stadion wie ein Hurrikan durch die Bayern-Abwehr und krönte ein Solo mit dem Tor zum 2:0 (im Bild, am Boden Torhüter Pfaff).

freilich bis zur 79. Minute, ehe der rotblonde Berliner eines seiner Soli mit einem Tor krönen konnte. Ein Zuspiel von Waas schloss er mit einem spektakulären Schuss in den Torwinkel ab; Bayern-Torhüter Pfaff hatte das Leder gar nicht kommen sehen. Drei Minuten vor dem Abpfiff erzielte Götz noch das 3:0 und Hausmann nach dem Abpfiff das ungeteilte Interesse der Experten. Bei der Pressekonferenz gab Bayern-Trainer Lattek zu, dass er Hausmann nicht auf seiner Rechnung hatte. Und Manager Uli Hoeneß schwärmte: »Ich habe lange keinen Spieler mehr gesehen wie den bei Bayer mit der Nummer zehn.«

Niere und Milz entfernt

Wochen später war Hausmanns Höhenflug zu Ende. Mit einem Eigentor zum 1:2 leistete er im Haberland-Stadion unfreiwillig Vorarbeit zum 1:4 gegen den »kleinen Bruder« Bayer 05 Uerdingen. Von Ribbeck-Nachfolger Rinus Michels ignoriert wechselte er entnervt vor der Saison 1988/89 zum 1. FC Nürnberg, wo ihm ein ähnlich starker Auftritt wie in München nicht mehr gelingen sollte. Zurück an die Spree, wollte er 1991/92 mit Absteiger Hertha BSC gleich wieder erstklassig werden. Doch ein Unfall auf dem Rasen stoppte seine Karriere von einer Minute auf die andere: In Meppen erzielte Hausmann 1991 das Siegtor, prallte dabei mit Meppens Torhüter Manfred Kubik zusammen und erlitt innere Blutungen. Im Krankenhaus entfernten die Ärzte eine Niere und die Milz. Ein paar Monate später wurde Hausmann Sportinvalide und bei der Hertha als Spielerbeobachter auf die Gehaltsliste gesetzt.

Applaus sogar von Sepp Maier

»Der ist zu schade für die zweite Liga«, meinte Saarbrückens Trainer Manfred Krafft und holte Stürmer Roland Stegmayer von Hannover an die Saar. Beim neuen Klub sollte Stegmayer zuvorderst Torjäger Harry Ellbracht gute Flanken liefern. Im Spiel gegen den FC Bayern am 16. April 1977 aber ging Stegmayer

Der 16. April 1977 gehört zu den Tagen, an die sich der FC Bayern ungern erinnert: Damals unterlagen die Münchner beim 1. FC Saarbrücken mit 1:6. Held des Spiels war der kleine Flügelstürmer Roland Stegmayer (auf dem Bild mit Berti Vogts), der Sepp Maier gleich viermal überwand. Eigentlich als Flankenlieferant verpflichtet, entdeckte er im Spiel gegen den Rekordmeister seine Torjägerqualitäten.

selbst auf Torejagd. Und als er in der 21. Minute per Fallrückzieher das 1:0 für
die Saarländer erzielt hatte, applaudierte sogar Bayern-Torhüter Sepp Maier.
Noch vor der Pause erhöhte Stegmayer auf 2:0.

In der zweiten Halbzeit ging Stegmayers Stern erst recht auf und die Bayern-
Abwehr mit der 74-er Weltmeisterachse Maier/Beckenbauer/Schwarzenbeck
völlig unter. Stegmayer zauberte Maier zwei weitere Tore ins Netz, und da auch
Ludwig Schuster und Ludwig Dahn für den Gastgeber trafen, fuhren die
Münchner mit einer 1:6-Packung an die Isar zurück.

1978 stieg Saarbrücken wieder ab. Um die Lizenz zu erhalten, musste der Klub
den kleinen Stürmer Stegmayer verkaufen. Jean Löring, der Präsident und
Mäzen des Zweitligaklubs Fortuna Köln, gewann das Tauziehen gegen den
FC Schalke. Doch weil es mit Lörings angestrebtem Aufstieg in die Bundesliga
nichts wurde, verließ der 29-jährige 1980 den Klub aus der Kölner Südstadt.
Anschließend spielte er noch ein paar Jahre im schwäbischen Giengen.

Fischer-Ersatz schoss Köln k.o.

Ein ganz besonderer Tag war für Klaus Scheer vom FC Schalke 04 der 1. September 1971. Gegner 1. FC Köln, mit Spielern wie Overath, Flohe, Simmet,
Wolfgang Weber, Biskup, Rupp und Löhr nach wie vor eine erste Adresse in der
Bundesliga, peilte den Titelgewinn an. Vor dem Anpfiff in Gelsenkirchen überraschte der risikofreudige Trainer Gyula Lorant mit der Ankündigung: »Wir
spielen ohne Libero.« Sein System: Die Innenverteidigung agierte im freien
Raum.

Doch das Experiment sollte gründlich misslingen und das Spiel für den Siegerländer Scheer zum größten Erfolgserlebnis seiner Laufbahn werden. In der
Abwehr der Kölner, die ohne Karl-Heinz Thielen spielte, weil Lorant den intelligenten Verteidiger für eine Mimose hielt, ging es drunter und drüber. Der
gelernte Mittelfeldspieler Scheer, der Klaus Fischer vertrat (der Torjäger
kurierte eine Muskelzerrung aus), wurde zum Schrecken des Lorant-Teams.
Er bezwang FC-Keeper Gerhard Welz bis zur Halbzeit gleich viermal – ein
Klatschmarsch des Publikums begleitete ihn in die Kabine. Im zweiten Durch-
gang steuerte Scheer noch ein Tor zum 6:2-Endstand bei.

Nach der Pleite »auf Schalke« gab Lorant seine Idee, den Bundesligafußball in
Köln zu revolutionieren, wieder auf. »Uns Deutschen liegt die Raumdeckung
nicht. Wir wollen eine Aufgabe zugewiesen haben«, kommentierte Wolfgang
Overath den Reinfall von Gelsenkirchen.

Ein paar Jahre später widerlegte der Ungar in Frankfurt die Ansicht des Köl-
ners. Die Eintracht, dirigiert von Jürgen Grabowski, kapierte das System und
zeigte unter Lorant begeisternden und erfolgreichen Fußball. Klaus Scheer aber
rückte nie mehr so ins Rampenlicht wie an diesem 1. September 1971.

Im Spiel des FC Schalke 04 gegen den 1. FC Köln am 1. September 1971 hatte der Siegerländer Klaus Scheer (hier gegen Rot-Weiß Essen) seinen großen Auftritt. Schalkes Ersatzmittelstürmer profitierte von der missglückten Taktik des ungarischen Trainers Lorant, der auf direkte Stürmerbewachung verzichtet hatte, und erzielte beim 6:2-Sieg der Westfalen über die Rheinländer gleich fünf Tore.

Fünf Tore gegen Oliver Kahn

Für Frank Hartmann wird der 1. November 1986 unvergesslich bleiben. An diesem Tage erzielte der Profi des 1. FC Kaiserslautern gegen seinen ehemaligen Arbeitgeber FC Schalke 04 alle fünf Tore zum 5:1-Sieg und wurde nach dem Abpfiff im Fritz-Walter-Stadion wie ein Volksheld gefeiert. Nie mehr stand der aus der Eifel stammende Spieler anschließend so im Mittelpunkt.

Michael Tönnies war 31, als er den Höhepunkt seiner Profikarriere erlebte. In seinem letzten Bundesligajahr traf er am 28. August 1991 fünfmal für den MSV Duisburg beim 6:2-Sieg über den Karlsruher SC – fünf Tore gegen Oliver Kahn, verständlich, dass ihn die Kollegen auf den Schultern vom Platz trugen.

Die **Psychotricks** der **Trainer**

Ernst Happel hielt es wie Humphrey Bogart in »Casablanca« – »Schau mir in die Augen, Kleines« – und pflegte die Spieler des HSV mit Blicken zu hypnotisieren, ohne ein Wort zu sagen. Auf diese Weise gelang es dem Grantler aus Wien, Spannungen in der Mannschaft aufzubauen, die der Qualität ihres Spiels nützten. Nur selten griff er in die Schimpfwörter-Kiste. Problemspieler Wolfram Wuttke nannte er in Rage schon mal einen »Wurstl« oder noch despektierlicher einen »Arsch«.

Um sich Gehör zu verschaffen, sind alle Mittel recht: Otto Rehhagel, Autoritätsperson 14 Jahre lang in Bremen und später beim 1. FC Kaiserslautern, griff während seines Engagements beim FC Bayern auch schon mal zum Megaphon, was Zaungäste amüsierte und Fotografen dankbar quittierten.

Eine Metapher wört-
lich genommen: Max
Merkel, als Trainer
mit dem TSV 1860
München und dem
1. FC Nürnberg Meis-
ter, haut hier auf die
Pauke. Für kräftige
Töne sorgt der große
Spötter bis zum heu-
tige Tage, gegen ent-
sprechendes Honorar
gelegentlich auch als
»Bild«-Kolumnist.

Als Hansi Müller ihn in Innsbruck anflehte: »Trainer, wir müssen reden«, ließ
ihn Happel schnöde abblitzen: »Wann's reden wollen, müssn's Staubsauger-
vertreter werden; ich brauche nur Fußballer.«
Wer im Dialog seine rüden Umgangsformen zum Thema machen wollte,
bekam zu hören: »Das Wichtigste für die Arbeit eines Trainers ist, dass die
Spieler wissen, wer der Chef ist.« Beim HSV wussten es alle, von Uli Stein
über Manfred Kaltz und Felix Magath bis zu Horst Hrubesch.

Verräterische Schweißtropfen …
Der Kroate Branko Zebec, ähnlich strukturiert wie Happel, besaß ein untrüg-
liches Gefühl für private Sünden der Spieler. HSV-Profi Caspar Memering
(303 Bundesligaspiele für den HSV, 17 für den FC Schalke 04) erzählte einmal
in kleiner Runde, Zebec habe an den Schweißtropfen im Nacken ablesen können, wie viele Biere einer am Vorabend getrunken hatte. »Das hat uns mächtig
beeindruckt und unsere Disziplin gestärkt.«

»Der trainiert zuviel die Hinterköpfe der Spieler. Am Ende haben
zwar alle das Abitur, aber der FC Bayern hat keine Punkte.«
Bayern-Präsident Wilhelm Neudecker über »Fußballprofessor« Dettmar Cramer,
als die Münchner in der Saison 1977/78 mit ihm als Trainer in der Bundesliga auf
Platz zwölf abrutschten

Sie starben im Beruf

Oswald Pfau, im April 1968 Nachfolger für Heinz Murach als Trainer beim BV Borussia Dortmund, starb, 56 Jahre alt, im Dezember des Jahres an einem Herzinfarkt. Den Herztod fand auch Gyula Lorant im Mai 1981 während eines Spiels des von ihm betreuten PAOK Saloniki. Der Ungar, der in der Bundesliga von 1965 bis 1979 beim 1. FC Kaiserslautern, MSV Duisburg, 1. FC Köln, bei den Offenbacher Kickers, der Frankfurter Eintracht, beim FC Bayern und dem FC Schalke 04 beschäftigt war, wurde 58. Auch Hennes Weisweiler, Erfolgstrainer in Gladbach (1965–1975) und Köln (1976–1980) überlebte einen Herzinfarkt nicht. Der geborene Kölner, der in zweiter Ehe mit 60 noch Vater eines Sohnes wurde, starb in Zürich, wo er die Grasshoppers trainierte, zu Hause im Bett.
Im November 1992 wurde Ernst Happel in Wien zu Grabe getragen. Der passionierte Zigarettenraucher, mit dem HSV 1983 Europapokalsieger der Landesmeister, erlag zwei Wochen vor seinem 67. Geburtstag einem Krebsleiden. Österreichs Fußball-Ikone betreute, schon von der Krankheit gezeichnet, bis zuletzt die Nationalmannschaft der Alpenrepublik.

Hennes Weisweiler, im Juni 2003 von den Lesern des »Kicker« mit großem Vorsprung (44,6 Prozent) vor Ottmar Hitzfeld (17,1 Prozent) und Ernst Happel (15,1 Prozent) zum besten Trainer der Bundesliga gewählt, schaffte es mit dezenten Erpressungen, den Adrenalinspiegel seiner Spieler leistungsfördernd anzuheben. »Wenn wir wieder nicht Meister werden, verlasse ich den Klub«, drohte er vor Beginn der Saison 1969/70 der Mannschaft um Günter Netzer. Und weil die Gladbacher Spieler wollten, dass der Trainer bleibt, riefen sie allesamt ihr Potenzial ab – wie es neudeutsch heißt – und wurden Meister vor dem FC Bayern.

Streit als Erfolgsrezept

Um Günter Netzer spielerisch auf Hochtouren zu bringen, bedurfte es für Weisweiler nur eines bewusst angezettelten Streites, dem in der Regel eine mehrtägige Funkstille mit positiver Wirkung folgte.
Christoph Daum, im Herbst 1986 nach der Entlassung von Georg Kessler beim 1. FC Köln zum Cheftrainer befördert, betätigte sich vor einem Bundesligaspiel einmal als Brachial-Psychologe, nagelte zehn Tausendmarkscheine in Bremen an die Kabinentür und brüllte: »Männer , dieses Geld wollen euch die Bremer wegnehmen.« Kurzfristig funktionierte diese Methode, langfristig nicht. Und so suchte der gebürtige Sachse nach neuen Wegen, den Gegner zu verunsichern und die eigene Mannschaft zu stimulieren.

In der Saison 1988/89 eröffnete Daum den »Psychokrieg« gegen Bayern-Trainer Jupp Heynckes. In 17 Spielen ungeschlagen, mit einem Team, das beinahe besser besetzt schien als der Rivale von der Isar (Illgner, Steiner, Kohler, Olsen, Povlsen, Littbarski, Häßler, Götz, Uwe Rahn und Thomas Allofs) glaubte er, die Münchner und ihren Trainer durch gezielte Beleidigungen nervlich zermürben zu können.

Hemmungsloser Daum

»Der Wetterbericht ist interessanter als ein Gespräch mit Heynckes«, spottete er. Öffentlich nannte er den Gladbacher eine »Schlaftablette«. In einem Acht-Augen-Gespräch im ZDF-Sportstudio über Streitkultur – auf der einen Seite Uli Hoeneß und Heynckes, auf der anderen Udo Lattek und Daum – wies der Bayern-Manager den Kölner Coach in die Schranken: »Ich habe mal gesagt, dass der Daum Bleischuhe braucht, um nicht abzuheben. Aber jetzt braucht er Medikamente gegen den Höhenrausch« (siehe auch: »Die Kokainaffäre des Christoph D.«). Daums verbale Attacken gegen Heynckes animierten die Mannschaft des FC Bayern zu besonderen Leistungen auf der Ziellinie der Saison: Am 31. Spieltag entschieden die Münchner das direkte Duell der Titelaspiranten in Köln durch drei Tore von Roland Wohlfarth mit 3:1 für sich.

Mit nackten Füßen über Scherben

In der Saison 1996/97 lag Daum mit Bayer Leverkusen vor dem 33. Spieltag nur einen Punkt hinter dem FC Bayern. Mit seinem Star-Ensemble vom Konzernklub (Nowotny, Wörns, Ramelow, Heintze, Nico und Robert Kovac, Sergio, Kirsten und Meijer) hoffte er, die Münchner noch überflügeln zu können. Doch in Köln ging der Schuss für Bayer nach hinten los: Die Daum-Truppe unterlag 0:4, dreimal traf Toni Polster. »Da hat der Chefpsychologe Daum wohl etwas zu viel Gas gegeben«, lästerte Manager Hoeneß bei der Meisterfeier auf dem Münchner Marienplatz.

Als Daum mit seinem Psychologie-Latein in Leverkusen am Ende schien, kam er auf die Idee, den Motivationstrainer Jürgen Höller zu verpflichten, der bis dato en masse Manager der deutschen Industrie mental gepuscht hatte. Höller ließ die Bayer-Profis mit nackten Füßen über Scherben laufen und versprach dem Klub, auf diese Weise die Willenskraft der Fußballmillionäre zu steigern.

Meister wurden die Leverkusener auch mit Höllers Masche nicht, der ein paar Jahre später Schlagzeilen dann auf ganz andere Art machen sollte: Das Landgericht Würzburg sprach den Mental-Guru der Untreue, des vorsätzlichen Bankrotts und der falschen Eidesstattlichen Versicherung für schuldig und verurteilte Höller zu drei Jahren Haft. Der Angeklagte hatte unter anderem zugegeben, 900 000 Euro Firmengelder für sich abgezweigt zu haben.

Toppmöller schleppte einen Adler an

Seine Stärke war es, mit knappen Sätzen viel zu sagen. Hier lauschen die Spieler des FC Bayern höchst aufmerksam den Worten von Udo Lattek, dem mit den Münchnern zweimal der Meister-Hattrick gelang (1972 bis 1974 und 1985 bis 1987). Zu erkennen sind auf dem Bild ganz links Dieter Hoeneß, Dürnberger und Lerby, ganz rechts mit blonder Mähne der ehemalige DDR-Spieler Nachtweih.

Beachtliches Aufsehen erregte Klaus Toppmöller bei seinem Debüt als Bundesligatrainer 1993 in Frankfurt. Der Lockenkopf von der Mosel brachte zum Training einen lebenden Adler aus dem Zoo mit und appellierte an die Mannschaft, in der Bein, Yeboah, Okocha und Gaudino Fußballfeinkost servierten, die Eigenschaften des Raubvogels (das Wappentier der Eintracht) künftig gefälligst auf dem Rasen zu zeigen. Das Echo war dürftig. Nach einem kurzen Höhenflug stürzte die Eintracht im Frühjahr 1994 böse ab. Trainer Toppmöller wurde seine Nibelungentreue zum umstrittenen Torhüter Uli Stein zum Verhängnis. Beide bekamen in Frankfurt den Laufpass.

Beim VfB Stuttgart dachte sich Felix Magath in der Saison 2002/03 etwas ganz Besonderes aus, um die Spieler gedanklich fester an ihre Arbeit zu binden. Ob und wann Training ist, erfahren die Profis erst immer einen Tag zuvor. Gäbe er Wochenplane heraus, so Magaths Standpunkt, »würden sich einige mehr um ihre Freizeitgestaltung kümmern und sich nicht mehr voll auf ihren Job konzentrieren.«

Spieler, die es im Training allzu salopp angehen lassen, wie die Jungstars Hleb und Kuranyi einmal im Frühjahr 2003, müssen beim Trainer eine halbe Stunde Seilhüpfen, wenn die Kollegen längst unter der Dusche stehen. Probleme wegen solcher Strafaktionen muss Magath nicht fürchten: Seit Gerhard Mayer-Vorfelder die Schreibtische gewechselt hat, kann keiner mehr, wie das vorher beim VfB üblich war, zum VfB-Präsidenten fahren und sich bei Kaffee und Kuchen über vermeintlich schlechte Behandlung ausweinen.

Die Ideen gingen ihm nie aus, und so erwarb er sich den Ruf, ein Motivations-Guru zu sein: Christoph Daum, der in Leverkusen die Profis sogar mit nackten Füßen über Scherben laufen ließ. Meister wurde er mit seinen Tricks aber weder in Köln noch in Leverkusen.

»Durchsichtiger Zirkus«

Im April 2003 versuchte sich der sonst so seriöse Ottmar Hitzfeld zur Abwechslung mal als »Psychokrieger«. Vor dem Bundesligaspiel in Dortmund, seiner früheren Arbeitsstätte, bezichtigte der ehemalige Pädagoge die BVB-Profis der Schauspielerei: »Die drehen und überschlagen sich noch dreimal, wenn sie gefoult werden.« Dortmunds Manager Michael Meier bezeichnete die Vorhaltungen des Bayern-Trainers als »durchsichtigen Zirkus«. Hitzfeld wollte offensichtlich mit seinen Angriffen, den Schiedsrichter dieses Spiels (Zahnarzt Dr. Markus Merk) zu höchster Aufmerksamkeit inspirieren.

Kuriositäten

Zwei Monate bevor die Enthüllungen des Offenbacher Obst- und Gemüsehändlers Horst-Gregorio
Canellas die Bundesliga in ihren Grundfesten erschüt-
terten (siehe auch: »Der Bundesligaskandal«), gab es
auf dem Bökelberg in Mönchengladbach einen
Zwischenfall, der berechtigte Chancen gehabt hätte,
das schlagzeilenträchtigste Fußballereignis des Jahres
zu werden, wenn, ja wenn Canellas am 6. Juni 1971
seine brisanten Tonbänder nicht öffentlich abgespult
hätte: In der 88. Minute des Spiels VfL Borussia gegen
Werder Bremen flog der Gladbacher Herbert Laumen
mit Schwung ins Bremer Tor, krallte sich am Netz fest
und riss dabei den Torpfosten um.

So weit kann die Ver-
ehrung verirrter Fans
gehen: Bei einem
Spiel des FC Bayern
München kniet sich
ein jugendlicher
Zuschauer vor Tor-
hüter Sepp Maier und
faltet die Hände zum
Gebet ...

Knapp über der Grasnarbe war der Pfosten gebrochen, das Holz faul, wie sich herausstellte. Schiedsrichter Meuser forderte die Gladbacher auf, den Schaden umgehend zu beheben. Die Bremer, mit dem 1:1 durchaus zufrieden, schlugen allen Ernstes vor: »Unsere Ersatzspieler können den Pfosten ja die letzten zwei Minuten festhalten«, was Meuser natürlich ablehnte. Borussia-Manager Helmut Grashoff signalisierte, dass er den Schaden in kurzer Zeit nicht beheben lassen könne, und so brach der Schiedsrichter die Partie nach einer Viertelstunde Wartezeit ab.

Die Gladbacher hofften auf ein neues Spiel, die Bremer auf Anerkennung des Unentschiedens. Meuser hatte im Schiedsrichterbericht vermerkt: »Ich habe nicht den Eindruck gehabt, dass die Borussia alles Notwendige unternahm, um Ersatz für den zerbrochenen Pfosten herbeizuschaffen.«

Einige Wochen später fällte der DFB das Urteil, das die Gladbacher als ungerecht empfanden. Die Sportjuristen werteten das Spiel mit 2:0 für Werder und begründeten den Punktabzug so: Der Platzverein ist laut Satzung für Spielabbrüche, die auf mangelnden Platzaufbau zurückzuführen sind, verantwortlich. »Jetzt ist die Meisterschaft futsch«, jammerte Berti Vogts, weil Gladbach den Ein-Punkte-Vorsprung vor dem FC Bayern eingebüßt hatte. Torjäger Jupp Heynckes dagegen sagte: »Quatsch, das Urteil wirft uns nicht um.« (Siehe auch: »Entscheidungen auf der Ziellinie«)

Pfostenbruch in Mönchengladbach: Dieses Malheur Anfang Juni 1971 auf dem Bökelberg hätte den VfL Borussia beinahe um den Titel gebracht. Weil das Tor im Zeitlimit nicht repariert werden konnte, brach der Schiedsrichter das Spiel beim Stand von 1:1 ab. Der DFB wertete die Begegnung anschließend mit 2:0 für Werder Bremen, was in der Mannschaft um Netzer große Empörung auslöste.

Klaus Augenthaler erzielte in der Saison 1989/90 das Tor des Jahres: Im Pokalspiel bei Eintracht Frankfurt sah er, dass Torhüter Uli Stein an der Strafraumgrenze stand. In Bruchteilen von Sekunden realisierte der Bayern-Kapitän die Situation und zog aus 49 Metern ab. Noch ehe der Torhüter zurückgeeilt war, senkte sich der Ball zum 1:0 ins Netz. Es sollte das einzige Tor des Spiels bleiben.

Zwei Narben am Po ...

Ein schmerzvolles Erlebnis hatte der Schalker Verteidiger Friedel Rausch am 6. September 1969 in der Kampfbahn »Rote Erde« in Dortmund. Der Schalker stürmte, begeistert über das 1:0 seines Teamkollegen Hansi Pirkner gegen den BVB, dem Schützen entgegen, als plötzlich Hunderte von Fans auf den Rasen stürmten, mittendrin der fünf Jahre alte Schäferhund Rex, der sich von einem Ordner losgerissen hatte. Rex rauschte auf Rausch zu und biss ihm zweimal kräftig ins Hinterteil, ehe er das Weite suchte. Der Gebissene sank schreiend zu Boden. Rausch bekam eine Tetanusspritze und hielt das Spiel, das 1:1 endete, bis zum Schluss durch. Anschließend griff der DFB das Thema »Hundebiss« auf. An alle Ordnungsdienste in den Bundesligastadien erging der Erlass, dass Hunde fortan, einen Maulkorb zu tragen hätten – ein Ukas, der bis heute Bestand hat. Rausch erinnern zwei Narben am Po an das Spiel am 6. September 1969.

Pfaffs unglückliche Premiere

Ein Einstand, an dem ein zartbesaiteter Spieler möglicherweise zerbrochen oder zumindest zeitweise zum Fall für den Psychiater geworden wäre, widerfuhr im Auftaktspiel der Saison 1982/83 dem belgischen Startorhüter Jean-Marie Pfaff. In seinem ersten Bundesligaspiel für den FC Bayern München in Bremen bugsierte Pfaff nach einem weiten Einwurf von Uwe Reinders den Ball ins eigene Tor. Zur Überraschung der Umwelt verbuchte Pfaff seine verpfuschte Premiere, die den FC Bayern eine 1:0-Niederlage eintrug, als hilfreiche Erfahrung: »Das Tor war positiv für mich. Ich war sofort überall bekannt; vom Fernsehen wurde es zehnmal wiederholt«, freute er sich nachträglich, als er längst zum Hauptdarsteller im »FC Hollywood« aufgestiegen war, in einem Interview für den »Playboy«. Schon nach dieser ersten Saison waren sich Vorstand und Manager beim FC Bayern einig: »Pfaff ist der beste Einkauf seit Jahren.« An den Titelgewinnen 1985, 1986 und 1987 hatte der Belgier mit überragenden Leistungen maßgeblichen Anteil.

Gegen den 1. FC Nürnberg stocherte Bayern-Profi Thomas Helmer am 23. April 1994 den Ball am Pfosten vorbei. Der Schiedsrichter aber gab Tor für München. Nach der 1:2-Niederlage legten die Franken Protest ein und erzwangen ein Wiederholungsspiel, das 0:5 verloren ging. Rechts im Bild der Kolumbianer Adolfo Valencia, der von 1993 bis 1995 beim FC Bayern spielte.

Vor seinem Abschiedsspiel 1991 hielt der Sportinformationsdienst Düsseldorf (SID) eine bemerkenswerte Laudatio auf den Torhüter: »Pfaff war der erste Spieler, der bewusst und systematisch die Nähe der Fans suchte. Was heute vom Verein nach Kräften gefördert wird, um das Bild eines hochnäsigen Klubs zu korrigieren, war seinerzeit noch suspekt.«

Wirbel um ein »Phantom-Tor«

Ein »Phantom-Tor« des Bayern-Spielers Thomas Helmer sorgte am 23. April 1994 für reichlich Gesprächsstoff. Millionen am Bildschirm wurden Zeuge, wie Helmer im Spiel gegen den 1. FC Nürnberg der Ball nach einer Ecke von Witeczek auf Umwegen über Kreuzer auf den Oberschenkel fiel und von ihm mit der Hacke ins Tor-Aus gestochert wurde. Schiedsrichter Hans-Joachim Osmers aber gab Tor für die Münchner. Zu Recht regten sich die Club-Spieler auf, allen voran Nationaltorhüter Andreas Köpke, der den Protest, den der Vorstand nach der unglücklichen 1:2-Niederlage einlegte, lebhaft unterstützte.

Das Wiederholungsspiel, das der DFB anordnete, verloren die Nürnberg sang- und klanglos mit 0:5. Am Ende der Saison stiegen sie ab, und die Bayern-Spieler stießen auf einen weiteren Titelgewinn an.

Die »verrückte Bogenlampe«

Ein Tor von höchstem Seltenheitswert glückte dem Bremer Mittelfeldspieler Fabian Ernst am 5. April 2003 bei Werders 2:1-Sieg in Dortmund. Als BVB-Torhüter Roman Weidenfeller, der den verletzten Jens Lehmann vertrat, aus dem Tor stürmte und einen Steilpass der Bremer abfing, landete der Befreiungsschlag genau vor den Füßen von Ernst, der aus 46 Metern Entfernung den Ball mit der Innenseite annahm und sofort zurückschoss. In hohem Bogen segelte der Ball über den zurückeilenden Weidenfeller ins Netz – ein »Traumtor«, das aus ähnlicher Entfernung in der Bundesliga vor dem Bremer schon Klaus Augenthaler beim FC Bayern sowie Bernd Schuster und Bernd Schneider bei Bayer Leverkusen gelungen war.

»Ich hoffe, dass es kein Selbstmordversuch war.«

Der Schalker Torhüter Frank Rost
zum Treppensturz von Rudi Assauer
im Frühjahr 2003, bei dem der
Schalke-Manager ein blaues Auge
und einen Riss an der Braue
davontrug

Emotionen

Fußball, sagte einmal ein kluger Kopf, sei pralles Leben im Zeitraffer. Lust und Last, Freude und Frust gilt es in 90 Minuten zu bändigen oder zu ertragen – ein Anspruch, dem selbst Vorzeigespieler in 40 Bundesligajahren nicht immer zu genügen vermochten.

Sogar Franz Beckenbauer spielten seine Emotionen in jungen Profijahren gelegentlich einen Streich. In der Saison 1968/69, als der »Kaiser« noch nicht der »Kaiser« und die Lichtgestalt des deutschen Fußballs war, reagierte er in einem Spiel des FC Bayern in Hannover auf Pfiffe des Publikums, das sich mit seiner manchmal leicht arrogant wirkenden Spielweise nicht anfreunden wollte, rotzigfrech: Beckenbauer präsentierte sich in Manneken-Piss-Pose und kassierte anschließend von DFB-Richtern eine saftige Geldstrafe.

Noch schlimmer erwischte es in diesem Spiel Gerd Müller, der wegen eines Schubsers vom Platz gestellt und daraufhin acht Wochen gesperrt wurde. Der Schiedsrichter wollte eine Ohrfeige des Bayern-Torjägers gegen Jupp Heynckes gesehen haben – ein Delikt, das der Gladbacher, damals für Hannover stürmend, nie bestätigte.

Ein Foul, das Emotionen aufwallen ließ

Der Bremer Abwehrspieler Norbert Siegmann trifft am 14. August 1981 Ewald Lienen am Bein. Dabei schlitzen die Aluminiumstollen des Schuhs den Oberschenkel des Gladbachers auf – eine furchtbar anzuschauende, 25 Zentimeter lange Wunde. Sie wird anschließend im Bremer Krankenhaus »Links der Weser« mit 23 Stichen genäht. Weit schlimmer sind die Folgen für den HSV-Profi Ditmar Jakobs bei einem Missgeschick acht Jahre später: Im Spiel gegen Werder Bremen rutscht Jakobs bei einem Rettungsversuch auf der Torlinie in einen Stahlhaken, der das Tornetz im Rasen verankert. Im Krankenhaus wird festgestellt, dass der Haken Nervenstränge im Rücken durchgetrennt hat. Für den Spieler bedeutet der Unfall das Karriere-Aus nach 493 Bundesligaspielen.

Besonders schwer fiel es Ulf Kirsten, sein Temperament auf dem Platz zu - zügeln. Nach Toren – in 350 Bundesligaspielen erzielte er immerhin 181 – raste der Sachse in den Diensten von Bayer Leverkusen in der Regel im Sprinttempo in die nächstliegende Stadionkurve, kletterte von den Schreien seiner Fans begleitet, höchst ekstatisch den Metallzaun hoch und streckte die Faust nach oben.

Klose und sein Salto vorwärts

Bewunderung löste aus, wie Kaiserslauterns Stürmer Miroslav Klose seine Tore feierte. War er in guter Stimmung, demonstrierte er unmittelbar nach dem Erfolgserlebnis einen perfekten Salto vorwärts.

Frustrierte Spieler ließen sich auch schon mal zu einer unentschuldbaren Tätlichkeit hinreißen. So rammte Kirsten dem Thüringer Linke im Spiel Leverkusen gegen den FC Schalke 04 den Ellbogen brutal ins Gesicht, was der Schiedsrichter nicht bemerkte, das Fernsehen aber festhielt. Die DFB-Richter zogen den Missetäter deshalb für fünf Spiele aus dem Verkehr.

Doppelt so hoch (10 Pflichtspiele) fiel die Strafe für Uli Stein aus, der im Spiel um den Supercup – Meister FC Bayern gegen DFB-Pokalsieger HSV – am 28. Juli 1987 dem Bayern-Torjäger Jürgen Wegmann die Faust unter das Kinn schlug, als der Westfale kurz vor Schluss das 2:1-Siegtor für die Münchner erzielt hatte. Die Wut hatte sich bei dem als Hitzkopf bekannten Torhüter nach dem 1:1-Ausgleich der Bayern aufgestaut, bei dem gleich drei Münchner im Abseits standen, was Schiedsrichter Dieter Pauly und seinen Assistenten entgangen war.

Mit Vorwürfen gegen Schiedsrichter war er nie kleinlich und deshalb oft vom Deutschen Fußball Bund zu hohen Geldstrafen verurteilt worden: Werner Lorant, der bis zum Oktober 2001 den TSV 1860 München trainierte. 2003 erklärte der DFB den Choleriker zur »unerwünschten Person«, nachdem Lorant den Verband als »Mafia« bezeichnet hatte.

Stein war schon »vorbelastet«

Dass Stein seinerzeit härter bestraft wurde als der Dresdner Kirsten in den 90er-
Jahren läßt sich nur so erklären: Stein war Wiederholungstäter, stand, wenn
man so will, beim DFB auf der »schwarzen Liste«. Ein Jahr zuvor hatte der
Torhüter bei der WM in Mexiko Teamchef Beckenbauer einen »Suppenkasper«
genannt, weil er das Leistungsprinzip außer Kraft gesetzt, Toni Schumacher
ungerechterweise bevorzugt sah. DFB-Delegationsleiter Egidius Braun hatte
Stein danach umgehend nach Hause geschickt.
HSV-Manager Felix Magath lehnte nach dem Ausraster gegen Wegmann eine
weitere Zusammenarbeit mit Stein ab und gab ihm Gelegenheit, sich einen
neuen Klub zu suchen. Steins neuer Arbeitgeber wurde die Frankfurter Eintracht, in der er dank seiner Klasse und Eloquenz in der Hierarchie der Mannschaft schnell einen Spitzenplatz eroberte.

Klinsmanns Tritt gegen Tonne

In der Saison 1996/97 kam es beim FC Bayern zu erheblichen Spannungen
zwischen Jürgen Klinsmann und dem zum zweiten Mal verpflichteten Giovanni
Trapattoni. Der gelernte Bäcker, dem Gentleman-Trainer seit gemeinsamen
Zeiten bei Inter Mailand nicht sehr gewogen, fühlte sich von Trapattoni gede-
mütigt, wurde oft ausgewechselt, was die Herren aus der Vorstandsetage und
Manager Hoeneß nicht unbedingt bedauerten. Klinsmann hatte sich mit der
Durchsetzung geänderter Vertragsbedingungen zu seinen Gunsten – Kontrakt
auf zwei Jahre gekürzt, die festgeschriebene Ablösesumme gestrichen – in
München unbeliebt gemacht.

»Ich habe mir bei dem Tritt gewaltig den Knöchel an der Tonne aufgeschürft. Doch davon ließ ich mir, vor Scham über den Ausbruch, nichts anmerken.«

Jürgen Klinsmann

Am 10. Mai 1997 platzte Klinsmann dann der Kragen. Trapattoni hatte ihn an diesem Tage im Spiel gegen den SC Freiburg zum 12. Male vorzeitig vom Platz geholt. Beim Abgang trat Klinsmann mit dem rechten Fuß so wuchtig gegen eine Werbetonne, die neben der Trainerbank stand, dass das Sperrholz der Reklamesäule splitterte. 15 Minuten später entschuldigte er sich beim Trainer für den Wutausbruch.

»Schwach wie Flasche leer«

Dreieinhalb Monate vor seiner Trennung vom FC Bayern rastete Trapattoni selbst aus, allerdings auf eine Weise, die dem Italiener bundesweit Sympathien eintragen sollte. In seinem höchst spaßigen Deutsch reagierte er nach der dritten Bayern-Niederlage in Folge vor den versammelten lokalen Medien seinen Groll gegen die Profis Thomas Strunz, Mehmet Scholl und Mario Basler ab, die im Nachhinein falsche Taktik beim 0:1 gegen den FC Schalke moniert hatten. Sieben lange Minuten zog »Trap« vom Leder und schlug zwischendurch immer mal wieder mit der Faust aufs Rednerpult. Hier die Sätze, die ihn »unsterblich« machten:

»Ein Trainer ist nicht ein Idiot. Ein Trainer sehen, was passieren in Platz. In diese Spiel es waren zwei, drei oder vier Spieler, die waren schwach wie Flasche leer.«

»Hat gespielt Mehmet, gespielt Basler oder gespielt Trapattoni? Wissen Sie, warum die Italien-Mannschaften kaufen nicht diese Spieler? Weil wir haben gesehen viele Male solche Spiel.«

»Struuunz! Struuunz ist zwei Jahre hier. Hat gespielt zehn Spiele, ist immer verletzt. Was erlauben Struuunz?!«

Seine Philippika beendete er mit dem legendären Satz: »Ich habe fertig!« – Ein Heiterkeitserfolg, den sich Harald Schmidt nicht entgehen ließ. In seiner Night-Show wurde er ein Running Gag.

Lizarazu ohrfeigte Matthäus

Als Trapattoni München längst verlassen hatte, in Italien der Squadra Azzura wieder das alte Sicherheitssystem aufoktroyierte, gab es neues Theater beim »FC Hollywood«. Bixente Lizarazu rief mit einer Ohrfeige, die er Lothar Matthäus verabreichte, die Medien auf den Plan. Der Franke, so war zu lesen, hatte die Geduld des französischen Weltmeisters übermäßig strapaziert, als er sich beharrlich weigerte, beim Spiel Fünf gegen Zwei in die Mitte zu gehen. Viele Bayern-Spieler zeigten sich mit Lizarazu solidarisch.

Auch Stefan Effenberg empfand Schadenfreude. Von Trainer Hitzfeld zu Rate gezogen und gefragt, welche Sanktion er für angemessen halte, eine Geldstrafe oder eine Sperre für das nächste Spiel, frotzelte der Kapitän: »Wieso Geld-strafe? Er müsste eigentlich Geld bekommen, für das, was er gemacht hat. Dafür, dass einer dem Lothar mal was vor den Koffer gegeben hat.« Hitzfeld, so Effenberg später, habe über seine Bemerkungen geschmunzelt, sich letztlich für eine dezente Geldstrafe entschieden.

Die Hotellampen zerschossen

Bei Stefan Effenberg, das ist überliefert, schwappten Emotionen in seinen sport-lichen Flegeljahren auch außerhalb des Spielfelds öfter mal über. In Gladbach entwendete er den Geländewagen von Trainer Wolf Werner und blieb mit ihm im Morast stecken. Im Mannschaftshotel zerballerte er mit einem Luftgewehr die Zimmerlampen, und in seinen ersten beiden Bayern-Jahren (1990–1992) drohte er Trainer Jupp Heynckes mit den Worten Prügel an: »Wenn Sie was von mir wollen, gehen wir raus.«
Auch Deutschlands Weltklassetorhüter Oliver Kahn hatte sich emotional nicht immer unter Kontrolle. Im 2:2-Spiel im April 1999 im Westfalenstadion war er drauf und dran, den Dortmunder Stürmer Heiko Herrlich ins Ohr zu beißen. Im selben Spiel sprang er im Kung-Fu-Stil den Schweizer Stephane Chapuisat an. Und in Rostock gab Kahn im März 2001 zur Abwechslung mal den Gaudi-Burschen. Minuten vor dem Abpfiff sprintete er in den Strafraum des Gegners und faustete den Ball ins Hansa-Tor. Die gelb-rote Karte störte ihn kaum.

Toppmöller verteidigte Kahn

Zuviel Aufhebens machte der Boulevard 2002 freilich von einer Szene, die sich in der Leverkusener Bay Arena abspielte: Kahn packte den Bayer-Stürmer Brda-ric im Genick und drückte ihn nach unten. Scheinheilig sagte der Leverkusener nach dem Spiel: »Ich hatte Todesangst.« Bayer-Trainer Klaus Toppmöller nahm den Münchner Torhüter in Schutz: »Kahn lebt von seinen Emotionen. Fußball ist ein Männersport, da kann es schon mal sein, dass man ein bisschen über-zieht.«
Mit einem ungewöhnlichen Blackout ging Kahns Gegenspieler Jens Lehmann in die Annalen der Bundesliga ein. 1993 von Schalkes damaligen Trainer Jörg Berger im Spiel in Leverkusen nach schwachen Leistungen zur Halbzeit ausge-wechselt, packte Lehmann seine Siebensachen und fuhr noch während des Spiels mit der S-Bahn nach Hause, wild entschlossen, nie mehr für die »Königs-blauen« zu spielen. Letztendlich ging der Torhüter von Schalke nicht weg, son-dern in sich.

Unter Stress kann es schon mal vorkommen, dass Bayern-Torhüter Oliver Kahn einen Gegner, wie hier den Leverkusener Thomas Brdaric, im Genick packt und für seine kessen Sprüche mit dem Kopf nach unten drückt. Scheinheilig beteuerte der Bayer-Profi später, er habe in diesem Augenblick Angst um sein Leben gehabt.

In Freiburg trifft Oliver Kahn am 12. April 2000 ein Golfball an der Schläfe; er verursacht eine Platzwunde. Als die Zuschauer ihn »Schauspieler« schimpfen, rastet der Torhüter aus. Manager Uli Hoeneß gelingt es, einen drohenden »Amoklauf« des Torhüters zu verhindern.

In Rostock raste Oliver Kahn in den Schlussminuten eines Spiels nach vorn, um bei einem Eckball einen Punkt für den FC Bayern retten zu helfen. Zur Verblüffung des Publikums faustete Kahn, im Rostocker Strafraum stehend, den Ball ins Tor.

Das Torhütertor des Jens Lehmann

Jens Lehmann war noch Schalker Profi, als er – ein Novum in der Bundesliga – seinem Team am 20. Dezember 1997 in Dortmund durch ein Feldtor ein 2:2 rettete. Gegen den Willen von Trainer Huub Stevens stürmte der Torhüter in den Schlussminuten beim Stand von 1:2 mit nach vorn und stellte sich bei einer Ecke von Olaf Thon im Strafraum der Dortmunder auf. Der Ball kam von Thon über Andreas Möller zu Thomas Linke und landete schließlich vor dem Fuß von Lehmann, der das Spielgerät im Getümmel, für BVB-Torhüter Stefan Klos unhaltbar, ins Netz wuchtete.

Als Lehmann nach einem kurzen Gastspiel beim AC Mailand, wo er an Sebastiano Rossi nicht vorbeigekommen war, zur Jahreswende 1998/99 Profi des BV Borussia wurde, musste er feststellen, dass viele Dortmunder Fans ihm den Treffer aus dem Ruhr-Derby noch immer nicht verziehen hatten. Hassgesänge begleiteten »den Schalker«, wie Fanatiker Lehmann verächtlich nannten, lange Zeit in den Heimspielen des BVB. Erst nach einer Aussprache vor Beginn der Saison 2001/02 mit Rädelsführern der Kampagne entspannte sich die Situation, wurde Lehmann als »Borusse« vollends akzeptiert.

Der **Bundesliga-skandal**

Der 6. Juni 1971 war für die Spieler und Fans des VfL Borussia Mönchengladbach ein besonders erfreulicher Tag. 150 000 Menschen umjubelten die Fußballhelden bei ihrer Triumphfahrt durch die Stadt, die Anfang der siebziger Jahre 260 000 Einwohner zählte.

Am Vortag hatte das Team um Netzer und Heynckes seinen Titel mit einem 4:1-Sieg in Frankfurt erfolgreich verteidigt (siehe auch: »Entscheidungen auf der Ziellinie«) und sich so in den meisten Montagszeitungen einen Platz auf Seite eins gesichert. Doch noch ehe die Rotationsmaschinen anspringen sollten, degradierte ein Obst- und Gemüsehändler aus Offenbach am Main das Fußball-Großereignis mit einem Knopfdruck zum Randthema. Horst-Gregorio Canellas, der Präsident der Offenbacher Kickers, hatte zu seinem 50. Geburtstag in seine Villa in Hausen bei Offenbach geladen, den Gästen, darunter hochrangige DFB-Funktionäre, Bundestrainer Helmut Schön und eine Handvoll Sportjournalisten aus dem Großraum Frankfurt, Champagner kredenzt, als er plötzlich mit ernstem Gesicht auf ein Tonbandgerät zuschritt. Was die Runde darauf zu hören bekam, verschlug ihr augenblicklich und ein paar Stunden später Millionen Zuschauern der ARD-Sportschau die Sprache: Canellas konnte beweisen, dass in der Endphase der Saison 1970/71 Bundesligaspiele gekauft und verkauft wurden, der Abstiegskampf manipuliert war.

Mit Geldkoffer an der Raststätte

Gespräche des Offenbacher Klubchefs mit drei »Strippenziehern« des schmutzigen Geschäftes gaben Einblick in eine breit angelegte Bestechungskampagne, die als Bundesligaskandal in die Historie des deutschen Profifußballs eingehen sollte. Die Stimmen gehörten dem Kölner Torhüter Manfred »Cassius« Manglitz und den Berliner Hertha-Profis Bernd Patzke und Tasso Wild.
Wild und Manglitz betätigtem dem Präsidenten des abstiegsbedrohten Klubs eine Woche vor Ultimo, dass sie bereit seien, zu den am Telefon ausgehandelten Summen das gewünschte Resultat zu liefern: Wild für 140 000 Mark einen Sieg der Berliner über den Abstiegskandidaten Arminia Bielefeld, Manglitz für 100 000 Mark eine Heimniederlage der Kölner gegen die Offenbacher Kickers.

Mit Tonbandaufzeichnungen konnte Horst-Gregorio Canellas aus Offenbach beweisen, dass in der Saison 1970/71 Spiele gekauft und verkauft wurden. Die Bundesliga hatte ihren großen Skandal. Im Bild: Canellas mit seinem Beweismaterial vor dem DFB-Sportgericht, im Hintergrund die beschuldigten Spieler Bernd Patzke (links) und Tasso Wild von Hertha BSC Berlin.

Einen Tag vor dem Spiel in Köln trafen sich Canellas und Kickers-Geschäftsführer Willi Konrad mit Manglitz an einer Autobahnraststätte bei Bonn. Sie hatten einen Handkoffer bei sich, der die 100 000 Mark enthielt, die einen Tag später in den Besitz von Manglitz und fünf weiteren Kölner Spielern übergehen sollten. 100 000 Mark waren für damalige Verhältnisse ein höchst verführerischer Betrag. So musste sich Heinz Flohe, 1971 beim 1. FC Köln längst ein Juwel, mit einem Monatsfixum von 1 200 Mark und 10 000 Mark Jahresgeld bescheiden, wie dem Buch »Heinz Flohe – der Weg zur Deutschen Meisterschaft« zu entnehmen ist.

Manglitz bekam »kalte Füße«

Doch aus dem Deal Geld gegen Punkte wurde nichts. Manglitz, geplagt vom schlechten Gewissen oder auch nur der Angst, von Canellas beim DFB eventuell ans Messer geliefert zu werden (schließlich hatte er von dem Offenbacher schon einmal 25 000 Mark »Erfolgsprämie« für gute Leistungen beim 3:2-Sieg über den Abstiegskandidaten Rot-Weiß Essen kassiert), meldete sich Stunden vor dem Anpfiff bei Ernst Ocwirk mit den Worten ab: »Trainer, ich fühle mich schlapp; ich kann nicht spielen.« Für Manglitz hütete der Jugoslawe Milutin Soskic das Tor, der, ins betrügerische Vorhaben nicht eingeweiht, wie ein Weltmeister hielt und entscheidenden Anteil am 4:2-Sieg der Kölner hatte. Die Niederlage katapultierte den Canellas-Klub aus der Bundesliga.

Höchstwahrscheinlich wäre Offenbach der Abstieg auch bei einem doppelten Punktverlust erspart geblieben, hätte sich Hertha BSC, damals einige Jahre neben Borussia Mönchengladbach und dem FC Bayern so etwas wie die dritte Kraft in der Bundesliga, an die Abmachungen gehalten, die Kickers-Vizepräsident Waldemar Klein mit Nationalverteidiger Patzke getroffen hatte. Klein war mit den vereinbarten 140 000 Mark an die Spree gereist, die für einen Sieg über Arminia Bielefeld gedacht waren. Doch die Berliner zogen das Angebot vor, das die Bielefelder der Hertha gemacht hatten: Der Arminia waren die zwei Punkte in Berlin 220 000 Mark wert. Und für diesen beachtlichen Batzen Geld gestattete die Hertha den Gästen das Tor zum 1:0, das Gerd Roggensack erzielte.

»Allein gegen die Mafia«

Weitere 140 000 Mark wollten die Bielefelder zur Braunschweiger Eintracht für einen Sieg über Oberhausen transferieren, mussten das Geld indes nicht auszahlen, da es für die Eintracht nur zu einem 1:1 gereicht hatte. Bei einem 2:1-Sieg der Niedersachsen hätte Oberhausen anstelle der Offenbacher den Weg in die zweite Liga antreten müssen und Canellas als betrogener Betrüger wahrschein-

lich die Lawine nicht losgetreten, die die Bundesliga in die tiefste Krise ihres Bestehens stürzte. Zum Chefankläger bestellte der DFB den Stuttgarter Strafrichter Hans Kindermann, seit Dezember 1970 Vorsitzender des DFB-Kontrollausschusses. Der Schwabe bemühte sich in einem Mammutprozess, der durchaus den Titel

Ein Schwabe, der im Bundesligaskandal mit eisernem Besen kehrte: Hans Kindermann, ein Strafrichter aus Stuttgart, ließ sich als Ankläger auch von Drohungen anonymer Anrufer und Briefeschreiber bei seinen Ermittlungen nicht irritieren.

»Allein gegen die Mafia« verdient gehabt hätte, Licht in das Dunkel zu bringen. Dazu schrieb der »Kicker« in einem Rückblick auf den Skandal: »So ermittelte er, bisweilen übel beleidigt und massiv bedroht, bei seinem juristischen Kreuzzug eine riesige Korruptionslandschaft, in der Spieler, Funktionäre und Trainer aus Berlin, Köln, Stuttgart, Offenbach, Oberhausen, Schalke, Bielefeld und Braunschweig mit unterschiedlicher Intensität manipuliert und agiert hatten. Mit Arroganz und heller Empörung gingen nicht selten die anfänglichen Unschuldsbeteuerungen einher, um am Ende in kleinlaute Bekenntnisse und Geständnisse zu münden.«

Historisches Zuschauertief

Die Bundesligaklubs bezahlten den durch den Skandal entstandenen Glaubwürdigkeitsverlust mit erheblichen Zuschauereinbußen. Kauften in der Saison 1970/71 noch 20 604 Fußballfreunde pro Spiel ein Ticket, so waren es 1971/72 im Schnitt nur noch 17 932. 1972/73 sank der Schnitt dann auf das historische Tief von 16 387 Besuchern.

Meineidprozess gegen Schalke-Profis

Dauergäste bei Kindermann und später vor dem Landgericht in Essen waren Spieler und Funktionäre des FC Schalke 04. Im April 1971 hatte sich der ehemalige Schalker Spieler Waldemar Slomiany von Bielefeld nach Gelsenkirchen begeben, um die Punkte zu kaufen. 40 000 Mark offerierten die Ostwestfalen, wenig genug, doch acht Spieler und die ebenfalls in das »krumme Spiel« eingeweihten Klubpräsident Günter »Oskar« Siebert und Schatzmeister Heinz Aldenhoven akzeptierten den Betrag. Vereinbarungsgemäß siegten die Bielefelder mit 1:0, das Tor erzielte auch damals Gerd Roggensack.

»Hoffentlich haben's eine Wiesen vor dem Gericht, dann trainieren wir in den Verhandlungspausen.«

Max Merkel, während des Meineidprozesses Trainer des FC Schalke

Anschließend leugneten die Schalker Profis hartnäckig, das Spiel verkauft zu haben. Doch nachdem Torhüter Dieter Burdenski im Mai 1972 ein Geständnis abgelegt hatte, brach das Lügengebäude zusammen. Und weil die Schalker unter Eid ausgesagt hatten, keine Zahlungen beim 0:1 erhalten zu haben, landeten sie vor dem Landgericht in Essen. In einem Meineidprozess, der erst am 8. Januar 1976 endete, kamen die Angeklagten – unter anderem

Klaus Fischer, Klaus Fichtel, Rolf Rüßmann, Reinhard Libuda, Jürgen Sobieray – glimpflich davon. Statt Gefängnisstrafen gab es nur Geldstrafen, im Schnitt 8 300 Mark pro Spieler.

Amnestiewelle des DFB

Canellas und Manglitz wurden, wie andere Spieler auch, lebenslänglich gesperrt und Jahre später begnadigt. Von einer Amnestiewelle profitierten vor allem zwei Schalker Spieler: Klaus Fischer und Rolf Rüßmann. Sie konnten 1977 ihre Karriere als Nationalspieler starten.

Arminia Bielefeld wurde in die Regionalliga versetzt, Offenbach für zwei Jahre die Lizenz entzogen.

Horst-Gregorio Canellas ließ sich nach seiner Verurteilung auf Mallorca nieder. Er starb, 78 Jahre alt, im Juli 1999. 1977 saß er mit seiner Tochter in dem Flugzeug, das Terroristen nach Mogadischu entführt hatten.

Manfred Manglitz machte nach dem Skandal in Köln als Nachtklub-Besitzer von sich reden und siedelte später nach Spanien um, wo sich der gelernte Buchbinder an der Costa Blanca eine Existenz als Fliesenleger aufbaute.

>>Das Ganze hat mich zwei Jahresgehälter gekostet.<<

Klaus Fischer, vor Gericht vom Essener Anwalt und kurzzeitigem Schalke-Präsidenten Karl-Heinz Hütsch vertreten, zu seinen Prozesskosten

Vier angeklagte Spieler im Meineidprozess vor dem Essener Landgericht: Die Schalker Klaus Fischer, Herbert Lütkebohmert, Klaus Fichtel und Hans-Jürgen Wittkamp beraten sich in einer Verhandlungspause.

... und andere
Skandale

Mit viel Dusel im ersten Bundesligajahr dem Abstieg
entronnen, bemühte sich Hertha BSC 1964 hektisch
um Verstärkungen. Bedingt durch Berlins Insellage
mitten in der DDR war es nicht leicht, gute Spieler
aus Westdeutschland zu rekrutieren. Die dauernde
Fliegerei in die ferne Bundesrepublik empfanden viele
Profis als nervenaufreibend und zeitraubend.

Was also blieb den Verantwortlichen des Berliner Traditionsklubs weiter übrig,
als überhöhte Gehälter und Handgelder anzubieten, praktisch also gegen das
Lizenzspielerstatut zu verstoßen, das den Personalausgaben in den ersten Jahren
enge Grenzen setzte.

Im Februar 1965 hielt es Hubert Claeßen, der DFB-Kontrollausschuss-Vorsit-
zende, für angebracht, seinen Buchprüfer Dr. Ziegler nach Berlin zu schicken.
Der entdeckte in der Hertha-Kasse ein Loch in Höhe von 192 000 Mark.
»Schatzmeister Herzog wollte glauben machen, dass das Geld bei der Hausbank
angewiesen sei. Dort rief Dr. Ziegler an und erfuhr zu seinem Erstaunen, dass
Hertha einen Kredit in Höhe von 192 000 Mark beantragt hatte. Ziegler sprach
von schwerer Irreführung«, heißt es dazu in dem Buch »Hertha BSC – Eine
Liebe in Berlin« von Michael Jahn.

Die Berliner beteuerten, dass der fehlende Betrag noch aus der Zeit vor der Ein-
führung der Bundesliga stamme. Wohl wissend, dass im Frühsommer 1963 alle
Schiebungen und Unregelmäßigkeiten in den deutschen Oberligen mit einer
Generalamnestie aus der Welt geschafft worden waren, spekulierte der Klub aus
politischen Gründen auf einen Bonus, den das DFB-Sportgericht nicht
gewährte.

Hertha in die Regionalliga verbannt

Das Urteil traf den Berliner Fußball empfindlich: Hertha BSC wurde wegen
fortgesetzter Verstöße gegen das Bundesligastatut in die Regionalliga strafver-
setzt, behielt aber die Lizenz. Die Verstöße wurden schnell publik. In einem
Interview berichtete Schatzmeister Günter Herzog: »Vor der ersten Saison wurden Otto Rehhagel, Uwe Klimaschewski, Carl-Heinz Rühl und Harald Beyer

geholt. Im zweiten Jahr Jürgen Sundermann, Willibert Kremer und
Nationaltorhüter Wolfgang Fahrian.
Natürlich wurden die zu überhöhten
Bezügen nach Berlin gelockt.« Spiel-
ausschuss-Obmann Wolfgang Holst
relativierte diese Aussage: »Spieler wie
Rühl von Viktoria Köln, Klimaschewski von Bayer Leverkusen oder
Beyer von Preußen Münster haben
sehr viel bekommen. Nur Otto Rehhagel von Rot-Weiß Essen blieb
damals von den Neuzugängen im Limit.«

Illegale Karten in Särgen versteckt

Gedrängt vom damaligen Hertha-Geschäftsführer, etwas
gegen das Loch in der Kasse zu tun, ließ Schatzmeister
Günter Herzog 55 000 Eintrittskarten schwarz drucken.
Der Bestattungsunternehmer gab zu, die illegalen
Tickets in Särgen versteckt zu haben. Mit dem Erlös von
165 000 Mark wurde das Defizit von 192 000 Mark weitgehend ausgeglichen und DFB-Finanzprüfer Dr. Ziegler
bei zwei Besuchen getäuscht. Erst bei der dritten
Kontrolle flog Hertha BSC 1965 auf.

Uwe Klimaschewski gab später zu, 30 000 Mark kassiert zu haben (erlaubt waren
maximal 10 000 Mark Treueprämie im Jahr). Jürgen Sundermann hatte 36 000
Mark und Fahrian 80 000 Mark eingesteckt.

Ein Buch mit brisan-
tem Inhalt bedeutete
im März 1987 für
Harald »Toni« Schu-
macher das Aus in der
Nationalmannschaft
und beim 1. FC Köln.
Schalke-Präsident
Günter Siebert gab
dem Torhüter eine
neue Chance. Schu-
macher stieg mit den
»Königsblauen« am
Ende der Saison
1987/88 ab und fand
anschließend in der
Türkei bei Fener-
bahce Istanbul einen
neuen, höchst ein-
träglichen Arbeits-
platz.

0:7 weckte Verdacht …

Drei Wochen vor Aufdeckung des Bundesligaskandals »roch« es in München nach Schiebung. Der 1. FC Köln hatte beim FC Bayern mit 0:7 verloren, seine bisher höchste Niederlage in der Bundesliga bezogen und anschließend heftige Diskussionen ausgelöst. Was ist nur mit Torhüter Manglitz los, fragten sich die Kritiker zur Halbzeit. Vor dem 0:1 verließ er das Tor scheinbar unmotiviert, beim 0:2 brachte er die Fäuste nicht hoch. In der zweiten Halbzeit kassierte er dann noch fünf Tore.

Es wurde der Verdacht laut, die Kölner hätten das Torekonto der Münchner aufbessern wollen, damit sie die Meisterschaft vor den Gladbachern gewinnen und Köln als Pokalfinalgegner der Bayern automatisch in den Europapokal der Pokalsieger kommt. Nach dem 30. Spieltag der Saison 1970/71 lag der punktgleiche FC Bayern nur acht Tore gegenüber der Weisweiler-Truppe zurück. Gladbachs Kapitän Günter Netzer sprach zwar nicht offen von einem Resultat auf Bestellung, aber er sagte: »Man kann schon auf peinliche Gedanken kommen.«

Bei Recherchen stellte sich heraus, dass der damalige Kölner FC Präsident Oskar Maaß die Mannschaft über den Vorteil einer Niederlage aufgeklärt hatte. Ein Beweis für Kölner Fehlverhalten konnte nie erbracht werden.

Ein Buch kostete die Karriere

Weit größer noch war das Aufsehen, das 1987 ein anderer Torhüter des 1. FC Köln erregte. Harald »Toni« Schumacher kam mit einem Buch (»Anpfiff«) auf den Markt, das seine große Karriere abrupt beenden sollte. Darin behauptete er, dass Doping in der Bundesliga kein Tabu sei. Wörtlich: »Herbst 1984 in Köln. Der Vorstand sprach, wieder einmal, von einem Schicksalsspiel. Wieder einmal ging es angeblich um das Überleben des Vereins. Einige Kölner Mitspieler probierten dieses Zeug aus – querbeet und wahllos schluckten wir Hustensäfte, die die höchsten Dosen Ephedrin enthalten. Die saftgestärkten Kollegen flitzten wie die Teufel über den Rasen. Wir haben gewonnen. Aber in welchem Zustand. Nach tagelanger, qualvoller Erschöpfung beschlossen wir: nie wieder. Meine Kölner Freunde und ich sind aber absolut nicht die einzigen, die der Dopingversuchung nicht widerstehen konnten. In der Bundesliga hat Doping seit langem Tradition … Es gab Nationalspieler, die waren im Umgang mit der ›Stärkungschemie‹ regelrecht Weltmeister. Unter ihnen ein Münchner Spieler, den wir als ›wandelnde Apotheke‹ zu bezeichnen pflegten.«

Auch die Arbeitsmoral seiner Kollegen zweifelte der »kölsche Tünn« an: »Zu viele Spieler sind stinkfaul – und zu viele Trainer auch. Massenweise ›Profis‹, die trotz geringer Leistung am Monatsende zwischen 10000 und 30000 Mark kassieren. Wir haben es mit einer ›Faulpelzverschwörung‹ zu tun, und zwar zwischen Trainern und Spielern.«

Es »roch« nach Absprache beim Spiel des 1. FC Köln in München drei Wochen vor Aufdeckung des Bundesligaskandals. Doch ein Beweis für Manipulation in dieser Begegnung, in der Kölns Torhüter Manfred Manglitz sieben Tore kassierte, konnte nicht erbracht werden.

Und die ehrpusseligen DFB-Funktionäre brachte er mit der Forderung auf die Palme, zwecks Aufhebung des sexuellen Notstands das Quartier der Nationalmannschaft bei großen Turnieren temporär zu einem Freudenhaus zu machen. Schumacher musste die Enthüllungen teuer bezahlen: Er verlor seinen Job als Profi des 1. FC Köln und auch seinen Platz in der Nationalmannschaft, den er seit dem Gewinn der Europameisterschaft 1980 inne hatte.

Geständiger Betrüger

Längst ausgemustert bei der Frankfurter Eintracht war Maurizio Gaudino (siehe auch: »FC Bayern gegen alle«), als er wegen fortgesetzten Versicherungsbetruges vor dem Mannheimer Landgericht stand. Gaudino gab seine Vergehen zu und vermied so einen längeren Knastaufenthalt. Seine Strafe: Zwei Jahre Gefängnis auf Bewährung und 180 000 Mark Geldbuße.

Hölzenbein am Gefängnis vorbei

Im Februar 2001 wurde der Mann zum Vorbestraften, der mit seiner »Schwalbe« im WM-Finale 1974 gegen die Niederlande einen Elfmeter provoziert und so umstrittene Vorarbeit zum deutschen WM-Sieg geleistet hatte: Die Rede ist von Bernd Hölzenbein, seit 2002 Frankfurts WM-Botschafter für 2006. Das Landgericht Frankfurt verurteilte den ehemaligen Profi wegen Steuerhinterziehung in Höhe von 2,3 Millionen Mark im »Fall Yeboah« zu einer Haftstrafe von sieben Monaten auf Bewährung und 300 Stunden gemeinnütziger Arbeit.

Richter Wien sah es als erwiesen an, dass Hölzenbein 1993 in seiner Funktion als damaliger Vizepräsident der Eintracht einen Werbevertrag zwischen dem Bundesligaklub und dem Fußballangestellten Anthony Yeboah aus Ghana zum Schein ausgehandelt hatte. Durch die Abtretung der Werberechte an den Klub zum Preise von 2,3 Millionen Mark sei die enorme Gehaltsaufbesserung des Torjägers von 400 000 auf 1,5 Millionen Mark verschleiert worden. Der mitangeklagte ehemalige Eintracht-Schatzmeister Wolfgang Knispel erhielt in diesem Prozess 15 Monate auf Bewährung und 100 000 Mark Geldstrafe. Hölzenbeins Anwaltskosten beliefen sich laut Zeitungsberichte auf mehr als 200 000 Mark.

Anthony Yeboah war bis zu seinem Krach mit Jupp Heynckes der gefeierte Torjäger der Frankfurter Eintracht. Jahre später, Yeboah spielte inzwischen beim HSV, kam heraus, dass der Afrikaner Schwarzgeld kassiert hatte. Seine Strafe als Steuersünder: 360 000 Mark.

Der Spieler selbst war schon am 2. Januar 2001 zu einer Geldstrafe von 360000 Mark verurteilt worden. In Justizkreisen galt der »Fall Yeboah« seinerzeit nur als »Spitze des Eisbergs«, ähnliche Finanzierungsmodelle seien in der ganzen Bundesliga üblich. »Die Steuerfahndung in Nürnberg vermutete, es gebe kaum einen Bundesligaklub, der nicht mit unsauberen Rechnungen und verdeckten Lohnzahlungen über Firmen im Ausland versuche, sich an den Finanzämtern vorbeizumogeln«, schrieb der »Kölner Stadt-Anzeiger« am 04. August 2000.

Machte den 1. FC Kaiserslautern wieder salonfähig: Dem Schweizer René Jäggi gelang es sogar, Steuerforderungen in Höhe von 12,9 Millionen Euro auf 8,95 Millionen Euro zu drücken. Vor seinem Wechsel zu den Pfälzern hatte Jäggi den FC Basel zum Erfolg geführt und sich viele Jahre zuvor als Adidas-Chef einen Namen gemacht.

In der Not das Stadion verkauft

In dieses Raster passt auch, was der Fiskus beim 1. FC Kaiserslautern aufspürte: Im Januar 2003 forderte das Finanzamt von den Pfälzern 12,9 Millionen Euro Steuernachzahlung für verdeckte Lohnzahlungen – die Summe wurde nach monatelangen Verhandlungen der Parteien im Mai 2003 auf 8,95 Millionen Euro reduziert.

Wie verdeckte Lohnzahlungen zustande kommen, war in »Bild« zu lesen: »Der Spieler bekommt einen Teil seines Gehalts offiziell in Deutschland überwiesen. Der andere geht auf ein Konto im Ausland. Der Spieler verkauft dafür seine persönlichen Werberechte ... Für Youri Djorkaeff gingen 3,5 Mio Euro an die Clubber Marketing AG in Zug (Schweiz).«

Um einen Konkurs und den Lizenzentzug zu vermeiden, initiierte Vorstandschef René C. Jäggi, der die Ära »Atze« Friedrich beendet hatte, einen Deal, der für die »Roten Teufel« die Rettung brachte: Der Schweizer, als erfolgreicher Sanierer bekannt, belieh Nationalspieler Miroslav Klose mit 5 Millionen Euro

Fühlte sich zu Unrecht verfolgt: Kaiserslauterns Präsident Jürgen »Atze« Friedrich. Doch was der Fiskus und die Medien beim Fritz-Walter-Klub aufdeckten, belastete den Vorstand so sehr, dass ein Rücktritt des Gremiums und des Verwaltungsrats unumgänglich wurde.

und einigte sich mit der Stadt und den Gläubigerbanken auf den Verkauf des vereinseigenen Stadions. »Geblendet von den Wachstumsparolen der TV-Vermarkter hatte sich der FCK mit der 47 Millionen Euro teuren Stadionerweiterung praktisch in die Pleite gewirtschaftet«, schrieb der »Spiegel« im Mai 2003.

Mit Otto in den Untergang

Überzeugt davon, dass der Mann mit der Figur eines japanischen Sumo-Ringers alles zum besten wenden werde, wählten die Mitglieder von Dynamo Dresden den Multi-Unternehmer Rolf-Jürgen Otto aus dem Hessischen (Baulöwe, Boxpromotor, Gastronom, Immobilienmakler etc.) im Januar 1993 zum Klubpräsidenten. In Otto sahen sie den Messias, der den gebeutelten Ostverein von Altlasten befreien und den Exodus der besten Spieler (siehe auch: »Go West«) stoppen werde.

Doch mit dem vermeintlichen Retter geriet Dynamo Dresden nur noch tiefer in den Schlamassel. Ende der Saison 1994/95 stand der Klub auf dem letzten Platz, hatte 17 Millionen Mark Schulden und keinen Hauptsponsor mehr – die UFA war ausgestiegen. So landeten die Dresdner nach Lizenzentzug im Amateurlager und der Präsident wegen dubioser Geschäfte in Untersuchungshaft. »Ottos Amtszeit endete im gerichtlichen Gewahrsam der deutschen Justiz«, hieß es süffisant in einem Epilog auf den einstigen Vorzeigeklub der untergegangenen DDR.

Die **Kokainaffäre** des **Christoph D.**

Es war alles so schön eingefädelt: Auf Wunsch von Gerhard Mayer-Vorfelder, dem designierten DFB-Präsidenten aus dem Schwabenland, sollte Bayer-Coach Christoph Daum nach dem peinlichen EM-Auftritt der Nationalmannschaft im Jahre 2000 unter Erich Ribbeck im Sommer 2001 neuer Bundestrainer werden, das Gespann Rudi Völler/Michael Skibbe in der Zwischenzeit Lückenbüßer spielen.

Für »MV« war es ein Herzensbedürfnis, den gebürtigen Sachsen ins höchste Traineramt zu hieven, das der deutsche Fußball zu vergeben hat. Die beiden hatten sich 1992 nach dem überraschenden Meisterschaftsgewinn der Stutt-garter mit Daum als Trainer zum ersten Mal öffentlich in den Armen gelegen und seitdem praktisch nicht mehr losgelassen: Bei jedem Bundesligaspiel in Leverkusen, wo Daum 1996 mit dem Anspruch angetreten war, den Konzernklub auf Augenhöhe mit dem FC Bayern zu bringen, tauschten der VfB-Präsident und der Bayer-Trainer wie weiland Leonid Breschnew und Erich Honecker Bruderküsse aus.

> »Ein Tag hat 24 Stunden. Wenn ich 8 Stunden für den Schlaf abziehe, bleiben 16 übrig. Und ich erwarte, dass die Spieler davon 8 Stunden für Bayer investieren – also 50 Prozent ihres wachen Lebens.«
>
> *Christoph Daum in einem Interview 1996 vor seinem Start als Trainer bei Bayer Leverkusen*

»Gerüchte seit einem Jahrzehnt«

Doch das für Daum auch lukrative Arrangement mit dem DFB – sein Anwalt Matthias Prinz soll von »MV« für seinen Mandanten angeblich 5 Millionen Mark Gage pro Jahr gefordert haben – torpedierte im Herbst 2000 auf drama-tische Weise der Auserwählte selbst:

Am 7. Oktober 2000 schreckt die »Süddeutsche Zeitung« ihre sportlich interes-sierten Leser mit diesem Text auf: »Seit etwa einem Jahrzehnt hält sich hart-näckig die Fama, der heute 46 Jahre alte Daum schnupfe Kokain. Sein manchmal irrer Blick, seine Flackeraugen, seine motorische Unruhe und die Sprunghaftig-keit wecken immer mal wieder den Verdacht, dass er sich schnupfend oder inhalierend auf Hochtouren bringt. … Aber erst, als die ›Münchner Abendzeitung‹ jüngst die Sage von ›Schnupf-Orgien‹ und ›wüsten Partys mit Prostituierten‹ aufpolierte und einen Kommentator fand, wurde das Gerücht zur Affäre.«

Uli Hoeneß, Intimfeind von »Mister 100 000 Volt«, hatte dem »Fall Daum« eine Eigendynamik verliehen, als er sagte: »Wenn die Gerüchte stimmen, kann Daum nicht Bundestrainer werden.«

Am 2. Oktober stellt Daum-Anwalt Prinz gegen den Bayern-Manager Strafanzeige wegen Verleumdung und übler Nachrede. Drei Tage danach verlangt Bayern-Vizepräsident Fritz Scherer von dem seine Unschuld beteuernden Daum einen Drogentest in Form einer Haaranalyse, dem sich der attackierte Trainer auf Druck seines Werbepartners RWE auch tatsächlich unterzieht. Als ein Haarbüschel von ihm per Briefumschlag ins Kölner Institut für Rechtsmedizin überbracht wird, ist sich Daum sicher, unbeschadet aus der Affäre hervorzugehen. Er hat, so weiß »Bild« zu berichten, in Holland eine heimliche Probe vornehmen lassen: Ergebnis negativ. So kann Daum triumphierend verkünden: »Ich habe ein absolut reines Gewissen.«

»Er benutzt Menschen, Medien und Machtverhältnisse für die eigenen Interessen. Seine Schlauheit befähigt ihn, unentwegt Rollen zu spielen, von denen er glaubt, dass sie gerade zu ihm passen. Daums Handicap ist dabei seine Sucht nach Öffentlichkeit – früher oder später enttarnt er sich damit selber.«

Der »Spiegel« im Juli 1997 über Christoph Daum

»Ich habe ein absolut reines Gewissen«, log Christoph Daum in aller Öffentlichkeit. Doch nach einem Haartest, dem er sich freiwillig unterzog, kam heraus: Der Cheftrainer von Bayer Leverkusen hatte Kokain konsumiert, für den Konzernklub Grund, Daum sofort zu entlassen.

Daum-Anwalt Matthias Prinz stellte gegen Uli Hoeneß Strafanzeige wegen übler Nachrede, und Daum-Fans bedrohten den Manager des FC Bayern sogar mit Mord. Doch nach der Haarprobe konnte Hoeneß dann wieder ruhig schlafen.

Morddrohung gegen Bayern-Manager

Uli Hoeneß aber bekommt den Hass der Daum-Fans im Lande zu spüren. Im Internet verspricht ein Psychopath demjenigen 10 000 Mark, der Hoeneß von der Bank schießt. Wegen einer Morddrohung gegen ihn wird das Parkhaus am Flughafen gesperrt, und beim Spiel in Cottbus schützen ihn zwei Leibwächter vor möglichen Übergriffen.

Am 20. Oktober überstürzen sich dann die Ereignisse: Bayer-Manager Reiner Calmund erhält das Ergebnis der Analyse von der Uni Köln. Es trifft ihn, für den Daum nicht nur ein exzellenter Trainer, sondern auch ein dicker Freund ist, wie ein Keulenschlag. Noch in der Nacht zum nächsten Tag bestellt Calmund den der Drogeneinnahme Überführten in sein Büro. Der Vertrag wird sofort aufgelöst, und Daum vom Manager in ein Flugzeug nach Florida gesetzt, um ihn vor Nachstellungen der Medien zu schützen. Auch der DFB erklärt den Vertrag mit Daum sofort für null und nichtig.

Für Uli Hoeneß ist dieser Tag ein Tag der Genugtuung. In »Bild« rekapituliert er: »Dass die Haarprobe positiv war, hätte ich nie für möglich gehalten. An dem Freitagabend, als das Ergebnis intern in Leverkusen auf dem Tisch lag, gab mir Reiner Calmund einen Tipp. Am folgenden Sonntag wollte Daum mit mir in Frankfurt eigentlich über seine Schadenersatzforderung verhandeln.«

Daum lächelnd: Ich habe gelogen

Für Daum aber geht die Chose weiter. Drei Wochen bevor er in den Staaten tönt, er habe eine neue Haaranalyse vornehmen lassen, die seine Unschuld endgültig beweisen werde, hat die Staatsanwaltschaft Koblenz ein Ermittlungsverfahren wegen des Verstoßes gegen das Betäubungsmittelgesetz eingeleitet. Am 12. Januar 2001 kehrt Daum aus den USA zurück und gibt in Köln eine Pressekonferenz, die, moderiert von Sat.1-Ruhrpott-Reporter Werner Hansch, zu einer Daum-Show mutiert und den versammelten Medien beweist, dass der Fußballlehrer mit dem Schnäuzer ein recht laxes Verhältnis zur Wahrheit pflegt. Lächelnd und aufgekratzt gesteht er, die Öffentlichkeit belogen zu haben. Im privaten Bereich, räumt er ein, habe es gelegentlich Einnahmen von Kokain gegeben.

Einen Monat später verkauft er seine Weisheiten schon wieder im Fernsehen, bei RTL als Co-Kommentator für die Champions League. Hans Mahr, der Chefredakteur des Kölner Kommerzsenders, schwadroniert, der Daum habe eine Chance verdient, Resozialisierung sei auch in seinem Falle wichtig. 200 000 Mark, so steht geschrieben, sei Mahr die kurzzeitige Mitarbeit des gelegentlichen Kokainkonsumenten wert gewesen.

> »Es gibt zwei Probleme mit Daum. Dass er anfängt wieder zu schnupfen. Und dass er den Verein als Selbstdarsteller nutzt.«
>
> *Rudi Assauer, als im Mai 2003 Fans des FC Schalke 04 angeblich forderten, den Trainer nach Gelsenkirchen zu holen*

Gerichtsverfahren eingestellt

Wieder einen Monat später unterschreibt Daum, den »Spiegel«-Reporter Matthias Geyer einmal so beschreibt: »Aufgezogen wie eine Spieluhr läuft er durch seinen Tag, immer in der Gefahr, sich selbst eine Umdrehung zu viel zu verpassen«, einen Vertrag beim türkischen Erstligaklub Besiktas Istanbul. Laut »Die Welt« garantiert er ihm 3,7 Millionen Mark netto bis Juni 2002. Am 30. Mai 2001 holt ihn dann wieder die Vergangenheit ein: Die Staatsanwaltschaft Koblenz erhebt Anklage wegen unerlaubten Erwerbs von Kokain in 63 Fällen. Die Anklageschrift, 121 Seiten stark, wird den drei Daum-Anwälten zugestellt. Zudem wird dem Fußballtrainer »Anstiftung zum Handeltreiben mit Kokain in nicht geringer Menge zur Last gelegt«, so der Leitende Oberstaatsanwalt Erich Jung – ein Vergehen, das Freiheitsstrafen bis zu fünf Jahren einschließt.

Woche für Woche muss Daum vor Gericht antanzen, mit dem Flugzeug aus der Türkei nach Deutschland kommen. Anfang Mai 2002 ist der Prozess zu Ende. Daum wird von der Anklage freigesprochen, einen Mitangeklagten zum Erwerb von 100 Gramm Kokain angestiftet zu haben. Und da er sich zu dem Eingeständnis bewegen lässt, 12-mal (nicht 63-mal) im Besitz von Drogen gewesen zu sein, erreicht er die Einstellung des Verfahrens. 10 000 Euro muss er an zwei Organisationen spenden, die sich um die Betreuung drogengefährdeter Jugendlicher kümmern.

PS: 2003 wird Daum, der sich 2002 von Besiktas Istanbul getrennt hat, mit Austria Wien Österreichischer Meister.

Paradies
für Ausländer

Der erste Ausländer, der sich in der Bundesliga einen Namen machte, kam aus Jugoslawien. Petar Radenkovic verließ 1959 wutentbrannt seine Heimat, weil er nach Rückkehr vom Militärdienst seinen Platz im Tor des FK Belgrad von einem anderen besetzt sah. Gekränkt ging er nach Deutschland. Nach einjähriger Sperre spielte er bei Wormatia Worms, wo er mit brillanten Leistungen Zuschauer, Medien und die Späher anderer Klubs entzückte.

Das Tor zum Fußballparadies stieß der hochgewachsene Modellathlet (1,87 m) 1962 in München auf. Adalbert Wetzel, in Ehren ergrauter Präsident des TSV 1860 München, sicherte sich die Unterschrift des Belgraders und gratulierte sich zum Einkauf, als sein Klub 1963 die Lizenz für die Bundesliga bekam. Petar Radenkovic, den der angesehene Münchner Fußballjournalist Hans Schiefele

Schon 1963 flog Petar »Radi« Radenkovic so elegant durch den Torraum wie 40 Jahre später Oliver Kahn. Mit dem TSV 1860 München wurde der Jugoslawe 1966 deutscher Meister. »Radi«, noch immer in München ein erfolgreicher Geschäftsmann, besucht regelmäßig Bundesligaspiele der »Sechziger« und spricht begeistert vom »Jung-Löwen« Benny Lauth: »Das größte Talent seit Franz Beckenbauer.«

den Namen »Radi« gab, stieg noch vor Franz Beckenbauer, Gerd Müller und Rudi Brunnenmeier zum Münchner Fußballliebling auf und war schon eine große Nummer, als Max Merkel 1963 das Training bei den Münchner »Löwen« übernahm.

Die beiden sollte eine dreieinhalb Jahre währende innige Abneigung verbinden, was die »Dickhäuter« nicht hinderte, gemeinsame Erfolge einzufahren (siehe auch: »Als die Bundesliga laufen lernte«). Mit seinen Ausflügen in die gegnerische Hälfte brachte der »Radi« – der Name begründete seinen Kultstatus – den »Preußen aus Wien« oft zur Weißglut (siehe auch: »Originale – wo sind sie geblieben«).

Von Perusic bis Davor Suker

Im Laufe von 40 Jahren stellte der Vielvölkerstaat Jugoslawien das größte Ausländerkontingent in der Bundesliga, gefolgt von Dänemark, Polen, Brasilien, Österreich und Schweden. Die Klubs der Bundesliga schätzten an den Kroaten, Serben und Bosniern ihre spezielle Spielweise – eine Mischung aus deutscher

Mit Dänen hatte Trainer Weisweiler in Mönchengladbach immer Glück. Einer der besten, die vom Norden an den Niederrhein kamen, war der kleine Alan Simonsen, der hier mit Jupp Heynckes ein Tor gegen den FC Bayern bejubelt. Simonsen wurde mit dem VfL Borussia dreimal deutscher Meister (1975, 1976 und 1977) und erzielte in 178 Bundesligaspielen 76 Tore.

Disziplin und brasilianischem Ballzauber. Typische Repräsentanten der Balkan-
schule waren in der Vergangenheit Zeljko Perusic (von 1965–1970 bei 1860
München), Zvezdan Cebinac (von 1967–1969 beim 1. FC Nürnberg, von
1969–1971 bei Hannover 96), Josip Skoblar (von 1967–1970 bei Hannover 96),
Danilo Popivoda (von 1976–1980 bei Eintracht Braunschweig), Branko Oblak
(von 1975–1977 beim FC Schalke 04, von 1977–1980 beim FC Bayern), Fahrudin Jusufi (von 1966–1970 bei Eintracht Frankfurt), Dragoslav Stepanovic (von
1976–1978 bei Eintracht Frankfurt), Ivan Buljan (von 1977–1981 beim HSV),
die Torhüter Milutin Soskic (von 1966–1971 beim 1. FC Köln), Enver Maric
(von 1976–1978 beim FC Schalke 04), Slaven Bilic (von 1993–1995 beim Karlsruher SC), Boris Zivkovic (von 1997–2003 bei Bayer Leverkusen) und Davor
Suker, der WM-Torschützenkönig von 1998, der zwischen 2001 und 2003 dem
TSV 1860 München ein bisschen internationalen Glamour verlieh.
Weiterhin stehen im Scheinwerferlicht der Bundesliga der Bosnier Sergej Barbarez beim HSV, die kroatischen Brüder Nico und Robert Kovac (bis 2003
zusammen beim FC Bayern), die Serben Mladen Krstajic bei Werder Bremen
und Zvonimir Soldo beim VfB Stuttgart und der Kroate Josip Simunic bei
Hertha BSC.

Der Schwede Ronnie
Hellström (links)
und der Ungar Lajos
Detari setzten feine
Duftmarken in der
Bundesliga. Hellström
präsentierte sich von
1974 bis 1984 in
Kaiserslautern zehn
Jahre lang als Tor-
hüter der Extraklasse.
Detari konnten die
Fans der Frankfurter
Eintracht indes nur
eine Saison lang be-
wundern. 1988 ließen
die Hessen den Ball-
virtuosen nach
Griechenland ziehen.
Olympiakos Piräus
zahlte 8,5 Millionen
Mark Ablöse für den
Magyaren.

Den Ungarn Varga über die Grenze geschmuggelt

Zoltan Varga nutzte 1967 auf einer Reise nach Mexiko die Chance, sich in Mexiko City von der ungarischen Olympiamannschaft abzusetzen. Der Nationalspieler von Ferencvaros Budapest, der damals 22 Jahre alt war, tauchte in den USA unter. Roger Petit, seinerzeit Manager beim belgischen Topklub Standard Lüttich, in Vargas Fluchtpläne eingeweiht, holte ihn nach Brüssel.

Davon erfuhr auch Berlins Hertha-Manager Wolfgang Holst. Der Gastronom hatte es sich seit einem Live-Erlebnis in den Kopf gesetzt, das große Talent zum Hertha-Profi zu machen. Nachdem es Holst bei einem Treffen im Schlosshotel in Verviers gelungen war, Varga auf Berlin und die Hertha einzustimmen, schmuggelte er ihn über die Grenze nach Deutschland. Eine Version lautete, Holst habe den Fußballflüchtling im Kofferraum versteckt, die andere (die von Holst), ein Holländer habe Varga schwarz über die Grenze gebracht.

In Berlin saß der Ungar, der in seiner Heimat in Abwesenheit zu neun Jahren Zuchthaus verurteilt worden war, die zwei Jahre währende FIFA–Sperre ab. SPD-»Zuchtmeister« Herbert Wehner, so wurde kolportiert, habe sich vergeblich um eine Kürzung der Sperre bemüht. Danach demonstrierte Varga in der Bundesliga seine Fußballkünste, freilich nicht allzu lange: Im Januar 1972 zog der DFB den Hertha-Star wegen Verwicklung in den Bundesligaskandal aus dem Verkehr. Im Sommer 1972 erhielt Varga die Freigabe fürs Ausland. Nach Stationen in Schottland, den Niederlanden und Deutschland kehrte er Anfang der 80er-Jahre in die Heimat zurück, wo er später als Trainer bei seinem alten Verein Ferencvaros Budapest arbeitete.

Weisweiler auf »Dänenfang«

Als Hennes Weisweiler 1969 mit Gladbach höhere Ziele ansteuerte, schaute er sich in Dänemark um, was Helmut Grashoff, Manager und »Finanzminister« in Personalunion, nur recht sein konnte: Dänen waren seinerzeit noch ohne Ablöse zu haben. 1969 unterschrieb Ulrik Le Fevre beim VfL Borussia. Der Linksaußen schlug groß ein und war in den ersten beiden Meisterjahren 1970 und 1971 wertvoller Torevorbereiter für Herbert Laumen und Jupp Heynckes, der 1970 aus Hannover an den Niederrhein zurückgekehrt war. Nach Le Fevre kamen Alan Simonsen, Henning Jensen und Carsten Nielsen nach Gladbach. Sie erfüllten allesamt die Erwartungen und hatten entscheidenden Anteil an den Titelgewinnen 1975, 1976 und 1977.

Die Skandinavier blieben auch bevorzugte Anlaufstation für Bundesligaklubs, als der Profifußball in Dänemark Einzug gehalten hatte. Selbst das Bosman-Urteil war kein Hindernis, sich der Dänen zu bedienen. Sie absorbierten den deutschen Zweckfußball ohne ihre Individualität und ihre Freude am Spiel aufzugeben.

Bastrup und Lerby zweimal Meister

Elf Jahre lang zeigte Ole Björnmose von 1966 bis 1971 bei Werder Bremen und anschließend 1971 bis 1977 beim Hamburger SV gute Leistungen für gutes Geld. Stammspieler bei den Bremern war auch Pierre Roentved von 1972 bis 1979. Lars Bastrup stürmte neben Horst Hrubesch, als der HSV 1982 und 1983 deutscher Meister wurde. Auch Sören Lerby gewann mit dem FC Bayern 1985 und 1986 zwei Titel. Ohne Titel blieb Dribbelgenie Brian Laudrup, das von 1990 bis 1992 das Spiel des FC Bayern bereicherte. Flemming Povlsen hatte mehr Glück, wurde 1995 zum Abschluss seiner Karriere, in der er neben Landsmann Morten Olsen auch beim 1. FC Köln tätig war, mit dem BV Borussia Dortmund nationaler Champion. Drei Jahre später schaffte das der rustikale Verteidiger Michael Schjönberg mit dem 1. FC Kaiserslautern.

Zur ersten Garnitur zählte erst bei Bayer 05 Uerdingen (1994–1996) und dann bei Bayer 04 Leverkusen (1996–1999) der kleine Abwehrspieler Jan Heintze, ein ähnlicher Typ wie der Franzose Bixente Lizarazu. Ein besonders guter Fang gelang den Schalkern 1999 mit Ebbe Sand, der zwar mehr als 10 Millionen Mark Ablöse kostete, seinen Arbeitgeber aber mit vielen Toren beschenkte und die »Königsblauen« 2001 beinahe zum Titel geschossen hätte (siehe auch: »Entscheidungen auf der Ziellinie«).

> »Für Deutsche ist Fußball Arbeit, für die Dänen Spaß.«
>
> *Morten Olsen von 1986 bis 1989 Profi, von 1993 bis 1995 Trainer beim 1. FC Köln*

Tita der erste brasilianische Star

Die brasilianische Ära in der Bundesliga läutete Bayer Leverkusen 1987 ein. Der Konzernklub unterhielt in dem lateinamerikanischen Riesenreich schon damals eine spezielle Beobachtertruppe, die gezielt Ausschau nach europa-tauglichen Spielern hielt. »Sie müssen sportlich und charakterlich zu uns passen«, nannte Bayers Brasilien-Scout Norbert Ziegler das simple Anforderungsprofil. Brasilianer über den großen Teich zu locken war keine Kunst. Im Land des galoppierenden Währungsverfalls hatte die Deutsche Mark einen noch höheren Stellenwert als der deutsche Fußball.

Den ersten brasilianischen Star präsentierte Bayer Leverkusen mit Tita aus Rio, der allerdings nur ein kurzes Gastspiel (1987–1988) geben sollte. Dem Sohn aus gutem Hause – die Legende vom Aufstieg aus den Slums musste sich die Straßenpresse bei dem polyglotten Brasilianer verkneifen – passte das deutsche Klima so wenig wie der Manager. Reiner Calmund nannte er einmal »dickes Bandito«, eine Vokabel, die die Printmedien genüsslich verwendeten.

M. Q. Paixao Tita war der erste Brasilianer, der in der Bundesliga von sich reden machte. Der Sohn aus gutbürgerlichen Verhältnissen hatte 1988 wesentlichen Anteil am Gewinn des UEFA-Pokals von Bayer Leverkusen. Danach verließ er den Konzernklub und zeigte seine Fußballkünste in Italien. Das Bild zeigt ihn mit dem UEFA-Pokal auf den Schultern von Bayer-Fans.

Dunga – ein Spieler nach Maß

Als Profi, der für die robuste deutsche Spielweise geradezu maßgeschneidert war, erwies sich Carlos Dunga, der zwei Jahre lang (1993–1995) beim VfB Stuttgart gradlinig dirigierte und auch vor derben Fouls wie früher Berti Vogts und später Wörns und Kohler nicht zurückschreckte. Von Dungas Pässen profitierte sogar sein Landsmann Giovane Elber, der gewissermaßen der Gegenentwurf zu Dunga war. Die gleichen Eigenschaften wie der Kapitän der brasilianischen Meistermannschaft von 1994 hatte der hoch aufgeschossene Innenverteidiger Lucio aus Porto Allegre, den Bayer Leverkusen im Jahre 2000 über den Atlantik holte und der dank seiner Durchsetzungskraft und Kampfbereitschaft den Abstieg 2003 verhindern half (siehe auch: »Implosion des Konzernklubs«).

»So geschmeidig und perfekt am Ball ist kein deutscher Stürmer.«
Franz Beckenbauer über Giovane Elber

Wenn Augustine »Jay-Jay« Okocha in der Bundesliga zu einem Solo startete, hüpfte den Zuschauern im Stadion das Herz vor Freude. Der Nigerianer pflegte blitzschnelle Haken um seine Gegenspieler zu schlagen, die vergeblich versuchten, den Ball zu erobern. Er schien an seinen Schuhen zu kleben. Okocha spielte von 1992 bis 1996 bei der Frankfurter Eintracht.

Anton »Toni« Polster erzielte in der Bundesliga recht häufig gleich zwei Tore in einem Spiel und erhielt deshalb vom Boulevard den Namen »Toni Doppelpack«. Auch Schiedsrichter mochten ihn. Nach einer roten Karte in Leverkusen schüttelte der Wiener dem Mann mit der Pfeife die Hand und verabschiedete sich auf dem Platz mit den Worten: »Gruss an die Gemahlin«. In 181 Bundesligaspielen (150 für Köln, 31 für Mönchengladbach) erzielte Polster 90 Tore.

Pflichtgefühl kontra Sonnenhunger

Spieler wie Dunga und Lucio überzogen auch nie den Heimaturlaub in der Winterpause. »Deutsches« Pflichtgefühl war bei ihnen stärker ausgeprägt als die Sehnsucht nach verlängerten Ferien am sonnigen Strand. Als »Spezialist« auf diesem Gebiet galt Abwehrkünstler Julio Cesar (1994–1998 bei Borussia Dortmund, von 1999–2000 bei Werder Bremen) genauso wie Giovane Elber, der einst beim VfB Stuttgart mit dem Bulgaren Krassimir Balakov und Fredi Bobic das berühmte »magische Dreieck« bildete, ehe er beim FC Bayern Meriten sammelte. Aber auch die Hertha-Brasilianer Marcelinho und Alvez sowie der Bremer Ailton ließen ihre Klubs schon mal warten. Sie zahlten gern die Konventionalstrafe, die sich stets im fünfstelligen Bereich bewegte. Vor weit reichenden Konsequenzen schützte all die Genannten ihre Klasse, die auch Emerson, Jorginho und Sergio besaßen. Diese drei versuchten vergeblich, mit Leverkusen einmal Meister zu werden. Jorginho und Sergio gelang das anschließend beim FC Bayern.

> »Seit Stephane Chapuisat hatten wir keinen Stürmer mehr hier in Dortmund mit so einer Präzision im Abschluss.«
>
> *BVB–Präsident Gerd Niebaum 2001 über den Brasilianer Marcio Amoroso*

Marcelinho und der Familienclan

Nicht immer kamen die Brasilianer auf Anhieb in der neuen Umgebung zurecht. Ailton war gerade eine Woche in Bremen, da packte ihn schon das Heimweh. »Die Kälte tötet dich, das Essen schmeckt nicht, die Menschen verstehst du nicht. Beinah wäre ich wieder nach Hause geflogen«, erinnert Bremens Torjäger mit Grausen an den Herbst 1998.

Die Abwesenheit der Großfamilie verdauten viele Brasilianer nur schwer. Deshalb entschloss sich Marcelo dos Santos Paraiba mit Künstlernamen Marcelinho, seinen Clan in Berlin um sich zu scharen. In einer Wohnung in Charlottenburg lebt er mit seiner Frau, seiner Tochter, seinem Sohn und der Haushälterin zusammen. In einer zweiten Wohnung sind sein Bruder Claudio nebst Frau und den beiden Kindern sowie seine Freunde Mofser Carlo und Novinho und hin und wieder sein Berater Luiz Traveira untergebracht. Die Kosten in Höhe von 30 000 Euro im Monat bereiten Marcelinho keine Kopfschmerzen.

Der Import brasilianischer Fußballkünstler sollte sich auch für Borussia Dortmund auszahlen. Nachdem die Westfalen mit Cesar einen Glücksgriff getan hatten, gingen sie Ende der 90er-Jahre auf Einkaufstour in Brasilien. 1998 schlüpfte Dede und 1999 Evanilson ins schwarz-gelbe Trikot. 2001 folgten Ewerthon und der Tore-Magier Amoroso, der 2002 zusammen mit Martin Max von 1860 München Torschützenkönig der Bundesliga wurde. Die vier Brasilianer und das Tschechen-Duo Tomas Rosicky und Jan Koller hoben den BVB auf das Spielniveau, das die Dortmunder zum Titel tragen sollte.

Schalkes Einkaufstour durch Europa

Nach dem Bosman-Urteil im Dezember 1995 überschwemmten Ausländer die Bundesliga geradezu. Schalke 04 kaufte mit Huub Stevens als Trainer vorrangig in den Niederlanden (Mulder, Eijkelkamp, van Hoogdalem, van Kerckhoven, Oude Kamphuis) und in Belgien (Wilmots, Goossens, Mpenza, Vermant) ein, wurde aber auch in Polen (Waldoch, Hajto) fündig. Schon Anfang der 90er-Jahre waren Manager Assauer mit den tschechischen Nationalspielern Jiri Nemec (1993–2002) und Radoslav Latal (1994–2001) zwei Goldfische ins Netz gegangen.

Auch Kaiserslautern hatte in den 90er-Jahren auf die Tschechen-Karte gesetzt und mit Miroslav Kadlec (1990–1998) und Pavel Kuka (1994–1998) zwei Spieler in die Pfalz geholt, ohne die Otto Rehhagel 1998 mit den Lauterern ganz gewiss nicht Meister geworden wäre. Auch die Schweden trumpften in der Stadt groß auf: Roland Sandberg stürmte von 1973–1977, Benny Wendt von 1977–1981 mit großem Erfolg für die Lauterer. Und Ronnie Hellström war zehn Jahre lang (1974–1984) am Betzenberg als Torhüter der Publikumsliebling.

Cottbus: 60 Prozent Ausländer

Die Mannschaft von Hansa Rostock bestand nach der Jahrtausendwende gelegentlich aus einer verstärkten Schwedenauswahl. Die Mecklenburger, mit Geld nicht gesegnet, importierten die Skandinavier relativ preiswert. Im Abstiegskampf erwies sich die Schweden–Connection (Jakobsson, Lantz, Persson, Wibran, Arvidsson, Prica) als unentbehrlich. In Cottbus, wo babylonisches Sprachengewirr herrschte, konnte Trainer Eduard Geyer mit seinem Patchwork-Kader aus preisgünstigen Spielern des ehemaligen Ostblocks von 2000 bis 2003 die Bundesliga halten.

Zuletzt bestand die Profiabteilung der Lausitzer aus 60 Prozent Ausländern. Auch Schalke (58 Prozent), Hertha BSC (53 Prozent), Leverkusen und Dortmund (je 43 Prozent) hatten recht viele Ausländer in ihren Reihen. Die Liste der Hochkaräter aus anderen Ländern wäre lückenhaft ohne die

Cottbus: Spiel ohne einen Deutschen

Im Bundesligaspiel gegen den FC Bayern bot Trainer Eduard Geyer von Energie Cottbus am 22. September 2001 eine Mannschaft auf, in der kein einziger deutscher Profi spielte: Im Tor stand der Bosnier Tomislav Piplica. In der Abwehr spielten die Ungarn Vilmos Sebök und Janos Matyus, der Brasilianer Vragel da Silva und der Bosnier Faruk Huidurovic. Im Mittelfeld stemmten sich der Rumäne Laurentin Reghecampf, der Bosnier Bruno Akropovic, der Pole Andrzej Kobylanski und der Ungar Vasile Miriuta gegen die Niederlage. Im Sturm agierten der Bosnier Marko Topic und der Brasilianer Brasilia. Eingewechselt wurden in der 46. Minute der Kroate Anton Labak für Huidurovic und der Ungar Otto Vincze für Kobylanski. Das Spiel gewann der FC Bayern mit insgesamt zehn Ausländern (Sagnol, Kuffour, Robert Kovac, Thiam, Salihamidzic, Santa Cruz und Pizarro, später noch Nico Kovac, Sergio und Sforza) 3:0.

> »Leider versuchen viele Trainer, aus Brasilianern deutsche Spieler zu machen. Das geht nicht, da leidet die Kreativität.«
>
> *Giovane Elber, der mit dem FC Bayern in der Zeit von 1998 bis 2003 viermal deutscher Meister wurde*

Erwähnung von Spielern wie dem Bulgaren Balakow, der den VfB Stuttgart 2003 auf seine alten Tage in die Champions League führte, wie dessen Vorgänger in Stuttgart, dem Isländer Asgeir Sigurvinsson, wie den Afrikanern Yeboah und Okocha, die in Frankfurt in den 80er-Jahren zu Publikumslieblingen wurden, und Sunday Oliseh, der in Köln und Dortmund spielte, ehe ihm Trainer Peter Neururer in Bochum eine Führungsrolle übertrug, wie dem Polen Miroslaw Okonski, der von 1986 bis 1988 das HSV-Publikum begeisterte, und wie dem Ungarn Lajos Detari, der Frankfurts Spiel ein Jahr lang (1987–1988) Glanz gab. 3,5 Millionen Mark waren der Eintracht die Regiekünste des Magyaren wert – eine Summe, die damals Rekord in der Bundesliga bedeutete. Der skandalumwitterte Präsident Koskodas von Olympiakos Piräus, mit 35 Bankier und einer der größten Zeitungsverleger in Griechenland, tröstete 1988 die Hessen mit 8,5 Millionen Mark Ablöse über den Verlust des begnadeten Spielers hinweg.

Gleich zwei Klubs schätzten sich glücklich, Giovane Elber verpflichtet zu haben. Erst der VfB Stuttgart, wo der Brasilianer zwischen 1994 und 1997 mit Balakow und Bobic das berühmte »magische Dreieck« bildete, und anschließend der FC Bayern. Schöne Tore sind sein Markenzeichen. Ohne Elber hätte es für den FC Bayern die Titel 1999, 2000, 2001 und 2003 wohl kaum gegeben.

1997 hatte Uli Hoeneß als Einkäufer ein goldenes Händchen. Neben Giovane Elber gelang es dem Manager, auch noch Frankreichs Nationalspieler Bixente Lizarazu an die Isar zu holen. Der kleine, stämmige Abwehrspieler besitzt alles, was einen Weltklasseverteidiger ausmacht. Selbst im Kopfballspiel zeigt der nur 1,69 Meter große Franzose kaum Schwächen.

Micoud und Zé Roberto

Leuchtende Sterne am Bundesligahimmel waren in der Vergangenheit auch der Engländer Kevin Keegan in den 80er-Jahren beim HSV (siehe auch : »FC Bayern gegen alle«), der Pole Andrzej Buncol bei Bayer Leverkusen (1987–1992), der Franzose Jean-Pierre Papin beim FC Bayern (1994–1996) und der Norweger Rune Braseth sowie der Neuseeländer Wynton Rufer, die 1989 bis 1995 sechs Jahre zusammen bei Werder Bremen tätig waren.

Bundesligageschichte schrieben ferner die Österreicher Andy Herzog (bei Werder, beim FC Bayern und zum Schluss wieder bei Werder), Toni Polster (1993–1998 1. FC Köln, 1998–1999 Mönchengladbach), Bruno Pezzey (1978–1983 Eintracht Frankfurt, 1983–1987 Werder Bremen), Hans »Buffy« Ettmayer (1971–1975 VfB Stuttgart, 1975–1977 HSV) und die Schweizer Stephane Chapuisat (1991–1999 bei Dortmund), Alain Sutter (je ein Jahr beim 1. FC Nürnberg und beim FC Bayern sowie 1995–1997 beim SC Freiburg) und Ciriaco Sforza, viele Jahre beim

Auf einen exzellenten Spielgestalter wie Johann Micoud musste Werder Bremen viele Jahre lang warten. Weil der AC Parma in einer Finanzkrise steckte und froh war, den Kreativ-Spieler von der Gehaltsliste zu bekommen, konnte Werder-Manager Klaus Allofs den Südfranzosen Ende August 2002 zum Vorzugspreis erwerben. »Für Werder ein Geschenk des Himmels«, lautet die Schlagzeile im Copress-Buch der besten Bundesligaspieler.

1. FC Kaiserslautern und ein Jahr zwischendurch (1995–1996) beim FC Bayern. Beim FC Bayern spielten sich in den letzten Jahren der Bosnier Hasan Salihamidzic, der Engländer Owen Hargreaves, Samy Kuffour aus Ghana, der Peruaner Claudio Pizarro mit Sturmpartner Roque Santa Cruz aus Paraguay und das französische Verteidigerpaar Bixente Lizarazu und Willy Sagnol in den Vordergrund.

Der Brasilianer Zé Roberto, schon bei Leverkusen ein Großer, festigte in München seinen Ruf. Und der Franzose Johan Micoud stieg in Bremen in der Saison 2002/2003 wie ein Komet auf.

Die Bundesliga – ein Paradies für Ausländer.

»Für mich ist es eine Ehre, dass ich so viel wert sein soll. Bei meinem Wechsel von Udine zum AC Parma war ich noch teurer.«

Marcio Amoroso zu den 50 Millionen Mark Ablöse, die der BV Borussia 2001 an den AC Parma zahlte, der vorher 70 Millionen Mark für den Brasilianer ausgegeben hatte

Die Liga im Wandel der Medien

»Entscheidend ist auf dem Platz«, lautete ein simpler Satz, der Dortmunds Fußball-Ikone Alfred »Adi« Preißler zugeschrieben wird, und der jahrzehntelang für die Medien der Bundesrepublik Richtschnur ihres Handelns war. ARD und ZDF berichteten sachlich und fundiert.

Die ARD-»Sportschau« mit Ernst Huberty, Oskar Klose, Adi Furler, Dieter Adler und später mit Heribert Faßbender und das »Aktuelle Sportstudio« des ZDF mit Harry Valerien, Rainer Günzler, Wim Thoelke, Werner Schneider (der Erfinder der »Torwand«) und Dieter Kürten fühlten sich der Maxime verpflichtet, die Bundesliga unterhaltsam, aber ohne Firlefanz zu präsentieren. Die Moderatoren Hanns-Joachim Friedrichs und Österreichs Kabarett-Genie Werner Schneyder verstanden es in den 80er-Jahren sogar, dem Sportstudio einen intellektuellen Touch zu geben, was den Einschaltquoten durchaus bekam.

Inszenierte Spannung

Das Niveau sollte freilich schlagartig sinken, als das Privatfernsehen 1988 für horrende Summen den Öffentlich-Rechtlichen die Übertragungsrechte ausspannte und daran ging, die Bundesliga optimal zu vermarkten (siehe auch: »Wie die Einkommen explodierten«). Servierte das Gespann Ulli Potofski und Günter Netzer die Spiele bei RTL noch relativ seriös, so verkaufte Sat.1 von 1993 an das »Premiumprodukt Bundesliga« (Vokabel der Werbebranche) als eine Art »Wundertüte«. Mit einer Schar höchst enthusiasmierter Novizen und ein paar gestandener Profis wie Jörg Wontorra und Werner Hansch versuchte Reinhold Beckmann mit der Sendung »Ran«, den Fußball praktisch neu zu erfinden. Schönfärberei, inszenierte Spannung, Hang zur Melodramatik, langweilige Vorberichte, seichte Randgeschichten und oberflächliche Interviews im Schnelldurchlauf waren die hauptsächlichen Ingredienzen der Sendung.

> **»Es ist zu viel inszeniert bei ›Ran‹. Wie das Spiel wirklich war, weiß ich manchmal nicht. Es war halt was. Bunt, fröhlich, trallala.«**
>
> *»Premiere«-Moderator Marcel Reif, der für seine pointenreiche Sprache 2002 den begehrten Grimme-Preis erhielt, 1997 in einem Interview mit der »Süddeutschen Zeitung«*

Beim Bezahlsender »Premiere« ist Franz Beckenbauer seit vielen Jahren ein geschätzter Mitarbeiter. Bei Bundesligaübertragungen gibt der »Kaiser« für gutes Honorar seine Kommentare ab. Vier Jahre lang war Beckenbauer zudem von 1999 bis 2003 für RTL in der Champions League aktiv. Danach holte sich das ZDF den Münchner als potenziellen Quotenbringer ins Haus.

Selbst Franz Beckenbauer, bei »Premiere« von 1999 bis 2003 groß im Geschäft (siehe auch: »Flucht nach Amerika«), konnte es sich nicht verkneifen, »Ran« als Blendwerk zu rügen: »So gut, wie die Ausschnitte weismachen wollen, sind die Spiele gar nicht. Die Zuschauer bekommen ein falsches Bild«, kritisierte er die Manie, sich aus dem allwöchentlichen Bundesligakuchen nur die Rosinen herauszupicken.

Schief ging der Versuch, »Ran« auf 20 Uhr zu verlegen, um Kirchs Bezahlsender »Premiere« durch die Hintertür neue Kunden zuzuführen. Die Manager des Rechte-Inhabers aus München mussten einsehen, dass sich das Publikum nicht unbegrenzt manipulieren lässt.

Töpperwien plus Schmus à la Kerner

Aus Angst, gegenüber den Kommerzsendern an Boden zu verlieren, änderte auch das ZDF als Zweitverwerter der Senderechte sein Konzept. Das »Aktuelle Sportstudio« lieferte zwar nach wie vor kritische Töne und spannende Kurzreportagen »alter Fuhrmänner« wie Rolf Töpperwien und Michael Palme, aber auch Schmus à la Kerner und Steinbrecher. »Herumkernern« nannte ein Fern-

Entertainment war den Machern von »Ran« bei Sat.1 stets wichtiger als profunde Spielanalysen. Mit viel Brimborium (siehe Bild) versuchte der Privatsender in den Bundesligastadien Aufmerksamkeit zu erregen. 2003 verlor der Sender die Übertragungsrechte, weil er sich außer Stande sah, ähnlich viele Millionen wie in der Vergangenheit zu zahlen.

sehkritiker der »Süddeutschen Zeitung« das Blabla einmal, mit dem Johannes B. Kerner, bei Sat.1 als Quotenhoffnung abgeworben, das Publikum und seine Gäste umschmeichelt. Die Boulevardpresse, durch die Privatsender ins zweite Glied gedrängt, spinnt die Themen weiter, die im Fernsehen oft nur gestreift oder en passant erwähnt werden.

Jagd auf Kahns Privatleben

Besonders gern stürzen sich die für Klatsch und Tratsch zuständigen Zeitungen auf außersportliche Aktivitäten der Bundesligastars und scheuen sich dabei nicht, gelegentlich Tabus zu brechen. 2003 zum Beispiel verbiss sich die Journaille monatelang in eine außereheliche Beziehung des Welttorhüters Oliver Kahn, der freilich durch Disco-Auftritte mit seiner Gespielin zum Surfen im Privatleben gewissermaßen einlud.

Nach gründlicher Ausforschung fragte »Bild« scheinheilig: »Wie verkraftet der Welttorhüter die emotionellen Beben in seinem Leben?« Die große Mehrheit der Bundesligaprofis lehnt Kampagnen wie gegen Kahn ab, doch den Mut, sich den professionellen Schnüfflern zu verweigern, hat kaum einer. Die Spieler wissen ganz genau, dass Europas größte Tageszeitung jederzeit in der Lage ist, Karrieren nach Bedarf zu beeinflussen – positiv oder negativ. Und wenn die Verlagsherren des Springerkonzerns zu einer Party nach Hamburg bitten, sind alle geladenen Stars in der Regel präsent.

»Ich werde behandelt wie ein Mörder oder ein Vergewaltiger.«

Oliver Kahn zur Berichterstattung in der Sensationspresse über seine Beziehung zu einer jungen Münchnerin und über seine Ehekrise

Wohin geht die Reise

»Schon bald wird die Bundesliga eine der führenden Ligen in Europa sein«, sagte Karl-Heinz Rummenigge, der Vorstandsvorsitzende der Bayern AG, euphorisch gestimmt vor Beginn der Saison 2003/04. Rummenigge geht davon aus, dass hochkarätige Ausländer, die in Italien oder Spanien mit Nettomillionen verwöhnt wurden, bald froh sein werden, in der Bundesliga unterzukommen: Die »Süddeutsche Zeitung« wusste zu berichten, dass Klubs in Italien zur Entlastung ihres Etats teure Profis kostenlos feilbieten, darunter alternde Stars wie Signori, Baggio, Zola, Batistuta oder del la Peña.

Doch auch deutsche Klubs müssen bekanntlich den Gürtel enger schnallen. Sie stöhnen unter der Last von 682 Millionen Euro Schulden und wären durchweg froh, wenn sie die Verträge ihrer meist überbezahlten Fußballangestellten kündigen könnten.

»Rückgang der Gehälter bis 50 Prozent«

Ob sich renommierte Ausländer tatsächlich auf Deutschland fixieren, wenn sie lesen, dass Uli Hoeneß mittelfristig den Rückgang der Gehälter bis zu 50 Prozent voraussagt, weil die Fernsehgelder nicht mehr wie gewünscht fließen, bleibt

Not macht erfinderisch

Mit Leasing-Geschäften will der VfB Stuttgart 5 bis 15 Millionen Euro einnehmen und so den vom Ex-Präsidenten Mayer-Vorfelder hinterlassenen Schuldenberg abbauen. Die Schwaben verkaufen die Transferrechte an einige Profis; anschließend setzen sie diese als »Leiharbeitskraft« ein.

Drei Garanten für fortbestehende Dominanz des FC Bayern in der Bundesliga: Manager Uli Hoeneß, Vorstandsvorsitzender Karl-Heinz Rummenigge und Aufsichtsratsvorsitzender Franz Beckenbauer 2003 mit dem Meisterteller. In 40 Jahren Bundesliga gewannen die Münchner den Titel 17-mal.

abzuwarten. Eher ungern wird sich der omnipotente Bayern-Manager an einen Vortrag erinnern, den er Ende der 70er-Jahre vor Münchner Wirtschaftsstudenten hielt. Damals sprach er die Erwartung aus, dass die Fernsehrechte an der Bundesliga irgendwann einmal eine Milliarde Mark pro Jahr bringen würden. Zwar hielten sich die Einbußen der Bundesliga nach dem Wechsel der Rechte von Sat.1 zur ARD und zum DSF im Rahmen, doch zwischen den vor vielen Jahren mit dem Kirch-Konzern für die Saison 2003/04 ausgehandelten 460 Millionen Euro und dem jetzigen Gesamtbetrag (290 Millionen Euro vom Rechteverkäufer Infront garantiert) liegen Welten und für viele Klubs Untiefen, die den einen oder anderen in große Bedrängnis bringen könnten. Sinkende TV-Einnahmen sind aber nicht nur für die »grauen Mäuse« der Bundesliga schmerzlich. Auch der FC Bayern, der VfB Stuttgart und Borussia Dortmund müssen Abstriche machen. »Premiere« und Sat.1 zahlen für die Spiele der Champions League in der Saison 2003/04 nur noch die Hälfte der bisherigen Gelder.

Meier: »Uns gehört die Zukunft«

Dennoch blickt zum Beispiel Borussia Dortmund höchst zuversichtlich in die Zukunft. Der Klub kalkuliert mit einem Zuschauerschnitt von 70000 im ausgebauten Westfalenstadion. »Von den zusätzlichen 10000 Dauerkarten sind schon 7000 weg, macht insgesamt 55000«, zitierte »Sport Bild« Klub-Präsident Gerd Niebaum Ende Mai 2003.

Sportlich verspricht der BVB Wiedergutmachung. Manager Michael Meier ist überzeugt, dass die Saison 2002/03, in der die Westfalen als Dritter 17 Punkte hinter Meister FC Bayern ins Ziel kamen, nur ein Betriebsunfall war. »Uns gehört die Zukunft, weil wir schon heute der Konkurrenz einen großen Schritt voraus sind«, tönt er. Die Begründung bleibt Meier nicht schuldig: »Während die anderen Vereine erst anfangen, sich zu verjüngen, haben wir bereits jede Menge hoffnungsvolle Talente, die sich durchsetzen werden.«

Felix Magath, Manager und Trainer beim VfB Stuttgart, könnte das besten Gewissens auch von seinem Kader behaupten, in dem es vor »jungen Wilden« geradezu wimmelt (siehe auch: »Das Jubiläumsjahr«).

Heynckes soll es richten

Als dritte Kraft der Bundesliga hat sich Bayer Leverkusen ruhmlos verabschiedet (siehe auch: »Die Implosion des Konzernklubs«), muss angeblich 25 Millionen Euro einsparen und sich möglicherweise von Topspielern trennen. Doch wer künftig den Platz besetzt, ist eine Frage, die unterschiedlich beantwortet wird. Nicht wenige Experten setzten auf den VfB Stuttgart, einige auf den HSV, die meisten aber wohl auf den FC Schalke 04. Manager Rudi Assauer hat sich nach dem Fehlgriff mit dem Novizen Frank Neubarth Jupp Heynckes ins

»Vor Heynckes wird die Mannschaft Respekt haben, weil sie weiß, was er als Spieler und Trainer alles erreicht hat.«

Schalke-Manager Rudi Assauer

Der Mann, mit dem Schalke endlich Meister werden will: Jupp Heynckes, mit dem FC Bayern 1989 und 1990 deutscher Meister. Höhepunkt seiner Spanien-Jahre war für den Gladbacher 1998 der Gewinn der Champions League als Trainer von Real Madrid.

Ruhrgebiet geholt, einen Trainer von Weltruf, der dem »Sauhaufen« (Assauer) Disziplin, Teamgeist und vor allem attraktiven Angriffsfußball vermitteln will. Ob »Don Jupp« vom »Völkergemisch« bei den »Königsblauen« aber der Respekt entgegen gebracht wird, der ihm viele Jahre lang in Spanien zuteil wurde, ist nicht garantiert.

»Entweder schaffe ich Schalke oder Schalke schafft mich.«

Rudi Assauer bei seinem zweiten Amtsantritt als Schalke-Manager im April 1993

Rivalen an der Ruhr: Schalke-Manager Rudi Assauer und Borussia-Vorstandsmitglied Michael Meier. Beide Klubs haben den Ehrgeiz, irgendwann einmal zum FC Bayern aufzuschließen – ein höchst anspruchsvolles Ziel.

Mit dem 1. FC Köln schaffte der Topklub der frühen Jahre den Wiederaufstieg. Doch schon vor dem Anpfiff stand fest, dass die Begeisterung der Fußballjecken vom Rhein größer ist als die Qualität der Mannschaft. »Wieder einmal hatte das Team seine staunenswerte Mixtur aus Unansehnlichkeit und Unbeugsamkeit angerührt, die es zu einem so seltsamen Aufsteiger macht«, schrieb Christoph Biermann in der »Süddeutschen Zeitung« nach dem eher peinlichen 2:1-Heimsieg über den späteren Absteiger FC St. Pauli.

Begrüßt wird die Rückkehr des SC Freiburg in die Eliteklasse des deutschen Fußballs. Volker Finkes »Breisgau-Brasilianer« verheißen schönen Fußball, der sich nicht ausschließlich am Ergebnis orientiert.

Ein lebender Geißbock ist das Maskottchen des 1. FC Köln. Den ersten schenkte Zirkusdirektorin Carola Williams dem Klub 1951. Das Tier – zurzeit meckert Hennes VII – wird vor jedem Heimspiel ins Stadion gebracht.

»An der Spitze fehlt der letzte Tick«

Dass die Bundesliga freilich recht bald in Europa eine Hauptrolle spielen wird, wie Karl-Heinz Rummenigge meint, kann sich Franz Beckenbauer nicht vorstellen. Der »Kaiser«, vom ZDF für 6 Millionen Euro vier Jahre lang als Co-Kommentator und Äquivalent zum ARD-Netzer eingekauft, schrieb nach dem vorzeitigen Aus der deutschen Klubs in den europäischen Wettbewerben: »In der Breite ist die Bundesliga nicht schwächer als die Ligen in Italien, Spanien oder England, aber an der Spitze fehlt der Bundesliga der letzte Tick, um in der Champions League vorne mitzumischen.«

Einen positiven Effekt könnte der durch die Kirch-Pleite ausgelöste Zwang zum Sparen haben. »Die Profis, die dieser Tage neue Verträge unterschreiben, müssen alle stärker leistungsabhängige Gehälter akzeptieren. Viele Vereinsmanager streben eine Verteilung zwischen garantiertem Lohn und Erfolgsprämie im Verhältnis 50:50 an. Wenn einer lange nicht spielt, wird er das merken im Portemonnaie«, sagte Werder Bremens Vorstandsvorsitzender Jürgen L. Born dem »Spiegel«.

481,11 Euro »Alu« pro Woche

Spielern, deren Verträge im Sommer ausliefen, sind von Arbeitslosigkeit bedroht. Beim Arbeitsamt werden sie unter der Kennziffer 8383 – Artisten, Berufssportler, künstlerische Hilfsberufe – erfasst. Der »Alu«-Höchstbetrag beläuft sich auf 481,11 Euro pro Woche – für Fußballprofis, die es gewohnt waren, wenigstens 40 000 Euro pro Monat auf ihrem Konto vorzufinden, wäre das zweifellos ein Schock.

»Die neue ARD-Sportschau wird den nostalgisch geprägten Zuschauern eine bittere Enttäuschung bereiten. Sie wird von der alten Sportschau fast nichts, von ›Ran‹ aber fast alles übernehmen – den locker plaudernden Moderator, die frenetisch klatschenden Zuschauer, die albernen Gewinnspiele, die rasanten, von zahlreichen Kameras mit großem Aufwand hergestellten Bilder und vor allem Werbung, Werbung, Werbung.«

Günter Rohrbach, Film- und Fernsehproduzent, viele Jahre WDR-Manager

Statistik

Alle Meistermannschaften seit 1964

1964: 1. FC Köln
Ewert, Schumacher – Hemmersbach, Pott, Regh –
Benthaus, Weber, Sturm, Wilden – Hornig, Müller,
Overath, Ripkens, Schäfer, Thielen
Trainer: Georg Knöpfle.

1965: Werder Bremen
Bernard – Bordel, Höttges, Piontek – Jagielski,
Lorenz, Schimeczek, Steinmann – Ferner, Hänel,
Klöckner, Matischak, Schütz, Schulz, Soya, Thun,
Zebrowski
Trainer: Willi Multhaup.

1966: TSV München 1860
Radenkovic – Patzke, Steiner, Wagner – Luttrop,
Perusic, Reich, Zeiser – Brunnenmeier, Grosser,
Heiß, Kohlars, Konietzka, Küppers, Rebele
Trainer: Max Merkel.

1967: Eintracht Braunschweig
Wolter, Jäcker – Brase, Meyer, Moll – Bäse, Kaack,
Matz, Schmidt – Dulz, Gerwien, Grzyb, Krause,
Maas, Saborowski, Ulsaß
Trainer: Helmut Johannsen.

1968: 1. FC Nürnberg
Wabra, Toth – Hilpert, Leupold, Popp – Ferschl,
L. Müller, Wenauer – Brungs, Cebinac, H. Müller,
Schöll, Starek, Strehl, Volkert
Trainer: Max Merkel.

1969: Bayern München
Maier – Kupferschmidt, Pumm – Beckenbauer,
Olk, Schmidt, Schwarzenbeck – Brenninger, Jung,
G. Müller, Ohlhauser, Roth, Starek
Trainer: Branko Zebec.

1970: Borussia Mönchengladbach
Kleff, Danner – Bleidick, Vogts, Zimmermann –
Dietrich, Kracke, L. Müller, Sieloff, Spinnler –
Kaiser, Köppel, Laumen, Le Fevre, Meyer, Netzer,
Schäfer, Wimmer
Trainer: Hennes Weisweiler.

1971: Borussia Mönchengladbach
Kleff – Bleidick, Vogts, Wittmann – L. Müller,
Sieloff, Wimmer – Bonhof, Dietrich, Heynckes,
Köppel, Laumen, Le Fevre, Netzer, Wloka
Trainer: Hennes Weisweiler.

1972: Bayern München
Maier, Seifert – Breitner, Hansen, Koppenhöfer,
Rybarczyk – Beckenbauer, Roth, Schwarzenbeck –
Gerber, U. Hoeneß, Hoffmann, Krauthausen,
G. Müller, Schneider, Sühnholz, Zobel
Trainer: Udo Lattek.

1973: Bayern München
Maier – Breitner, Hansen, Rybarczyk, Zimmermann
– Beckenbauer, Schwarzenbeck, Rohr, Roth –
Dürnberger, U. Hoeneß, Hoffmann, Jörg,
Krauthausen, G. Müller, Schneider, Zobel
Trainer: Udo Lattek.

1974: Bayern München
Maier – Breitner, Hansen, Jensen, Kapellmann,
Rohr – Beckenbauer, Schwarzenbeck, Roth –
Dürnberger, Gersdorff, Hadewicz, U. Hoeneß,
Hoffmann, G. Müller, Schneider, Torstensson,
Zimmermann, Zobel
Trainer: Udo Lattek.

1975: Borussia Mönchengladbach
Kleff – Klinkhammer, Surau, Schäffer, Vogts –
Bonhof, Danner, Posner, Wittkamp – Del'Haye,
Heynckes, Hilkes, Jensen, Köppel, Köstner, Kulik,
Simonsen, Stielike, Wimmer
Trainer: Hennes Weisweiler.

1976: Borussia Mönchengladbach
Kleff – Klinkhammer, Surau, Vogts – Bonhof,
Danner, Ringels, Schäffer, Wittkamp, Wohlers –
Del'Haye, Hannes, Heynckes, Jensen, Köppel,
Kulik, Simonsen, Stielike, Wimmer
Trainer: Udo Lattek.

Beim FC Bayern
»Putzer des Kaiser«:
Georg »Katsche«
Schwarzenbeck.

1977: Borussia Mönchengladbach
Kneib – Klinkhammer, Ringels, Vogts – Bonhof,
Danner, Kulik, Schäffer, Wittkamp – Del'Haye,
Hannes, Heidenreich, Heynckes, Köppel, Nielsen,
Simonsen, Stielike, Wimmer, Wohlers
Trainer: Udo Lattek.

1978: 1. FC Köln
Schumacher – Hein, Konopka, Nicot, Zimmermann
– Cullmann, Gerber, Glowacz, Simmet, Strack –
Flohe, Löhr, D. Müller, Neumann, Okudera, Prestin,
Van Gool, Willmer
Trainer: Hennes Weisweiler.

1979: Hamburger SV
Kargus – Hidien, Kaltz, Ripp – Beginski, Bertl,
Buljan, Memering, Nogly – Hartwig, Hrubesch,
Keegan, Magath, Plücken, Reimann, Wehmeyer
Trainer: Branko Zebec.

1980: Bayern München
Junghans, M. Müller – Dremmler, Gruber,
Horsmann, Weiner – Aas, Augenthaler, Breitner,
Kraus, Niedermayer, Schwarzenbeck – Dürnberger,
D. Hoeneß, Janzon, Oblak, Reisinger,
K.-H. Rummenigge
Trainer: Pal Csernai.

1981: Bayern München
Junghans, M. Müller – Dremmler, Horsmann –
Aas, Augenthaler, Breitner, Dürnberger, Güttler,
Kraus, Niedermayer, Röber, Weiner – Del'Haye,
D. Hoeneß, Janzon, Mathy, Rautiainen,
K.-H. Rummenigge
Trainer: Pal Csernai.

1982: Hamburger SV
Stein – Beckenbauer, Hidien, Hieronymus, Jakobs,
Kaltz, Wehmeyer – Djordjevic, Groh, Hartwig,
Kramer, Magath, Memering, Milewski, Schröder –
Bastrup, Dreßel, von Heesen, Hrubesch
Trainer: Ernst Happel.

1983: Hamburger SV
Stein – Hieronymus, Jakobs, Kaltz, Schröder,
Wehmeyer – Groh, Hartwig, von Heesen, Magath,
Rolff, Schmidt – Bastrup, Djordjevic, Hansen,
Hrubesch, Milewski
Trainer: Ernst Happel.

1984: VfB Stuttgart
Roleder, Jäger – Buchwald, B. Förster, Kh. Förster,
Makan, Schäfer – Allgöwer, Kempe, Ohlicher,
Niedermayer, Sigurvinsson, Zietsch – Corneliusson,
Glückler, Kelsch, Lorch, A. Müller, Reichert
Trainer: Helmut Benthaus.

Erst Antreiber, dann Abwehrchef beim FC Bayern: Lothar Matthäus.

1985: Bayern München
Pfaff, Aumann – Augenthaler, Beierlorzer, Eder,
Dremmler, Dürnberger, Grobe, Martin, Pflügler,
Willmer – Lerby, Mathy, Matthäus, Nachtweih –
D. Hoeneß, Kögl, M. Rummenigge, Wohlfarth
Trainer: Udo Lattek.

1986: Bayern München
Pfaff, Aumann – Augenthaler, Beierlorzer, Dremmler,
Eder, Nachtweih, Pflügler, Winklhofer – Flick, Lerby,
Matthäus, Schwabl, Willmer – Mathy, Hartmann,
D. Hoeneß, Kögl, M. Rummenigge, Wohlfarth
Trainer: Udo Lattek.

1987: Bayern München
Pfaff – Augenthaler, Bayerschmidt, Eder, Flick,
Nachtweih, Pflügler, Willmer, Winklhofer – Brehme,
Dorfner, Mathy, Matthäus, M. Rummenigge –
Hartmann, D. Hoeneß, Kögl, Lunde, Wohlfarth
Trainer: Udo Lattek.

1988: Werder Bremen
Reck, Burdenski – Bratseth, Kutzop, Otten,
Ruländer, Sauer, Schaaf – Borowka, Eilts, Hermann,
Meier, Möhlmann, Votava, Wolter – Burgsmüller,
Neubarth, Ordenewitz, Riedle
Trainer: Otto Rehhagel.

1989: Bayern München
Aumann – Augenthaler, Flick, Grahammer, Johnsen,
Nachtweih, Pflügler, Reuter, Winklhofer – Dorfner,
Eck, Kögl, Thon – Ekström, Wegmann, Wohlfarth
Trainer: Josef Heynckes.

1990: Bayern München
Aumann, Scheuer – Augenthaler, Kastenmaier,
Kohler, Pflügler, Reuter – Dorfner, Flick, Grahammer,
Johnsen, Kögl, Schwabl, Strunz, Thon – Bender,
McInally, Mihajlovic, Wohlfarth
Trainer: Josef Heynckes.

1991: 1. FC Kaiserslautern
Ehrmann, Serr – Friedmann, Haber, Kadlec, Lutz, Stumpf – Dooley, Ernst, Goldbaek, Krämer, Kranz, Lelle, Richter, Roos, Scherr, Schupp, Stadler, Zimmermann – Hoffmann, Hotic, Kuntz, Labbadia, Winkler
Trainer: Karlheinz Feldkamp.

1992: VfB Stuttgart
Immel – Buchwald, Dubajic, Frontzeck, Schäfer, N. Schmäler, U. Schneider, Strehmel – Buck, Gaudino, Kögl, Kramny, Mayer, Sammer, Th. Schneider – Kastl, Kienle, Sverrisson, F. Walter
Trainer: Christoph Daum.

1993: Werder Bremen
Reck, Gundelach – Beiersdorfer, Borowka, Bratseth – Bockenfeld, Eilts, Harttgen, Hermann, Legat, Neubarth, Schaaf, Votava, Wolter – K. Allofs, Bode, Herzog, Hobsch, Krohn, van Lent, Rufer
Trainer: Otto Rehhagel.

1994: Bayern München
Aumann, Gospodarek – Helmer, Jorginho, Kreuzer, Matthäus, Münch, Thon, Wouters – Frey, Hamann, Nerlinger, Scholl, Schupp, Zickler, Ziege – Cerny, Labbadia, Mazinho, Sternkopf, Valencia, Witeczek
Trainer: Erich Ribbeck/Franz Beckenbauer.

1995: Borussia Dortmund
Klos – Cesar, Kree, Kutowski, Reuter, Sammer, Schmidt, Zelic – Arnold, Franck, Freund, Kurz, Mallam, Möller, Povlsen, K. Reinhardt, Riethmann, Tanko, Zorc – Chapuisat, Ricken, Riedle, Tretschok
Trainer: Ottmar Hitzfeld.

1996: Borussia Dortmund
Klos, de Beer, Schumacher – Cesar, Kohler, Kree, Kutowski, Sammer, Schmidt – Berger, Heinrich, Franck, Freund, Mallam, Möller, K. Reinhardt, Reuter, Ricken, Sosa, Tretschok, Wolters, Zorc – Chapuisat, Herrlich, L. Müller, Riedle, Tanko
Trainer: Ottmar Hitzfeld.

1997: Bayern München
Kahn, Scheuer – Babbel, Helmer, Kreuzer, Kuffour, Matthäus, Münch, Strunz – Basler, Gerster, Hamann, Nerlinger, Scholl, Ziege – Jancker, Klinsmann, Lakies, Rizzitelli, Witeczek, Zickler
Trainer: Giovanni Trapattoni.

1998: 1. FC Kaiserslautern
Reinke, Szücs – Hrutka, Kadlec, Koch, Lutz, Roos, Schjönberg, Schäfer – Ballack, Brehme, Buck, Greiner, Hristov, Ojigwe, Ratinho, Riedl, Sforza, Wagner – Ertl, Kuka, Marschall, Reich, Rische
Trainer: Otto Rehhagel.

1999: Bayern München
Kahn, Dreher, Scheuer – Babbel, Helmer, Johansson, Kuffour, Linke, Lizarazu, Matthäus, Tarnat – Basler, Effenberg, Fink, Jarolim, Jeremies, Scholl, Strunz – Bugera, Daei, Elber, Göktan, Jancker, Salihamidzic, Zickler
Trainer: Ottmar Hitzfeld.

2000: Bayern München
Kahn, Dreher, Wessels – Andersson, Babbel, Kuffour, Linke, Lizarazu, Matthäus – Basler, Effenberg, Fink, Jeremies, Scholl, Sergio, Strunz, Tarnat, Wiesinger – Elber, Jancker, Salihamidzic, Santa Cruz, Zickler
Trainer: Ottmar Hitzfeld.

2001: Bayern München
Kahn, Dreher, Wessels – Andersson, Kuffour, Linke, Sagnol, Sforza – Effenberg, Fink, Hargreaves, Jeremies, Lizarazu, Salihamidzic, Scholl, Strunz, Tarnat, Wiesinger – Elber, Göktan, Jancker, di Salvo, Santa Cruz, Sergio, Zickler
Trainer: Ottmar Hitzfeld.

2002: Borussia Dortmund
Lehmann, Laux – Kohler, Madouni, Metzelder, Reuter, Wörns – Bugri, Dede, Evanilson, Heinrich, Kehl, Oliseh, Ricken, Rosicky, Stevic – Addo, Amoroso, Bobic, Ewerthon, Herrlich, Koller, Odonkor, Reina, Sörensen
Trainer: Matthias Sammer.

2003: Bayern München
Kahn, Wessels – Kuffour, Linke, Sagnol, Robert Kovac – Fink, Hargreaves, Jeremies, Lizarazu, Salihamidzic, Nico Kovac, Zé Roberto, Scholl, Tarnat, Ballack, Deisler, Thiam, Schweinsteiger, Feulner, Misimovic, Trochowski – Elber, Santa Cruz, Sergio, Zickler
Trainer: Ottmar Hitzfeld.

Abschlusstabellen

1963/64

1. 1. FC Köln 30 78:40 45–15
2. Meidericher SV 30 60:36 39–21
3. Eintracht Frankfurt 30 65:41 39–21
4. Borussia Dortmund 30 73:57 33–27
5. VfB Stuttgart 30 48:40 33–27
6. Hamburger SV 30 69:60 32–28
7. TSV München 1860 30 66:50 31–29
8. FC Schalke 04 30 51:53 29–31
9. 1. FC Nürnberg 30 45:56 29–31
10. Werder Bremen 30 53:62 28–32
11. Eintr. Braunschweig 30 36:49 28–32
12. 1. FC Kaiserslautern 30 48:69 26–34
13. Karlsruher SC 30 42:55 24–36
14. Hertha BSC Berlin 30 45:65 24–36
15. Preußen Münster 30 34:52 23–37
16. 1. FC Saarbrücken 30 44:72 17–43

1964/65

1. Werder Bremen 30 54:29 41–19
2. 1. FC Köln 30 66:45 38–22
3. Borussia Dortmund 30 67:48 36–24
4. TSV München 1860 30 70:50 35–25
5. Hannover 96 30 48:42 33–27
6. 1. FC Nürnberg 30 44:38 32–28
7. Meidericher SV 30 46:48 32–28
8. Eintracht Frankfurt 30 50:58 29–31
9. Eintr. Braunschweig 30 42:47 28–32
10. Borussia Neunkirchen 30 44:48 27–33
11. Hamburger SV 30 46:56 27–33
12. VfB Stuttgart 30 46:50 26–34
13. 1. FC Kaiserslautern 30 41:53 25–35
14. Hertha BSC Berlin 30 40:62 25–35
15. Karlsruher SC 30 47:62 24–36
16. FC Schalke 04 30 45:60 22–38

Hertha BSC wurde die Lizenz entzogen.
Tasmania 1900 nahm aus »Berlin-politischen« Gründen
Herthas Platz ein.

1965/66

1. TSV München 1860 34 80:40 50–18
2. Borussia Dortmund 34 70:36 47–21
3. Bayern München 34 71:38 47–21
4. Werder Bremen 34 76:40 45–23
5. 1. FC Köln 34 74:41 44–24
6. 1. FC Nürnberg 34 54:43 39–29
7. Eintracht Frankfurt 34 64:46 38–30
8. Meidericher SV 34 70:48 36–32
9. Hamburger SV 34 64:52 34–34
10. Eintr. Braunschweig 34 49:49 34–34
11. VfB Stuttgart 34 42:48 32–36
12. Hannover 96 34 59:57 30–38
13. Bor. Mönchengladbach 34 57:68 29–39
14. FC Schalke 04 34 33:55 27–41
15. 1. FC Kaiserslautern 34 42:65 26–42
16. Karlsruher SC 34 35:71 24–44
17. Borussia Neunkirchen 34 32:82 22–46
18. Tasmania 1900 Berlin 34 15:108 8–60

1966/67

1. Eintr. Braunschweig 34 49:27 43–25
2. TSV München 1860 34 60:47 41–27
3. Borussia Dortmund 34 70:41 39–29
4. Eintracht Frankfurt 34 66:49 39–29
5. 1. FC Kaiserslautern 34 43:42 38–30
6. Bayern München .34 62:47 37–31
7. 1. FC Köln 34 48:48 37–31
8. Bor. Mönchengladbach 34 70:49 34–34
9. Hannover 96 34 40:46 34–34
10. 1. FC Nürnberg 34 43:50 34–34
11. MSV Duisburg 34 40:42 33–35
12. VfB Stuttgart 34 48:54 33–35
13. Karlsruher SC 34 54:62 31–37
14. Hamburger SV 34 37:53 30–38
15. FC Schalke 04 34 37:63 30–38
16. Werder Bremen 34 49:56 29–39
17. Fortuna Düsseldorf 34 44:66 25–43
18. Rot-Weiß Essen 34 35:53 25–43

1967/68

1. 1. FC Nürnberg 34 71:37 47–21
2. Werder Bremen 34 68:51 44–24
3. Bor. Mönchengladbach 34 77:45 42–26
4. 1. FC Köln 34 68:52 38–30
5. Bayern München 34 68:58 38–30
6. Eintracht Frankfurt 34 58:51 38–30
7. MSV Duisburg 34 69:58 36–32
8. VfB Stuttgart 34 65:54 35–33
9. Eintr. Braunschweig 34 37:39 35–33
10. Hannover 96 34 48:52 34–34
11. Alemannia Aachen 34 52:66 34–34
12. TSV München 1860 34 55:39 33–35
13. Hamburger SV 34 51:54 33–35
14. Borussia Dortmund 34 60:59 31–37
15. FC Schalke 04 34 42:48 30–38
16. 1. FC Kaiserslautern 34 39:67 28–40
17. Borussia Neunkirchen 34 33:93 19–49
18. Karlsruher SC 34 32:70 17–51

1968/69

1. Bayern München 34 61:31 46–22
2. Alemannia Aachen 34 57:51 38–30
3. Bor. Mönchengladbach 34 61:46 37–31
4. Eintr. Braunschweig 34 46:43 37–31
5. VfB Stuttgart 34 60:54 36–32
6. Hamburger SV 34 55:55 36–32
7. FC Schalke 04 34 45:40 35–33
8. Eintracht Frankfurt 34 46:43 34–34
9. Werder Bremen 34 59:59 34–34
10. TSV München 1860 34 44:59 34–34
11. Hannover 96 34 47:45 32–36
12. MSV Duisburg 34 33:37 32–36
13. 1. FC Köln 34 47:56 32–36
14. Hertha BSC Berlin 34 31:39 32–36
15. 1. FC Kaiserslautern 34 45:47 30–38
16. Borussia Dortmund 34 49:54 30–38
17. 1. FC Nürnberg 34 45:55 29–39
18. Kickers Offenbach 34 42:59 28–40

1969/70
1. Bor. Mönchengladbach 34 71:29 51–17
2. Bayern München 34 88:37 47–21
3. Hertha BSC Berlin 34 67:41 45–23
4. 1. FC Köln 34 83:38 43–25
5. Borussia Dortmund 34 60:67 36–32
6. Hamburger SV 34 57:54 35–33
7. VfB Stuttgart 34 59:62 35–33
8. Eintracht Frankfurt 34 54:54 34–34
9. FC Schalke 04 34 43:54 34–34
10. 1. FC Kaiserslautern 34 44:55 32–36
11. Werder Bremen 34 38:47 31–37
12. Rot-Weiß Essen 34 41:54 31–37
13. Hannover 96 34 49:61 30–38
14. Rot-Weiß Oberhausen 34 50:62 29–39
15. MSV Duisburg 34 35:48 29–39
16. Eintr. Braunschweig 34 40:49 28–40
17. TSV München 1860 34 41:56 25–43
18. Alemannia Aachen 34 31:83 17–51

1970/71
1. Bor. Mönchengladbach 34 77:35 50–18
2. Bayern München 34 74:36 48–20
3. Hertha BSC Berlin 34 61:43 41–27
4. Eintr. Braunschweig 34 52:40 39–29
5. Hamburger SV 34 54:63 37–31
6. FC Schalke 04 34 44:40 36–32
7. MSV Duisburg 34 43:47 35–33
8. 1. FC Kaiserslautern 34 54:57 34–34
9. Hannover 96 34 53:49 33–35
10. Werder Bremen 34 41:40 33–35
11. 1. FC Köln 34 46:56 33–35
12. VfB Stuttgart 34 49:49 30–38
13. Borussia Dortmund 34 54:60 29–39
14. Arminia Bielefeld 34 34:53 29–39
15. Eintracht Frankfurt 34 39:56 28–40
16. Rot-Weiß Oberhausen 34 54:69 27–41
17. Kickers Offenbach 34 49:65 27–41
18. Rot-Weiß Essen 34 48:68 23–45

1971/72
1. Bayern München 34 101:38 55–13
2. FC Schalke 04 34 76:35 52–16
3. Bor. Mönchengladbach 34 82:40 43–25
4. 1. FC Köln 34 64:44 43–25
5. Eintracht Frankfurt 34 71:61 39–29
6. Hertha BSC Berlin 34 46:55 37–31
7. 1. FC Kaiserslautern 34 59:53 35–33
8. VfB Stuttgart 34 52:56 35–33
9. VfL Bochum 34 59:69 34–34
10. Hamburger SV 34 52:52 33–35
11. Werder Bremen 34 63:58 31–37
12. Eintr. Braunschweig 34 43:48 31–37
13. Fortuna Düsseldorf 34 40:53 30–38
14. MSV Duisburg 34 36:51 27–41
15. Rot-Weiß Oberhausen 34 33:66 25–43
16. Hannover 96 34 54:69 23–45
17. Borussia Dortmund 34 34:83 20–48
18. Arminia Bielefeld 34 0:0 0–0
(34 41:75 19–49)

Arm. Bielefeld wurde die Lizenz entzogen. Alle Spiele für den Verein nicht gewertet.

1972/73
1. Bayern München 34 93:29 54–14
2. 1. FC Köln 34 66:51 43–25
3. Fortuna Düsseldorf 34 62:45 42–26
4. Wuppertaler SV 34 62:49 40–28
5. Bor. Mönchengladbach 34 82:61 39–29
6. VfB Stuttgart 34 71:65 37–31
7. Kickers Offenbach 34 61:60 35–33
8. Eintracht Frankfurt 34 58:54 34–34
9. 1. FC Kaiserslautern 34 58:68 34–34
10. MSV Duisburg 34 53:54 33–35
11. Werder Bremen 34 50:52 31–37
12. VfL Bochum 34 50:68 31–37
13. Hertha BSC Berlin 34 53:64 30–38
14. Hamburger SV 34 53:59 28–40
15. FC Schalke 04 34 46:61 28–40
16. Hannover 96 34 49:65 26–42
17. Eintr. Braunschweig 34 33:56 25–43
18. Rot-Weiß Oberhausen 34 45:84 22–46

1973/74
1. Bayern München 34 95:53 49–19
2. Bor. Mönchengladbach 34 93:52 48–20
3. Fortuna Düsseldorf 34 61:47 41–27
4. Eintracht Frankfurt 34 63:50 41–27
5. 1. FC Köln 34 69:56 39–29
6. 1. FC Kaiserslautern 34 80:69 38–30
7. FC Schalke 04 34 72:68 37–31
8. Hertha BSC Berlin 34 56:60 33–35
9. VfB Stuttgart 34 58:57 31–37
10. Kickers Offenbach 34 56:62 31–37
11. Werder Bremen 34 48:56 31–37
12. Hamburger SV 34 53:62 31–37
13. Rot-Weiß Essen 34 56:70 31–37
14. VfL Bochum 34 45:57 30–38
15. MSV Duisburg 34 42:56 29–39
16. Wuppertaler SV 34 42:65 25–43
17. Fortuna Köln 34 46:79 25–43
18. Hannover 96 34 50:66 22–46

1974/75
1. Bor. Mönchengladbach 34 86:40 50–18
2. Hertha BSC Berlin 34 61:43 44–24
3. Eintracht Frankfurt 34 89:49 43–25
4. Hamburger SV 34 55:38 43–25
5. 1. FC Köln 34 77:51 41–27
6. Fortuna Düsseldorf 34 66:55 41–27
7. FC Schalke 04 34 52:37 39–29
8. Kickers Offenbach 34 72:62 38–30
9. Eintr. Braunschweig 34 52:42 36–32
10. Bayern München 34 57:63 34–34
11. VfL Bochum 34 53:53 33–35
12. Rot-Weiß Essen 34 56:68 32–36
13. 1. FC Kaiserslautern 34 56:55 31–37
14. MSV Duisburg 34 59:77 30–38
15. Werder Bremen 34 45:69 25–43
16. VfB Stuttgart 34 50:79 24–44
17. Tennis Borussia Berlin 34 38:89 16–52
18. Wuppertaler SV 34 32:86 12–56

1975/76

1. Bor. Mönchengladbach	34	66:37	45–23
2. Hamburger SV	34	59:32	41–27
3. Bayern München	34	72:50	40–28
4. 1. FC Köln	34	62:45	39–29
5. Eintr. Braunschweig	34	52:48	39–29
6. FC Schalke 04	34	76:55	37–31
7. 1. FC Kaiserslautern	34	66:60	37–31
8. Rot-Weiß Essen	34	61:67	37–31
9. Eintracht Frankfurt	34	79:58	36–32
10. MSV Duisburg	34	55:62	33–35
11. Hertha BSC Berlin	34	59:61	32–36
12. Fortuna Düsseldorf	34	47:57	30–38
13. Werder Bremen	34	44:55	30–38
14. VfL Bochum	34	49:62	30–38
15. Karlsruher SC	34	46:59	30–38
16. Hannover 96	34	48:60	27–41
17. Kickers Offenbach	34	40:72	27–41
18. Bayer Uerdingen	34	28:69	22–46

1976/77

1. Bor. Mönchengladbach	34	58:34	44–24
2. FC Schalke 04	34	77:52	43–25
3. Eintr. Braunschweig	34	56:38	43–25
4. Eintracht Frankfurt	34	86:57	42–26
5. 1. FC Köln	34	83:61	40–28
6. Hamburger SV	34	67:56	38–30
7. Bayern München	34	74:65	37–31
8. Borussia Dortmund	34	73:64	34–34
9. MSV Duisburg	34	60:51	34–34
10. Hertha BSC Berlin	34	55:54	34–34
11. Werder Bremen	34	51:59	33–35
12. Fortuna Düsseldorf	34	52:54	31–37
13. 1. FC Kaiserslautern	34	53:59	29–39
14. 1. FC Saarbrücken	34	43:55	29–39
15. VfL Bochum	34	47:62	29–39
16. Karlsruher SC	34	53:75	28–40
17. Tennis Borussia Berlin	34	47:85	22–46
18. Rot-Weiß Essen	34	49:103	22–46

1977/78

1. 1. FC Köln	34	86:41	48–20
2. Bor. Mönchengladbach	34	86:44	48–20
3. Hertha BSC Berlin	34	59:48	40–28
4. VfB Stuttgart	34	58:40	39–29
5. Fortuna Düsseldorf	34	49:36	39–29
6. MSV Duisburg	34	62:59	37–31
7. Eintracht Frankfurt	34	59:52	36–32
8. 1. FC Kaiserslautern	34	64:63	36–32
9. FC Schalke 04	34	47:52	34–34
10. Hamburger SV	34	61:67	34–34
11. Borussia Dortmund	34	57:71	33–35
12. Bayern München	34	62:64	32–36
13. Eintr. Braunschweig	34	43:53	34–34
14. VfL Bochum	34	49:51	31–37
15. Werder Bremen	34	48:57	31–37
16. TSV München 1860	34	41:60	22–46
17. 1. FC Saarbrücken	34	39:70	22–46
18. FC St. Pauli	34	44:86	18–50

1978/79

1. Hamburger SV	34	78:32	49–19
2. VfB Stuttgart	34	73:34	48–20
3. 1. FC Kaiserslautern	34	62:47	43–25
4. Bayern München	34	69:46	40–28
5. Eintracht Frankfurt	34	50:49	39–29
6. 1. FC Köln	34	55:47	38–30
7. Fortuna Düsseldorf	34	70:59	37–31
8. VfL Bochum	34	47:46	33–35
9. Eintr. Braunschweig	34	50:55	33–35
10. Bor. Mönchengladbach	34	50:53	32–36
11. Werder Bremen	34	48:60	31–37
12. Borussia Dortmund	34	54:70	31–37
13. MSV Duisburg	34	43:56	30–38
14. Hertha BSC Berlin	34	40:50	29–39
15. FC Schalke 04	34	55:61	28–40
16. Arminia Bielefeld	34	43:56	26–42
17. 1. FC Nürnberg	34	36:67	24–44
18. SV Darmstadt 98	34	40:75	21–47

1979/80

1. Bayern München	34	84:33	50–18
2. Hamburger SV	34	86:35	48–20
3. VfB Stuttgart	34	75:53	41–27
3. 1. FC Kaiserslautern	34	75:53	41–27
5. 1. FC Köln	34	72:55	37–31
6. Borussia Dortmund	34	64:56	36–32
7. Bor. Mönchengladbach	34	61:60	36–32
8. FC Schalke 04	34	40:51	33–35
9. Eintracht Frankfurt	34	65:61	32–36
10. VfL Bochum	34	41:44	32–36
11. Fortuna Düsseldorf	34	62:72	32–36
12. Bayer Leverkusen	34	45:61	32–36
13. TSV München 1860	34	42:53	30–38
14. MSV Duisburg	34	43:57	29–39
15. Bayer Uerdingen	34	43:61	29–39
16. Hertha BSC Berlin	34	41:61	29–39
17. Werder Bremen	34	52:93	25–43
18. Eintr. Braunschweig	34	32:64	20–48

1980/81

1. Bayern München	34	89:41	53–15
2. Hamburger SV	34	73:43	49–19
3. VfB Stuttgart	34	70:44	46–22
4. 1. FC Kaiserslautern	34	60:37	44–24
5. Eintracht Frankfurt	34	61:57	38–30
6. Bor. Mönchengladbach	34	68:64	37–31
7. Borussia Dortmund	34	69:59	35–33
8. 1. FC Köln	34	54:55	34–34
9. VfL Bochum	34	53:45	33–35
10. Karlsruher SC	34	56:63	32–36
11. Bayer Leverkusen	34	52:53	30–38
12. MSV Duisburg	34	45:58	29–39
13. Fortuna Düsseldorf	34	57:64	28–40
14. 1. FC Nürnberg	34	47:57	28–40
15. Arminia Bielefeld	34	46:65	26–42
16. TSV München 1860	34	49:67	25–43
17. FC Schalke 04	34	43:88	23–45
18. Bayer Uerdingen	34	47:79	22–46

1981/82

1. Hamburger SV	34	95:45	48–20
2. 1. FC Köln	34	72:38	45–23
3. Bayern München	34	77:56	43–25
4. 1. FC Kaiserslautern	34	70:61	42–26
5. Werder Bremen	34	61:52	42–26
6. Borussia Dortmund	34	59:40	41–27
7. Bor. Mönchengladbach	34	61:51	40–28
8. Eintracht Frankfurt	34	83:72	37–31
9. VfB Stuttgart	34	62:55	35–33
10. VfL Bochum	34	52:51	32–36
11. Eintr. Braunschweig	34	61:66	32–36
12. Arminia Bielefeld	34	46:50	30–38
13. 1. FC Nürnberg	34	53:72	28–40
14. Karlsruher SC	34	50:68	27–41
15. Fortuna Düsseldorf	34	48:73	25–43
16. Bayer Leverkusen	34	45:72	25–43
17. SV Darmstadt 98	34	46:82	21–47
18. MSV Duisburg	34	40:77	19–49

1982/83

1. Hamburger SV	34	79:33	52–16
2. Werder Bremen	34	76:38	52–16
3. VfB Stuttgart	34	80:47	48–20
4. Bayern München	34	74:33	44–24
5. 1. FC Köln	34	69:42	43–25
6. 1. FC Kaiserslautern	34	57:44	41–27
7. Borussia Dortmund	34	78:62	39–29
8. Arminia Bielefeld	34	46:71	31–37
9. Fortuna Düsseldorf	34	63:75	30–38
10. Eintracht Frankfurt	34	48:57	29–39
11. Bayer Leverkusen	34	43:66	29–39
12. Bor. Mönchengladbach	34	64:63	28–40
13. VfL Bochum	34	43:49	28–40
14. 1. FC Nürnberg	34	44:70	28–40
15. Eintr. Braunschweig	34	42:65	27–41
16. FC Schalke 04	34	48:68	22–46
17. Karlsruher SC	34	39:86	21–47
18. Hertha BSC Berlin	34	43:67	20–48

1983/84

1. VfB Stuttgart	34	79:33	48–20
2. Hamburger SV	34	75:36	48–20
3. Bor. Mönchengladbach	34	81:48	48–20
4. Bayern München	34	84:41	47–21
5. Werder Bremen	34	79:46	45–23
6. 1. FC Köln	34	70:57	38–30
7. Bayer Leverkusen	34	50:50	34–34
8. Arminia Bielefeld	34	40:49	33–35
9. Eintr. Braunschweig	34	54:69	32–36
10. Bayer Uerdingen	34	66:79	31–37
11. Waldhof Mannheim	34	45:58	31–37
12. 1. FC Kaiserslautern	34	68:69	30–38
13. Borussia Dortmund	34	54:65	30–38
14. Fortuna Düsseldorf	34	63:75	29–39
15. VfL Bochum	34	58:70	28–40
16. Eintracht Frankfurt	34	45:61	27–41
17. Kickers Offenbach	34	48:106	19–49
18. 1. FC Nürnberg	34	38:85	14–54

1984/85

1. Bayern München	34	79:38	50–18
2. Werder Bremen	34	87:51	46–22
3. 1. FC Köln	34	69:66	40–28
4. Bor. Mönchengladbach	34	77:53	39–29
5. Hamburger SV	34	58:49	37–31
6. Waldhof Mannheim	34	47:50	37–31
7. Bayer Uerdingen	34	57:52	36–62
8. FC Schalke 04	34	63:62	34–34
9. VfL Bochum	34	52:54	34–34
10. VfB Stuttgart	34	79:59	33–35
11. 1. FC Kaiserslautern	34	56:60	33–35
12. Eintracht Frankfurt	34	62:67	32–36
13. Bayer Leverkusen	34	52:54	31–37
14. Borussia Dortmund	34	51:65	30–38
15. Fortuna Düsseldorf	34	53:66	29–39
16. Arminia Bielefeld	34	46:61	29–39
17. Karlsruher SC	34	47:88	22–46
18. Eintr. Braunschweig	34	39:79	20–48

1985/86

1. Bayern München	34	82:31	49–19
2. Werder Bremen	34	83:41	49–19
3. Bayer Uerdingen	34	63:60	45–23
4. Bor. Mönchengladbach	34	65:51	42–26
5. VfB Stuttgart	34	69:45	41–21
6. Bayer Leverkusen	34	63:51	40–28
7. Hamburger SV	34	52:35	39–29
8. Waldhof Mannheim	34	41:44	33–35
9. VfL Bochum	34	55:57	32–36
10. FC Schalke 04	34	53:58	30–38
11. 1. FC Kaiserslautern	34	49:54	30–38
12. 1. FC Nürnberg	34	51:54	29–39
13. 1. FC Köln	34	46:59	29–39
14. Fortuna Düsseldorf	34	54:78	29–39
15. Eintracht Frankfurt	34	35:49	28–40
16. Borussia Dortmund	34	49:65	28–40
17. 1. FC Saarbrücken	34	39:68	21–47
18. Hannover 96	34	43:92	18–50

1986/87

1. Bayern München	34	67:31	53–15
2. Hamburger SV	34	69:37	47–21
3. Bor. Mönchengladbach	34	74:44	43–25
4. Borussia Dortmund	34	70:50	40–28
5. Werder Bremen	34	65:54	40–28
6. Bayer Leverkusen	34	56:38	39–29
7. 1. FC Kaiserslautern	34	64:51	37–31
8. Bayer Uerdingen	34	51:49	35–33
9. 1. FC Nürnberg	34	62:62	35–33
10. 1. FC Köln	34	50:53	35–33
11. VfL Bochum	34	52:44	32–36
12. VfB Stuttgart	34	55:49	32–36
13. FC Schalke 04	34	50:58	32–36
14. Waldhof Mannheim	34	52:71	28–40
15. Eintracht Frankfurt	34	42:53	25–43
16. FC Homburg/Saar	34	33:79	21–47
17. Fortuna Düsseldorf	34	42:91	20–48
18. Blau-Weiß 90 Berlin	34	36:76	18–50

1987/88

1. Werder Bremen	34	61:22	52–16
2. Bayern München	34	83:45	48–20
3. 1. FC Köln	34	57:28	48–20
4. VfB Stuttgart	34	69:49	40–28
5. 1. FC Nürnberg	34	44:40	37–31
6. Hamburger SV	34	63:68	37–31
7. Bor. Mönchengladbach	34	55:53	33–35
8. Bayer Leverkusen	34	53:60	32–36
9. Eintracht Frankfurt	34	51:50	31–37
10. Hannover 96	34	59:60	31–37
11. Bayer Uerdingen	34	59:61	31–37
12. VfL Bochum	34	47:51	30–38
13. Borussia Dortmund	34	51:54	29–39
14. 1. FC Kaiserslautern	34	53:62	29–39
15. Karlsruher SC	34	37:55	29–39
16. Waldhof Mannheim	34	35:50	28–40
17. FC Homburg/Saar	34	37:70	24–44
18. FC Schalke 04	34	48:84	23–45

1988/89

1. Bayern München	34	67:26	50–18
2. 1. FC Köln	34	58:30	45–23
3. Werder Bremen	34	55:32	44–24
4. Hamburger SV	34	60:36	43–25
5. VfB Stuttgart	34	58:49	39–29
6. Bor. Mönchengladbach	34	44:43	38–30
7. Borussia Dortmund	34	56:40	37–31
8. Bayer Leverkusen	34	45:44	34–34
9. 1. FC Kaiserslautern	34	47:44	33–35
10. FC St. Pauli	34	41:42	32–36
11. Karlsruher SC	34	48:51	31–37
12. Waldhof Mannheim	34	43:52	31–37
13. Bayer Uerdingen	34	50:60	31–37
14. 1. FC Nürnberg	34	36:54	26–42
15. VfL Bochum	34	37:57	26–42
16. Eintracht Frankfurt	34	30:53	26–42
17. Stuttgarter Kickers	34	41:68	26–42
18. Hannover 96	34	36:71	19–49

1989/90

1. Bayern München	34	64:28	49–19
2. 1. FC Köln	34	54:44	43–25
3. Eintracht Frankfurt	34	61:40	41–27
4. Borussia Dortmund	34	51:35	41–27
5. Bayer Leverkusen	34	40:32	39–29
6. VfB Stuttgart	34	53:47	36–32
7. Werder Bremen	34	49:41	34–34
8. 1. FC Nürnberg	34	42:46	33–35
9. Fortuna Düsseldorf	34	41:41	32–36
10. Karlsruher SC	34	32:39	32–36
11. Hamburger SV	34	39:46	31–37
12. 1. FC Kaiserslautern	34	42:55	31–37
13. FC St. Pauli	34	31:46	31–37
14. Bayer Uerdingen	34	41:48	30–38
15. Bor. Mönchengladbach	34	37:45	30–38
16. VfL Bochum	34	44:53	29–39
17. Waldhof Mannheim	34	36:53	26–42
18. FC Homburg/Saar	34	33:51	24–44

1990/91

1. 1. FC Kaiserslautern	34	72:45	48–20
2. Bayern München	34	74:41	45–23
3. Werder Bremen	34	46:29	42–26
4. Eintracht Frankfurt	34	63:40	40–28
5. Hamburger SV	34	60:38	40–28
6. VfB Stuttgart	34	57:44	38–30
7. 1. FC Köln	34	50:43	37–31
8. Bayer Leverkusen	34	47:46	35–33
9. Bor. Mönchengladbach	34	49:54	35–33
10. Borussia Dortmund	34	46:57	34–34
11. SG Wattenscheid 09	34	42:51	33–35
12. Fortuna Düsseldorf	34	40:49	32–36
13. Karlsruher SC	34	46:52	31–37
14. VfL Bochum	34	50:52	29–39
15. 1. FC Nürnberg	34	40:54	29–39
16. FC St. Pauli	34	33:53	27–41
17. Bayer Uerdingen	34	34:54	23–45
18. Hertha BSC Berlin	34	37:84	14–54

1991/92

1. VfB Stuttgart	38	62:32	52–24
2. Borussia Dortmund	38	66:47	52–24
3. Eintracht Frankfurt	38	76:41	50–26
4. 1. FC Köln	38	58:41	44–32
5. 1. FC Kaiserslautern	38	58:42	44–32
6. Bayer Leverkusen	38	53:39	43–33
7. 1. FC Nürnberg	38	54:51	43–33
8. Karlsruher SC	38	48:50	41–35
9. Werder Bremen	38	44:45	38–38
10. Bayern München	38	59:61	36–40
11. FC Schalke 04	38	45:45	34–42
12. Hamburger SV	38	32:43	34–42
13. Bor. Mönchengladbach	38	37:49	34–42
14. Dynamo Dresden	38	34:50	34–42
15. VfL Bochum	38	38:55	33–43
16. SG Wattenscheid 09	38	50:60	32–44
17. Stuttgarter Kickers	38	53:64	31–45
18. Hansa Rostock	38	43:55	31–45
19. MSV Duisburg	38	43:55	30–46
20. Fortuna Düsseldorf	38	41:69	24–52

1992/93

1. Werder Bremen	34	63:30	48–20
2. Bayern München	34	74:45	47–21
3. Eintracht Frankfurt	34	56:39	42–26
4. Borussia Dortmund	34	61:43	41–27
5. Bayer Leverkusen	34	64:45	40–28
6. Karlsruher SC	34	60:54	39–29
7. VfB Stuttgart	34	56:50	36–32
8. 1. FC Kaiserslautern	34	50:40	35–33
9. Bor. Mönchengladbach	34	59:59	35–33
10. FC Schalke 04	34	42:43	34–34
11. Hamburger SV	34	42:44	31–37
12. 1. FC Köln	34	41:51	28–40
13. 1. FC Nürnberg	34	30:47	28–40
14. SG Wattenscheid 09	34	46:67	28–40
15. Dynamo Dresden	34	32:49	27–41
16. VfL Bochum	34	45:52	26–42
17. Bayer Uerdingen	34	35:64	24–44
18. 1. FC Saarbrücken	34	37:71	23–45

1993/94

1. Bayern München	34	68:37	44–24
2. 1. FC Kaiserslautern	34	64:36	43–25
3. Bayer Leverkusen	34	60:47	39–29
4. Borussia Dortmund	34	49:45	39–29
5. Eintracht Frankfurt	34	57:41	38–30
6. Karlsruher SC	34	46:43	38–30
7. VfB Stuttgart	34	51:43	37–31
8. Werder Bremen	34	51:44	36–32
9. MSV Duisburg	34	41:52	36–32
10. Bor. Mönchengladbach	34	65:59	35–33
11. 1. FC Köln	34	49:51	34–34
12. Hamburger SV	34	48:52	34–34
13. Dynamo Dresden*	34	33:44	30–34
14. FC Schalke 04	34	38:50	29–39
15. SC Freiburg	34	54:57	28–40
16. 1. FC Nürnberg	34	41:55	28–40
17. SG Wattenscheid 09	34	48:70	23–45
18. VfB Leipzig	34	32:69	17–51

*) Dynamo Dresden wurden vier Punkte abgezogen.

1994/95

1. Borussia Dortmund	34	67:33	49–19
2. Werder Bremen	34	70:39	48–20
3. SC Freiburg	34	66:44	46–22
4. 1. FC Kaiserslautern	34	58:41	46–22
5. Bor. Mönchengladbach	34	66:41	43–25
6. Bayern München	34	55:41	43–25
7. Bayer Leverkusen	34	62:51	36–32
8. Karlsruher SC	34	51:47	36–32
9. Eintracht Frankfurt	34	41:49	33–35
10. 1. FC Köln	34	54:54	32–36
11. FC Schalke 04	34	48:54	31–37
12. VfB Stuttgart	34	52:66	30–38
13. Hamburger SV	34	43:50	29–39
14. TSV München 1860	34	41:57	27–41
15. Bayer Uerdingen	34	37:52	25–43
16. VfL Bochum	34	43:67	22–46
17. MSV Duisburg	34	31:64	20–48
18. Dynamo Dresden	34	33:68	16–52

1995/96

1. Borussia Dortmund	34	76:38	68
2. Bayern München	34	66:46	62
3. FC Schalke 04	34	45:36	56
4. Bor. Mönchengladbach	34	52:51	53
5. Hamburger SV	34	52:47	50
6. Hansa Rostock	34	47:43	49
7. Karlsruher SC	34	53:47	48
8. TSV München 1860	34	52:46	45
9. Werder Bremen	34	39:42	44
10. VfB Stuttgart	34	59:62	43
11. SC Freiburg	34	30:41	42
12. 1. FC Köln	34	33:35	40
13. Fortuna Düsseldorf	34	40:47	40
14. Bayer Leverkusen	34	37:38	38
15. FC St. Pauli	34	43:51	38
16. 1. FC Kaiserslautern	34	31:37	36
17. Eintracht Frankfurt	34	43:68	32
18. KFC Uerdingen 05	34	33:56	26

1996/97

1. Bayern München	34	68:34	71
2. Bayer Leverkusen	34	69:41	69
3. Borussia Dortmund	34	63:41	63
4. VfB Stuttgart	34	78:40	61
5. VfL Bochum	34	54:51	53
6. Karlsruher SC	34	55:44	49
7. TSV München 1860	34	56:56	49
8. Werder Bremen	34	53:52	48
9. MSV Duisburg	34	44:49	45
10. 1. FC Köln	34	62:62	44
11. Bor. Mönchengladbach	34	46:48	43
12. FC Schalke 04	34	35:40	43
13. Hamburger SV	34	46:60	41
14. Arminia Bielefeld	34	46:54	40
15. Hansa Rostock	34	35:46	40
16. Fortuna Düsseldorf	34	26:57	33
17. SC Freiburg	34	43:67	29
18. FC St. Pauli	34	32:69	27

1997/98

1. 1. FC Kaiserslautern	34	63:39	68
2. Bayern München	34	69:37	66
3. Bayer Leverkusen	34	66:39	55
4. VfB Stuttgart	34	55:49	52
5. FC Schalke 04	34	38:32	52
6. Hansa Rostock	34	54:46	51
7. Werder Bremen	34	43:47	50
8. MSV Duisburg	34	43:44	44
9. Hamburger SV	34	38:46	44
10. Borussia Dortmund	34	57:55	43
11. Hertha BSC Berlin	34	41:53	43
12. VfL Bochum	34	41:49	41
13. TSV München 1860	34	43:54	41
14. VfL Wolfsburg	34	38:54	39
15. Bor. Mönchengladbach	34	54:59	38
16. Karlsruher SC	34	48:60	38
17. 1. FC Köln	34	49:64	36
18. Arminia Bielefeld	34	43:56	32

1998/99

1. Bayern München	34	76:28	78
2. Bayer Leverkusen	34	61:30	63
3. Hertha BSC Berlin	34	59:32	62
4. Borussia Dortmund	34	48:34	57
5. 1. FC Kaiserslautern	34	51:47	57
6. VfL Wolfsburg	34	54:49	55
7. Hamburger SV	34	47:46	50
8. MSV Duisburg	34	48:45	49
9. TSV 1860 München	34	49:56	41
10. Schalke 04	34	41:54	41
11. VfB Stuttgart	34	41:48	39
12. SC Freiburg	34	36:44	39
13. Werder Bremen	34	41:47	38
14. Hansa Rostock	34	49:58	38
15. Eintracht Frankfurt	34	44:54	37
16. 1. FC Nürnberg	34	40:50	37
17. VfL Bochum	34	40:65	29
18. Bor. Mönchengladbach	34	41:79	21

1999/2000

1. Bayern München	34	73:28 73
2. Bayer Leverkusen	34	74:36 73
3. Hamburger SV	34	63:39 59
4. TSV München 1860	34	55:48 53
5. 1. FC Kaiserslautern	34	54:59 50
6. Hertha BSC Berlin	34	39:46 50
7. VfL Wolfsburg	34	51:58 49
8. VfB Stuttgart	34	44:47 48
9. Werder Bremen	34	65:52 47
10. SpVgg Unterhaching	34	40:42 44
11. Borussia Dortmund	34	41:38 40
12. SC Freiburg	34	45:50 40
13. FC Schalke 04	34	42:44 39
14. Eintracht Frankfurt*	34	42:44 39
15. Hansa Rostock	34	44:60 38
16. SSV Ulm 1846	34	36:62 35
17. Arminia Bielefeld	34	40:61 30
18. MSV Duisburg	34	37:71 22

*) Eintracht Frankfurt wurden zwei Punkte abgezogen.

2000/01

1. Bayern München	34	62:37 63
2. FC Schalke 04	34	65:35 62
3. Borussia Dortmund	34	62:42 58
4. Bayer Leverkusen	34	54:40 57
5. Hertha BSC Berlin	34	58:52 56
6. SC Freiburg	34	54:37 55
7. Werder Bremen	34	53:48 53
8. 1. FC Kaiserslautern	34	49:54 50
9. VfL Wolfsburg	34	60:45 47
10. 1. FC Köln	34	59:52 46
11. TSV München 1860	34	43:55 44
12. Hansa Rostock	34	34:47 43
13. Hamburger SV	34	58:58 41
14. Energie Cottbus	34	38:52 39
15. VfB Stuttgart	34	42:49 38
16. SpVgg Unterhaching	34	35:59 35
17. Eintracht Frankfurt	34	41:68 35
18. VfL Bochum	34	30:67 27

2001/02

1. Borussia Dortmund	34	62-33 70
2. Bayer Leverkusen	34	77-38 69
3. Bayern München	34	65-25 68
4. Hertha BSC Berlin	34	61-38 61
5. FC Schalke 04	34	52-36 61
6. Werder Bremen	34	54-43 56
7. 1.FC Kaiserslautern	34	62-53 56
8. VfB Stuttgart	34	47-43 50
9. TSV München 1860	34	59-59 50
10. VfL Wolfsburg	34	57-49 46
11. Hamburger SV	34	51-57 40
12. Bor. Mönchengladbach	34	41-53 39
13. Energie Cottbus	34	36-60 35
14. FC Hansa Rostock	34	35-54 34
15. 1.FC Nürnberg	34	34-57 34
16. SC Freiburg	34	37-64 30
17. 1.FC Köln	34	26-61 29
18. FC St. Pauli	34	37-70 22

2002/03

1. Bayern München	34	70:25 75
2. VfB Stuttgart	34	53:39 59
3. Borussia Dortmund	34	51:27 58
4. Hamburger SV	34	46:36 56
5. Hertha BSC	34	52:43 54
6. Werder Bremen	34	51:50 52
7. FC Schalke 04	34	46:40 49
8. VfL Wolfsburg	34	39:42 46
9. VfL Bochum	34	55:56 45
10. 1860 München	34	44:52 45
11. Hannover 96	34	47:57 43
12. Bor. M'gladbach	34	43:45 42
13. Hansa Rostock	34	35:41 41
14. 1. FC Kaiserslautern	34	40:42 40
15. Bayer Leverkusen	34	47:56 40
16. Arminia Bielefeld	34	35:46 36
17. 1. FC Nürnberg	34	33:60 30
18. Energie Cottbus	34	34:64 30

Mehmet Scholl, der »Sonny Boy« des FC Bayern.

Bundesliga-Zugehörigkeit – Nur der HSV seit 1963 immer dabei

Verein	Spielzeiten	Verein	Spielzeiten	Verein	Spielzeiten
Hamburger SV	40	Karlsruher SC	22	SG Wattenscheid 09	4
SV Werder Bremen	39	TSV Eintracht Braunschweig	20	TSV Alemannia Aachen	3
1. FC Kaiserslautern	39	TSV München 1860	19	FC Energie Cottbus	3
FC Bayern München	38	Hannover 96	15	FC Homburg	3
VfB Stuttgart	38	KFC Uerdingen 05	14	VfB Borussia Neunkirchen	3
1. FC Köln	37	DSC Arminia Bielefeld	12	Wuppertaler SV	3
BV Borussia 09 Dortmund	36	FC Hansa Rostock	9	Tennis Borussia Berlin	2
Eintracht Frankfurt	36	SC Freiburg	8	SV Darmstadt 98	2
VfL Borussia Mönchengladbach	36	SC Rot-Weiß Essen	7	SV Stuttgarter Kickers	2
FC Schalke 04	35	SV Waldhof Mannheim	7	SpVgg Unterhaching	2
VfL Bochum	28	OFC Kickers Offenbach	7	SV Blau-Weiß 90 Berlin	1
MSV Duisburg	26	FC St. Pauli	7	SC Tasmania 1900 Berlin	1
TSV Bayer 04 Leverkusen	24	VfL Wolfsburg	6	SC Fortuna Köln	1
1. FC Nürnberg	23	1. FC Saarbrücken	5	VfB Leipzig	1
Hertha BSC Berlin	22	1. FC Dynamo Dresden	4	SC Preußen Münster	1
TSV Fortuna Düsseldorf	22	SC Rot-Weiß Oberhausen	4	SSV Ulm 1846	1

Die Rekordspieler der Bundesliga

Körbel (Eintracht Frankfurt)	602	Zewe (Fortuna Düsseldorf)	440	Schäfer (Bor. M'gladbach)	403
Kaltz (Hamburger SV)	581	Frontzeck (Bor. M'gladbach)	436	Kahn (FC Bayern)	403
Fichtel (FC Schalke 04)	552	Kleff (Bor. M'gladbach)	433	Kree (Bor. Dortmund)	401
Votava (Werder Bremen)	546	G. Müller (FC Bayern)	427	Vollborn (Bayer Leverkusen)	401
Fischer (FC Schalke 04)	535	Nickel (Eintracht Frankfurt)	426	Zaczyk (Hamburger SV)	400
Immel (VfB Stuttgart)	534	Klaus Allofs (1.FC Köln)	424	Häßler (1. FC Köln)	400
Neuberger (Eintracht Frankfurt)	520	Beckenbauer (FC Bayern)	424	Kohler (Bor. Dortmund)	398
Lameck (VfL Bochum)	518	Held (Bor. Dortmund)	422	Heinze (MSV Duisburg)	398
Stein (Hamburger SV)	512	Hölzenbein (Eintracht Frankfurt)	420	Golz (SC Freiburg)	398
Dietz (MSV Duisburg)	495	Höttges (Werder Bremen)	420	Görts (Werder Bremen)	391
Jakobs (Hamburger SV)	493	Woelk (VfL Bochum)	420	Kempe (VfL Bochum)	391
Geye (1. FC Kaiserslautern)	485	Merkhoffer (Eintracht Braunschweig)	419	Eilts (Werder Bremen)	390
Burdenski (Werder Bremen)	478	Simmet (1. FC Köln)	419	Helmer (FC Bayern)	390
Maier (FC Bayern)	473	Vogts (Bor. M'gladbach)	419	Kamps (Bor. M'gladbach)	389
Reuter (Bor. Dortmund)	471	Möller (Bor. Dortmund)	418	Borowka (Werder Bremen)	388
Reck (FC Schalke 04)	469	Bommer (Fortuna Düsseldorf)	417	Mill (Bor. Dortmund)	387
Matthäus (FC Bayern)	464	Fach (Fortuna Düsseldorf)	416	Oswald (VfL Bochum)	387
Schumacher (1. FC Köln)	464	Schwarzenbeck (FC Bayern)	416	Falkenmayer (Eintracht Frankfurt)	385
Zorc (Bor. Dortmund)	463	Bast (VfL Bochum)	412	Löhr (1. FC Köln)	381
Tenhagen (VfL Bochum)	457	Volkert (Hamburger SV)	410	Worm (MSV Duisburg)	380
Nigbur (FC Schalke 04)	456	Witeczek (Bor. M'gladbach)	410		
Rüßmann (FC Schalke 04)	453	Overath (1. FC Köln)	409		
Kuntz (1. FC Kaiserlautern)	449	Kargus (Hamburger SV)	408		
Burgsmüller (Bor. Dortmund)	447	Littbarski (1. FC Köln)	406		
Thon (FC Schalke 04)	443	Bella (MSV Duisburg)	405		
Grabowski (Eintracht Frankfurt)	441	Geils (Werder Bremen)	405		
Riedl (1. FC Kaiserslautern)	441	Augenthaler (FC Bayern)	404		

Anmerkung: Angegeben ist jeweils der Verein, für den der Spieler die meisten Einsätze absolviert hat; bei den noch aktiven Spielern der letzte Verein.

Die teuersten Einkäufe in DM

50,0 Mio. Marcio Amoroso
(2001 von Parma nach Dortmund)
25,0 Mio. Tomas Rosicky
(2001 von Prag nach Dortmund)
21,0 Mio. Jan Koller
(2001 von Anderlecht nach Dortmund)
17,0 Mio. Lucio
(2000 von Porto Alegre zu Leverkusen)
16,7 Mio. Robert Kovac
(2001 von Leverkusen zum FC Bayern)
16,0 Mio. Claudio Pizarro
(2001 von Bremen zum FC Bayern)
15,2 Mio. Alex Alves
(2000 von Belo Horizonte nach Berlin)
15,0 Mio. Willy Sagnol
(2000 von Monaco zum FC Bayern)
15,0 Mio. Emile Mpenza
(2000 von Lüttich zu Schalke)
15,0 Mio. Paulo Sergio
(1999 von Rom zum FC Bayern)
14,0 Mio. Marcelinho
(2001 von Porto Alegre nach Berlin)
12,8 Mio. Ciriaco Sforza
(2000 von Kaiserslautern zum FC Bayern)
12,5 Mio. Giovane Elber
(1997 von Stuttgart zum FC Bayern)
12,5 Mio. Christian Wörns
(1999 von Paris nach Dortmund)
12,5 Mio. Bart Goor
(2001 von Anderlecht nach Berlin)
12,0 Mio. Victor Ikpeba
(1999 von Monaco nach Dortmund)
12,0 Mio. Sunday Oliseh
(2000 von Turin nach Dortmund)
12,0 Mio. Zoltan Sebescen
(2001 von Wolfsburg nach Leverkusen)
11,5 Mio. Fredi Bobic
(1999 von Stuttgart nach Dortmund)
11,0 Mio. Niko Kovac
(2001 von Hamburg zum FC Bayern)
10,7 Mio. Heiko Herrlich
(1995 von Gladbach nach Dortmund)
10,25 Mio. Ebbe Sand
(1999 von Kopenhagen zu Schalke)
10,0 Mio. Jörg Albertz
(2001 von Glasgow zum HSV)

10,0 Mio. Victor Agali
(2001 von Rostock zu Schalke)
10,0 Mio. Roque Santa Cruz
(1999 von Asunción zum FC Bayern)
9,5 Mio. Andreas Möller
(1994 von Turin nach Dortmund)
9,0 Mio. Oliver Neuville
(1999 von Rostock nach Leverkusen)
8,5 Mio. Matthias Sammer
(1993 von Mailand nach Dortmund)
8,0 Mio. Thomas Helmer
(1992 von Dortmund zum FC Bayern)
8,0 Mio. Mario Basler
(1996 von Bremen zum FC Bayern)
8,0 Mio. Paulo Rink
(1997 von Paranense nach Leverkusen)
8,0 Mio. Bachirou Salou
(1998 von Duisburg nach Dortmund)
8,0 Mio. Michael Ballack (1999 von
Kaiserslautern nach Leverkusen)
8,0 Mio. Evanilson
(2000 von Belo Horizonte nach Dortmund)
8,0 Mio. Jörg Heinrich
(2000 von Florenz nach Dortmund)
7,5 Mio. Lincoln
(2001 von Mineiro nach Kaiserslautern)
7,2 Mio. Bixente Lizarazu
(1997 von Bilbao zum FC Bayern)
7,0 Mio. Paulo Sousa
(1996 von Turin nach Dortmund)
7,0 Mio. Emerson
(1997 von Porto Alegre nach Leverkusen)
7,0 Mio. Jonathan Akpoborie
(1997 von Rostock nach Stuttgart)
7,0 Mio. Jens Lehmann
(1999 von Mailand nach Dortmund)
7,0 Mio. Marko Rehmer
(1999 von Rostock nach Berlin)
7,0 Mio. Bachirou Salou
(1999 von Dortmund nach Frankfurt)
7,0 Mio. Jurica Vranjes
(2000 von Osijek nach Leverkusen)
6,75 Mio. Niels Oude Kamphuis
(1999 von Enschede zu Schalke)
6,5 Mio. Murat Yakin
(1997 von Zürich nach Stuttgart)

6,5 Mio. Ciriaco Sforza
(1997 von Mailand nach Kaiserslautern)
6,5 Mio. Dariusz Wosz
(1998 von Bochum nach Berlin)
6,5 Mio. Martin Petrov
(2001 von Genf nach Wolfsburg)
6,3 Mio. Vratislav Lokvenc
(2000 von Prag nach Kaiserslautern)
6,1 Mio. Thomas Häßler
(1994 von Rom nach Karlsruhe)
6,0 Mio. Brian Laudrup
(1990 von Uerdingen zum FC Bayern)
6,0 Mio. Patrik Andersson
(1999 von Gladbach zum FC Bayern)
6,0 Mio. Marco Reich
(2001 von Kaiserslautern nach Köln)
5,9 Mio. Zé Elias
(1996 von São Paulo nach Leverkusen)
5,9 Mio. Mehmet Scholl
(1992 von Karlsruhe zum FC Bayern)
5,8 Mio. Grahammer/Reuter
(1988 von Nürnberg zum FC Bayern)
5,6 Mio. Jorginho
(1992 von Leverkusen zum FC Bayern)
5,5 Mio. Marcel Ketelaer
(2000 von Gladbach zum HSV)
5,45 Mio. Thorsten Fink
(1997 von Karlsruhe zum FC Bayern)
5,0 Mio. Bent Christensen
(1991 von Kopenhagen zu Schalke)
5,0 Mio. Jean-Pierre Papin
(1994 von Mailand zum FC Bayern)
5,0 Mio. Hubner/Rodrigo
(1996 von São Paulo nach Leverkusen)
5,0 Mio. Andreas Herzog
(1996 vom FC Bayern nach Bremen)
4,8 Mio. Michael Tarnat
(1997 von Karlsruhe zum FC Bayern)
4,7 Mio. Oliver Kreuzer
(1991 von Karlsruhe zum FC Bayern)
4,5 Mio. Oliver Kahn
(1994 von Karlsruhe zum FC Bayern)
4,5 Mio. Thomas Hengen
(2001 von Wolfsburg nach Kaiserslautern)

Die teuersten Einkäufe in Euro

9,5 Mio. Zé Roberto
(2002 von Leverkusen zum FC Bayern)
9,2 Mio. Sebastian Deisler
(2002 von Berlin zum FC Bayern)
8,5 Mio. Torsten Frings
(2002 von Bremen nach Dortmund)

8,5 Mio. Franca
(2002 von São Paulo nach Leverkusen)
7,5 Mio. Christian Poulsen
(2002 von Kopenhagen zu Schalke)
6,25 Mio. Frank Rost
(2002 von Bremen zu Schalke)

6,0 Mio. Michael Ballack
(2002 von Leverkusen zum FC Bayern)
6,0 Mio. Jan Simak
(2002 von Hannover nach Leverkusen)
4,0 Mio. Cristian Ledesma
(2002 von Buenos Aires zum HSV)

Die höchsten Ergebnisse – Als die Tore wie reife Früchte fielen

Zwölf Tore in einem Spiel		
16.11.63	Dortmund – K'lautern	9:3
27.11.71	FC Bayern – Dortmund	11:1
26.02.77	Köln – Tennis Borussia Berlin	8:4
29.04.78	Gladbach – Dortmund	12:0
06.11.82	Dortmund – Bielefeld	11:1

Elf Tore in einem Spiel		
07.03.64	1860 München – Hamburg	9:2
12.03.66	Gladbach – Nürnberg	8:3
07.01.67	Gladbach – Schalke 04	11:0
07.06.69	Bremen – Gladbach	6:5
20.10.73	K'lautern – FC Bayern	7:4
07.06.75	Düsseldorf – FC Bayern	6:5
11.06.76	FC Bayern – Hertha BSC	7:4
18.09.76	VfL Bochum – FC Bayern	5:6
14.11.81	Frankfurt – Bremen	9:2

Zehn Tore in einem Spiel		
18.04.64	Hamburg – K'lautern	7:3
02.04.66	Duisburg – Karlsruher SC	8:2
16.04.66	Neunkirchen – 1860 München	1:9
09.09.67	Gladbach – K'lautern	8:2
04.11.67	Gladbach – Neunkirchen	10:0
18.04.70	Hertha BSC – Dortmund	9:1
04.10.74	Frankfurt – RW Essen	9:1
06.06.83	Dortmund – Gladbach	4:6
12.05.84	K. Offenbach – Bremen	3:7
11.10.84	Gladbach – Braunschweig	10:0
22.02.86	Bremen – Düsseldorf	7:3
26.09.87	Gladbach – Hamburg	8:2
25.05.89	Uerdingen – Hannover	7:3
22.09.90	Uerdingen – K'lautern	3:7
27.05.91	FC Bayern – Hertha BSC	7:3
30.10.98	Gladbach – Leverkusen	2:8
18.03.00	Ulm – Leverkusen	1:9

Abstiegsangst in Leverkusen: Auf der Trainerbank (von links) Thomas Hörster, Ralf Minge, Harald »Toni« Schumacher und Sportdirektor Jürgen Kohler.

Die Meister in 40 Jahren

17 Titel:	FC Bayern München (1969, 1972, 1973, 1974, 1980, 1981, 1985, 1986, 1987, 1989, 1990, 1994, 1997, 1999, 2000, 2001, 2003)
5 Titel:	Borussia Mönchengladbach (1970, 1971, 1975, 1976, 1977)
3 Titel:	Hamburger SV (1979, 1982, 1983)
3 Titel:	Werder Bremen (1965, 1988, 1993)
3 Titel:	Borussia Dortmund (1995, 1996, 2002)
2 Titel:	FC Kaiserslautern (1991, 1998)
2 Titel:	FC Köln (1964, 1978)
2 Titel:	VfB Stuttgart (1984, 1992)
1 Titel:	TSV 1860 München (1966)
1 Titel:	Eintracht Braunschweig (1967)
1 Titel:	1. FC Nürnberg (1968)

2002: Die Dortmunder Borussia-Spieler vereint um die Meisterschale.

Meistertrainer und Meistermannschaften – Hitzfeld knapp hinter Lattek

8 Titel:	Udo Lattek (1972, 1973, 1974, mit dem FC Bayern, 1976, 1977 mit Gladbach, 1985, 1986, 1987 mit dem FC Bayern)		**2 Titel:**	Ernst Happel (1982 und 1983 mit Hamburg)
6 Titel:	Ottmar Hitzfeld (1995, 1996 mit Dortmund, 1999, 2000, 2001, 2003 mit FC Bayern)		**2 Titel**	Jupp Heynckes (1989 und 1990 mit FC Bayern)
4 Titel:	Hennes Weisweiler (1970, 1971, 1975 mit Gladbach, 1978 mit dem 1. FC Köln)		**1 Titel:**	Georg Knöpfle (1964 mit Köln)
			1 Titel:	Willi Multhaup (1965 mit Bremen)
3 Titel:	Otto Rehhagel (1988, 1993 mit Bremen, 1998 mit Kaiserslautern)		**1 Titel:**	Helmut Johannsen (1967 mit Braunschweig)
2 Titel:	Max Merkel (1966 mit 1860 München, 1968 mit Nürnberg)		**1 Titel:**	Helmut Benthaus (1984 mit Stuttgart)
2 Titel:	Branco Zebec (1969 mit FC Bayern, 1979 mit Hamburg)		**1 Titel:**	Karlheinz Feldkamp (1991 mit Kaiserslautern)
			1 Titel:	Christoph Daum (1992 mit Stuttgart)
2 Titel:	Pal Csernai (1980 und 1981 mit FC Bayern)		**1 Titel:**	Franz Beckenbauer (1994 mit FC Bayern)
			1 Titel:	Giovanni Trapattoni (1997 mit FC Bayern)
			1 Titel:	Matthias Sammer (2002 mit Dortmund)

Die erfolgreichsten Torschützen der 40 Jahre

Gerd Müller (FC Bayern)	365	Elber (FC Bayern)	132	Möller (Bor. Dortmund)	110
Fischer (Schalke 04)	268	Völler (Werder Bremen)	132	Grabowski (Eintracht Frankfurt)	109
Heynckes (Bor. M'gladbach)	220	Zorc (Bor. Dortmund)	131	Toppmöller (1. FC Kaiserslautern)	108
Burgsmüller (Bor. Dortmund)	213	Allgöwer (VfB Stuttgart)	129	Rahn (Bor. M'gladbach)	107
Kirsten (Bayer Leverkusen)	181	D. Hoeneß (FC Bayern)	127	Max (1860 München)	106
Kuntz (1. FC Kaiserslautern)	179	Volkert (Hamburger SV)	125	Chapuisat (Bor. Dortmund)	106
Klaus Allofs (1. FC Köln)	177	Mill (Bor. M'gladbach)	123	Schreier (Bayer Leverkusen)	106
Dieter Müller (1. FC Köln)	177	Laumen (Bor. M'gladbach)	121	Labbadia (FC Bayern)	103
Löhr (1. FC Köln)	166	Matthäus (FC Bayern)	121	Bobic (Hannover 96)	100
K.-H. Rummenigge (FC Bayern)	162	Wohlfahrt (FC Bayern)	120	von Heesen (Hamburger SV)	100
Hölzenbein (Eintr. Frankfurt)	160	Rupp (Bor. M'gladbach)	119	Cha (Bayer Leverkusen)	98
Walter (VfB Stuttgart)	157	Worm (MSV Duisburg)	119	Kostedde (Kickers Offenbach)	98
Th. Allofs (1. FC Kaiserslautern)	148	Littbarski (1. FC Köln)	116	Brungs (1. FC Nürnberg)	97
Nickel (Eintr. Frankfurt)	141	Emmerich (Bor. Dortmund)	115	Neubarth (Werder Bremen)	97
Seeler (Hamburger SV)	137	Geye (Fortuna Düsseldorf)	113	Ohlicher (VfB Stuttgart)	96
Hrubesch (Hamburger SV)	136	Klinsmann (VfB Stuttgart)	110	Yeboah (Eintracht Frankfurt)	96
				Beer (Hertha BSC Berlin)	95
				Criens (Bor. M'gladbach)	94
				Reimann (Hamburger SV)	93
				Breitner (FC Bayern)	93
				Lippens (Rot-Weiß Essen)	92
				Scholl (FC Bayern)	91
				Bein (Eintracht Frankfurt)	91
				Wenzel (Eintracht Frankfurt)	91
				Polster (Bor. M'gladbach)	90
				Bode (Werder Bremen)	89
				Frank (Eintracht Braunschweig)	88
				Weist (Werder Bremen)	87
				U. Hoeneß (FC Bayern)	86
				Handschuh (VfB Stuttgart)	86
				Ulsaß (Eintracht Braunschweig)	84
				Eckstein (1. FC Nürnberg)	84
				F. Funkel (Bayer Uerdingen)	83
				Overath (1. FC Köln)	83
				Köppel (VfB Stuttgart)	82
				Netzer (Bor. M'gladbach)	82
				Thon (FC Schalke 04)	82
				Flohe (1. FC Köln)	81
				M. Rummenigge (FC Bayern)	80

Anmerkung: Angegeben ist jeweils der Verein, für den der Spieler die meisten Tore geschossen hat; bei den noch aktiven Spielern der letzte Verein.

In 427 Bundesligaspielen
365 Tore: Gerd Müller.